KB096378

세계는 들끓는다

세계는
들끓
는다

NOAM
CHOMSKY

놈 촘스키 지음
데이비드 바사미언 인터뷰

천지현 옮김

창비

차례

1장

국가의
감시와
민주주의

에드워드 스노든(Edward Snowden)이 인터넷과 전화 통화에도 국가의 감시가 광범위하게 퍼져 있다는 사실을 폭로하면서 이곳 미국과 전세계에 상당한 충격을 주었습니다. 선생님도 전파에 대한 정부의 이런 저인망식 수사를 보고 놀라셨습니까?

어느정도는요. 많이 놀라지는 않았습니다. 기술을 비롯한 여타 통제와 지배의 수단이 이용 가능해지면 권력체제가 그것을 이용하리라는 사실을 당연하게 받아들여야 한다고 생각합니다. 최근에 드러난 국가안보국(NSA)과 실리콘밸리 사이의 관계를 보세요. 실리콘밸리는 곧 감시의 상업적 이용을 뜻합니다. NSA가 그런 실리콘밸리에 가서 도움을 청합니다. 영리기업은 이미 이런 일을 대규모로 해오고 있었고 전문기술도 갖고 있으니까요. 결국 사설 안보요원이 NSA에 불려와 그들이 정교한 감시와 통제 기술을

개발하도록 도왔던 것이겠지요.[1]

이용할 수 있는 기술이 있습니다. 그것을 돈을 벌기 위해 사용할 수도 있고, 사람들의 태도와 믿음을 통제하는 데에, 사람의 행동을 원하는 방향으로 유도하는 데에 쓸 수도 있습니다. 그들도 그렇게 하는 거예요.

사실, 역사에 조금이라도 관심이 있는 사람이라면 전혀 놀라지 않았을 겁니다. 한 세기 전 미국이 필리핀에서 벌인 전쟁으로 돌아가볼까요? 미국은 필리핀을 침공해서 수십만의 사람들을 죽이고 결국 저항을 진압했습니다. 그러나 그다음으로는 필리핀 국민들을 진정할 필요가 생겼지요. 이에 관해서는 특히 필리핀사 학자 앨 매코이(Al McCoy)의 연구를 포함해 훌륭한 연구들이 있습니다. 매코이는 미국이 당시로서는 가장 앞선 정보수집과 감시 기술을 이용해서 —— 현재와 같은 것은 아니지만 100년 전에 가지고 있던 기술들을 총동원해서 —— 불신과 혼란, 반목의 씨를 뿌리고 그럼으로써 필리핀인들을 진정하는 데에 아주 큰 성공을 거두었다는 사실을 보여주었습니다. 반란대비책의 표준이었지요. 그는 또한 그 일이 있고 나서 바로 몇년 후 국내에서도 같은 기술이 사용되었음을 지적합니다. 우드로 윌슨(Woodrow Wilson) 행정부가 적색공포(Red Scare) 시기에 그것을 이용한 것이죠. 일이 그런 식으로 돌아가는 거예요.[2]

드론의 경우도 마찬가지입니다. 이제 그리 놀랄 일도 아닙니다만, 최근에 또 한번 미 연방수사국(FBI)이 그동안 감시를 위해 드론을 이용해왔다는 것을 시인했지요. 우선은 적으로 지목한 상대에게 사용하고 다음엔 신속하게 국내에서도 같은 기술을 채택합니다. 앞으로 더하면 더했지 덜하지는 않을 것입니다. 몇년 동안 많은 군사기관과 안보기관 들이 당신의 거실에 들어와서 어떤 일이 일어나는지 전부 관찰하고 기록할 수 있는 파리 크기의 드론을 개발하기 위해 노력해왔습니다. 로봇공학 실험실은 이 기술을 금방이라도 넘겨줄 수 있는 단계에 도달했습니다.

해외 사례를 보면, 처음에 드론은 감시를 위해 이용되었지요. 나중에는 살인에 이용되었고요. 그러니 국내에서도 그럴 것이라고 예상할 수 있습니다. 만약 용의자가 생긴다면, 잘못된 생각을 지닌 사람, 어쩌면 프레드 햄프턴* 같은 인물이 생긴다면, 그를 죽이러 시카고 경찰을 보내는 대신에 드론을 써서 살해할 수도 있을 것입니다. 족히 예상되는 바지요.

프레드 햄프턴은 1969년 살해당한 시카고 지역의 블랙팬서 활동가였지요. 그때 같은 블랙팬서 당원인 마크 클라크도 함께 살해당했고요.

그건 정말 게슈타포식 암살이었어요. 아주 오랫동안 비밀로 되어 있었지요.

이용할 수 있는 기술이 있다면 권력체제는 반드시 그것을 이용

---

* Fred Hampton(1948~69), 흑인 활동가이자 혁명가. 마틴 루서 킹의 비폭력 노선과 달리 '방어적 폭력'을 주장하며 1960년대 흑인 청년들의 큰 지지를 받았던 블랙팬서당(BPP)의 일리노이 지부장으로 활동했다. 검경과 FBI 공동 급습작전에서 동료 활동가 마크 클라크(Mark Clark)와 함께 살해당했다.

할 겁니다. 역사를 돌아보면 언제나 그랬어요. 그러니 지금 와서 놀란다는 것은, 그들이 무슨 이유에서든 간에 자기 손에 들어온 것을 사람들을 통제하고 지배하고 세뇌하는 방법으로 이용하지 않으리라고 맹목적으로 믿었다는 얘기겠지요. 그러나 영리기업이든 국가든 그들은 당연히 그렇게 할 겁니다. 물론 개별 사안들에는 놀라운 면이 있지요. 나도 그들이 프리즘 프로그램을 돌리고 있다는 것은 몰랐어요. NSA 요원이 구글이나 페이스북 같은 회사로부터 검색 이력이나 이메일, 채팅을 비롯한 다른 데이터를 직접 수집할 수 있게 해주는 그 프로그램 말입니다.[3] 그러나 전반적인 현상에는 별로 놀랄 만한 게 없습니다.

예를 하나만 더 들어보지요. 『MIT 기술 리뷰』에 중국제 부품이 들어 있는 컴퓨터 사용을 기업들이 경계하기 시작했다는 기사가 실렸습니다. 컴퓨터가 하는 모든 일을 탐지할 수 있는 하드웨어 설계가 기술적으로 가능하기 때문이라지요.[4] 당연히 그다음 단계의 논점으로 나아가지는 않았습니다. 중국인들이 그런 일을 할 수 있다면 미국은 같은 일을 훨씬 더 잘할 수 있다는 얘기 말입니다. 그러니 미국제 하드웨어가 들어 있는 컴퓨터를 사용한다고 해서 뭐 그리 안전하겠습니까? 얼마 지나지 않아 우리가 자판을 두드릴 때마다 우리 데이터가 유타주에 있는 대통령의 데이터베이스로 전송될 겁니다.

이번 NSA 폭로에 대한 반응에 세대차이가 보인다고 언급하신 적이 있지요.

세대차이에 관한 연구는 아직 보지 못했어요. 그러나 적어도 토론이나 여기저기서 읽은 내용에서 느낀 바로는 젊은 사람들이 나이든 사람들에 비해 분개하는 정도가 덜한 것 같더군요. 그것은 특히 젊은 사람들 사이에 생긴, 일종의 과시주의 문화를 지향하는 문화적 전환 현상의 일부가 아닌가 하는 생각이 듭니다. 요즘은 모든 걸 자기 페이스북에 올립니다. 무엇을 하는지, 무엇을 입는지, 무슨 생각을 하는지. 모든 것이 노출되어 있어요. 이렇게 모든 게 노출되어 있는데 정부가 그걸 들여다본들 누가 신경을 쓰겠습니까?

감시국가로 가는 이러한 추세가 전체주의로 이행하는 흐름의 일부라고 보시나요? 전체주의라는 용어가 너무 강한가요?

그런 방향으로 움직이고 있기는 하지요. 그러나 데이터를 모으는 것과 그것을 이용할 방법을 갖는 것 사이에는 상당한 차이가 있습니다. 이런 사실의 긍정적인 면, 굳이 따지자면 긍정적인 면 중 하나는, 정부 당국이 아마도 자기들이 수집하는 자료를 활용할 능력을 갖지 못했으리라는 점입니다. 특정한 목적을 위해 그것을 사용할 수는 있겠지요. 그렇게 거대한 데이터베이스가 유타에 있고 그곳에 조만간 모든 사람들에 관한 엄청난 정보가 모이게 된다면, 그때 그들이 추적하고 싶은 누군가 — 말하자면 또 한번 프레드 햄프턴 같은 누군가 — 가 생긴다면, 그들은 그 사람에 관한 정보를 충분히 얻을 수 있을 것이고 그럼으로써 그를 통제하거나 심지어는 죽일 수도 있을지 모릅니다. 그러나 그걸 빼고 나면 그들이 특별히 뭘 할 수 있을지는 확실치가 않아요.

과거에도 그런 일이 있었지요. 훨씬 원시적인 수단을 사용하기는 했지만 FBI도 한 사람 한 사람에 대해 어마어마한 데이터를 가지고 있었어요. 1960년대 당시에도 그랬고 이후로도 쭉 모든 활동가조직에 정부 스파이가 침투해 있으리라는 것을 우리는 알고 있었습니다. 뭔가 민감한 일을 하고자 한다면 아주 가까운 사람들하고만 도모해야지, 동지라 하더라도 그 안에 포함시켜서는 안된다는 것을 사람들은 바로 깨달았던 겁니다. 그들 중에 경찰 쪽 정보원이 있을지도 모르는 일이니까요. 그런데 여러 면에서 정부는 그들이 모은 데이터를 가지고 별다른 일을 하지 못했어요. 특정한 일, 말하자면 특정 개인을 해친다거나 하는 일은 할 수 있었지요. 그러나, 일례로 베트남 반전운동에 대한 재판들만 보아도 알 수 있습니다만, FBI가 그렇게 무력하다니 놀라운 일이었지요.

나 자신 그 재판들을 꼼꼼히 살펴보아왔습니다.[5] 가장 중요한 것은 이른바 스폭-코핀 재판이었는데요.

의사 벤저민 스폭(Benjamin Spock)과 윌리엄 슬론 코핀 주니어(William Sloane Coffin Jr.) 목사가 젊은이들의 징병 거부를 도우려 공모한 혐의로 기소되었던 재판 말씀이지요.

나도 기소되지 않은 공모자 중 한 사람이었습니다. 그래서 재판정에 같이 앉아 있었지요. 검찰의 논고가 끝난 뒤 피고인들은 어떻게 할지를 결정하려고 따로 모였습니다. 원래 생각은, 너무 명백한 사건이니 그냥 모두 유죄임을 인정하자는 것이었습니다. 부인하지 말자, 오히려 당당하게 선언하자, 정치 문제로 변론하자는 것이었지요. 하지만 피고측 변호사들은 아예 변론을 하지 않기로 결정했습니다. 검찰의 논거가 정말로 취약한 것으로 드러났기 때문입니다. 사람들이 뉴욕 타운홀에 모여 서서 "우리는 이로써 선택적 복무 법안을 뒤엎기로 공모한다"라고 말하고 있었습니다. 그러나 정부는 거기에는 신경도 안 썼어요. 그러는 대신에 그들은 우리가 어디서 지령을 받고 있는지를 캐내려고 시간을 다 써버렸지요. 헝가리인가, 북한인가? 저들이 진짜로 하고 있는 일이 무엇인가? 공개적으로 말하는 내용 그대로일 리는 없는데. 그러면서 그들은 다 놓쳐버린 겁니다.

펜타곤 문서●의 경우도 똑같았어요. 댄 엘즈버그가 아직 자기 신원을 밝히지 않아 노출되지 않은 상황에서 여러 사람이 그 문서를 배포했습니다. 나도 그중 하나였고요. 언론이 계속 내 뒤를 따라붙었지요. 미국은 물론 해외 신문사들로부터도 펜타곤 문서를 좀 보았느냐고 묻는 전화를 일상적으로 받았습니다. 그러나 FBI는 내가 그걸 가지고 있다는 것을 전혀 알아차리지 못했어요. 댄이

● Pentagon Papers, 미국의 베트남전 군사개입 구실이 조작되었다는 내용 등을 담은 미 국방부 일급 기밀문서. 1967년 미 국방장관 맥나마라(Robert McNamara)의 지시로 2차대전부터 1968년 5월까지 인도차이나에서 미국이 수행한 역할을 기록했다. 이 문서 작성에 참여한 MIT 부설 국제연구소 수석연구원 대니얼 엘즈버그(Daniel Ellsberg)가 『뉴욕타임즈』에 제공, 1971년부터 대중에 공개됨으로써 미국의 베트남전 개입에 대한 거센 논쟁을 불러일으켰다.

스스로 신분을 드러내고 전면에 나선 후, 그때서야 FBI 요원이 내 집으로 찾아와 나를 심문하더군요. **그때서야** 말입니다. 언론에서도 알아낸 것을 그들은 알아낼 수 없었다는 것이 명백하지 않나요?

이와 비슷한 사례가 얼마든지 있어요. 그들식의 사고방식 때문에 그들은 모종의 음모적 활동에 초점을 맞춥니다만, 많은 저항활동은 의도적으로 공개됩니다. 사람들에게 가닿으려 하고 자신들이 무엇을 하는지를 설명하려는 것이니까요. 비밀활동이 아닌 것이죠. 어떤 일, 예컨대 탈영병을 나라 밖으로 빼내는 일 같은 것은 은밀하게 하지요. 그러나 다른 일들, 이를테면 "납세를 거부하자" "거대한 반목과 범죄만을 낳고 있는 현재의 법제도를 분쇄하자" 라고 말하는 일 같은 것은 몰래 할 수가 없잖아요?

오바마가 처음 당선되었을 때 선생님은 환호하는 사람들 편에 서지 않으셨습니다. 조지 W. 부시(George W. Bush)와 버락 오바마(Barack Obama) 간의 연속성에 대해 생각해보셨습니까? 뭐가 있을까요?

당연히, 연속성이 실재합니다. 오바마는 부시 프로그램의 더 악질적이고 범죄적인 일부 측면을 엄청나게 확대했습니다.

사람들은 이라크와 아프가니스탄에서의 철군이 오바마의 공이라고 생각하고 있습니다. 그러나 그 철군은 이미 진행 중이었지요. 이라크에서는 미국이 기본적으로 패배했다는 것이 명확습니다. 미국의 전쟁 목표는 실현 불가능했고, 따라서 부시 행정부는 발을 빼기 시작하고 있었어요. 아프가니스탄에서는 오바마가 승리 비슷한 것이라도 얻어보려는 희망에서 사실상 확전을 했습니다. 그러나 승리를 얻을 수는 없었지요. 거기서도 군대가 떠나지 않을 수 없는 상황이었던 겁니다. 그러니 그런 철군은 특별할 게 없는 일입니다.

그러나 그는 드론 프로그램 같은 다른 프로그램들을 확대했습니다. 곧바로요. 여기서 우리는 이것이 국제 테러작전, 세계에서 가장 앞서가는 테러작전이라는 것을 기억해야 합니다. 만약 당신이 예멘이나 북와지리스탄의 어느 마을에 살고 있고 5분 후 길 건너에서 갑작스러운 폭발이 일어나 거기 서 있던 한 무리의 사람들을 날려버릴지도, 어쩌면 당신까지 날려버릴지도 모른다면, 당신은 당연히 공포에 떨게 될 것입니다. 항상 공포와 함께 사는 것이지요. 그것은 가장 엄밀한 의미에서의 순수한 테러입니다. 그리고 이런 일이 대규모로 벌어지고 있습니다.

이른바 징후타격이라는 것에 관심이 크게 집중되고 있습니다. 징후타격에서는 실제로 어떤 사람을 쏘는 것인지 알 수가 없습니다. 그저 그 사람의 나이, 위치, 행태가 테러활동의 '징후'에 맞아떨어지는 것 같다는 이유로 그를 죽이는 것입니다. 그것도 명백히 나쁜 짓입니다. 그러나 드론타격은 그 생각 자체가 정말로 무도한 것이에요. 그것은 알카에다는 꿈도 꾸지 못할 규모로 벌어지는 순수한 테러리즘입니다.

게다가 이런 작전은, 모두 알다시피 또다른 테러리스트들을 낳고 있어요. 최고위급 관료와 평론가 들이 이런 공격이 잠재적 테러리스트를 생산하고 있다고 지적해왔습니다. 그 이유는 불 보듯 분명합니다. 예를 들자면, 보스턴 마라톤 폭탄테러가 나고 며칠 후 예멘에 드론공격이 있었습니다. 대개 우리는 이런 공격에 대해 잘 알지 못합니다. 그러나 이번 공격에 대해서는 잘 알게 되었습니다. 그 마을에 살던 한 청년이 미 상원에서 증언하는 일이 벌어졌기 때문이지요. 그가 말하길, 여러 해 동안 예멘의 지하디스트들이 마을의 여론을 미국에 반대하는 쪽으로 돌려놓으려고 시도해왔으나 그동안은 소용이 없었답니다. 주민들이 미국에 대해 아는 것이라고는 그 청년에게서 들은 얘기밖에 없었고, 그 얘기는 미국에 우호적인 것이었기 때문입니다. 그러나 그의 말에 따르면, 이 한번의 드론공격 이후로는 온 마을이 미국을 증오하게 되었답니다.[6] 그런 식으로 사람들이 미국을 미워하게 되면 누군가는 그것을 이용하려 드는 법입니다. 그러니 이런 일이야말로 테러를 생산하는 장치인 것이지요.

이 사건은 이번 NSA 관련 폭로에 대한 논쟁에도 흥미로운 시사점을 던져줍니다. 감시를 정당화하는 정부의 논리는 안보를 위해 우리 사생활을 어느정도는 희생해야 한다는 것입니다. 지금 문제는 정부가 계획적으로 안보를 훼손하고 있다는 것, 기존의 그 어떤 것과도 비교할 수 없을 테러 위험을 낳고 있다는 것인데 말입니다. 안보를 강화하기 위해 감시를 유지해야만 한다는 그들의 얘기를 듣자니 실소가 터질밖에요.

사실, 정부가 안보를 최우선한다는 개념 자체가 공상이나 다름없습니다. 국제관계 수업에서는 그렇게 배우지요. 그러나 역사를 한번 보세요. 그게 사실이 아님을 증명하기는 어렵지 않아요.

오바마가 시민적 자유를 공격하고 내부고발자들을 기소하는 동기는 무엇일까요?

잘 물어보셨어요. 당신 말대로, 나는 실제로 오바마에게 그리 큰 기대를 갖지 않았습니다. 심지어는 대선 후보 예비경선(primary)도 치르기 전에 그의 웹사이트만 인용해서 그에 대해 비판적인 글을 쓴 적도 있지요. 그의 선거운동이 사기극이라는 것은 상당히 명백했어요. 그러나 그가 시민적 자유에 대한 공격을 이렇듯 엄청나게 증폭시킴으로써 얻을 수 있는 게 무엇인지는 잘 모르겠습니다.

그는 이 나라 역사상 모든 대통령을 합친 것보다 더 많이 내부고발자들을 기소해왔습니다. 그러나 오바마 행정부가 법원으로 가져간 사건들 중에서 시민적 자유에 심대한 타격을 줄 수 있는 다른 사건들 역시 많습니다. 그중 최악의 경우가 홀더 대 인도주의법률 프로젝트 사건이겠지요. 인도주의법률 프로젝트는 국무부 해외 테러조직 명단에 올라 있는 쿠르디스탄노동자당*에 법률 자문을 해주던 법률 지원단체입니다. 그냥 법률 자문만 해주는 것이었어요. 그런데 오바마 행정부는 "테러리즘에 대한 물질적 지원"에 자문까지 포함하는 것으로 그 개념을 확대해석하고자 했습니

● Partiya Karkerên Kurdistan(PKK), 터키와 이라크의 쿠르드 지역에서 쿠르드족 민족주의를 이념으로 세워진 사회주의 성향의 무장단체.

다. 과거에 물질적 지원이란 총을 건네주는 행위를 의미했습니다. 그런데 이젠 "당신은 이런 법적 권리를 가지고 있소"라고 말하는 것도 물질적 지원이라는 거지요.

재판 진행과정의 토론을 보면 확실히 행정부에서는 자기들이 테러리스트 집단이라 칭하는 집단과의 거의 모든 상호작용을 물질적 지원이라고 해석했던 것 같습니다.[7] 그러니 예컨대, 내가 헤즈볼라의 우두머리 하산 나스랄라(Hassan Nasrallah)의 활동에 흥미가 있고 그에 대해 알고 싶어서 — 나스랄라는 흥미로운 인물이기도 합니다만 — 그를 만나면 그것도 테러리즘에 대한 물질적 지원이라고 할 수 있게 된 것입니다. 이것은 시민적 자유에 대한 가공할 공격입니다.

한가지 더 말하자면, 이와는 사뭇 별개로 국무부 테러리스트 명단이 적법한가 하는 문제가 있는데, 불행하게도 이에 대해서는 문제제기가 없어요. 우선 그 명단의 적법성은 어디서 나오는 겁니까? 어떤 이유로 행정부가 그때그때 테러리스트인지 아닌지를 결정할 권한을 부여받게 된 겁니까? 몇년 전까지만 하더라도 미국이 주장했듯, 넬슨 만델라(Nelson Mandela)가 테러리스트라고 말할 권리를 어떻게 국가가 가질 수 있는 겁니까?[8] 1982년 로널드 레이건(Ronald Reagan)이 한 것처럼, 미국 정부가 사담 후세인(Saddam Hussein)을 지원하고자 한다는 이유만으로 그가 테러리스트가 아니라고 말할 권리는 또 어디서 나오는 겁니까?[9] 이 문제를 심각하게 받아들일 생각이 있기나 한 것일까요? 일단 테러리스트 명단에 이름이 올라가면 그 사람은 구제신청도 할 수 없어요.

"이봐요, 나는 테러리스트가 아니라니까요"라고 항변할 방법이 없지요.

정부는 그 어떤 증거도 제시할 필요가 없는데, 이에 대한 위헌 법률심사 한번이 없습니다. 그 명단은 살인에 대한 행정허가나 마찬가지예요. 애초에 이런 것을 받아들여서는 안됩니다. 그리고 누군가에게 그의 법적 권리를 얘기해주거나 아마도 그와 토론을 하기만 해도 곧 테러리즘을 돕는 것이라고 보는 물질적 지원의 개념을 받아들여서도 안됩니다.

안보국가의 구조적 한계를 볼 때 대통령이 미국의 대외정책을 근본적으로 변화시킬 수 있을까요?

물론입니다. 대통령이 그저 "좋아, 내가 이제 미국의 대외정책을 바꾸겠어"라고 말할 수는 없겠지요. 그러나 대통령은 국민의 마음을 움직일 수 있는 큰 힘을 가지고 있습니다. 프랭클린 델러노 루스벨트(Franklin Delano Roosevelt)는 그 힘을 이용했어요. 린든 존슨(Lyndon Johnson)도 그 힘을 이용했고요. 내 생각에, 여론은 안보국가에 반대하는 방향으로 쉽게 돌릴 수 있습니다. 여론조사를 보면 많은 사람들이 감시에 반대합니다. 감시를 지지하는 사람은 『뉴욕타임즈』의 토머스 프리드먼(Thomas Friedman)이나 빌 켈러(Bill Keller)처럼 안보를 지키려면 감시를 유지해야 한다고 생각하는, 착각에 빠진 사람들밖에 없습니다. 테러리즘에 맞선 방어를 촉구하는 바로 그 정부가 사실은 우리에 대한 테러와 위협을 극대화하고 있다는 사실을 그들은 보지 못하는 것이지요. 그러나 이런 일들은 대통령이 극복할 수 있는 일입니다.

대통령이라면 "자, 우리가 수행하는 이 작전들은 잠재적 테러리스트를 낳고 있습니다. 테러리즘으로부터 우리 스스로를 보호할 방법은 그런 일을 멈추는 것입니다"라고 말할 수도 있을 것입니다. 그리고 그런 말은 크나큰 지지를 얻을 것이라고 생각해요. 그냥 한차례 연설로 끝내지 않고 일관되고 분명하게, 대통령으로서 이용할 수 있는 모든 수단을 동원해서 전달한다면 말입니다. 만약 대통령이 그렇게 말한다면 토머스 프리드먼도 그 말을 따라하지 싶습니다. 결국 그가 하는 일이라는 게 자기가 지지하는 대통령이 하는 말을 반복하는 것 아니던가요? 프리드먼을 따로 언급하는 이유는 그가 감시를 지지하는 사람들 중에서도 여러 면에서 가장 터무니없는 경우이기 때문입니다만.

공화당과 민주당에 대한 실망이 주기적으로 대두됩니다. 사람들이 대안정당을 모색하고 있고요. 이런 방향으로 나가는 데에 어떤 함정이 있겠습니까?

최우선으로 해야 할 일은 정당체제에 대해 현실적인 시각을 갖는 것입니다. 몇해 전까지 우리는 냉소적으로, 미국에는 하나의 정당밖에 없다, 바로 기업당이다, 거기에 두개의 정파가 있을 뿐이라고 얘기했습니다. 이제 그 말도 더이상 맞지 않아요. 정당이 하나인 것은 여전하지만 그 하나밖에 없는 정당에도 정파 하나만 남았지요. 그 정파가 온건 공화당이에요. 그들은 현재 민주당이라고 불리기는 하나 사실은 과거의 온건 공화당과 같은 존재입니다. 모든 게 오른쪽으로 쏠렸기 때문이지요. 또 하나의 정치조직이 있기는 해요. 공화당 말입니다. 하지만 그들은 정상적인 의회주의 정당인 척 흉내도 못 내는 지경입니다. 그들은 옴짝달싹 못하고 자본과 권력에 복무합니다. 어떻게든 표는 얻어야겠으니, 국민 중에서 그들이 바라기로 비이성적이고 극단적일 것 같은 충들을 동원해왔던 것입니다.

그 결과 국민들은 극도의 혼란과 낙담을 겪으면서 바로 눈앞에 있는 것도 제대로 볼 수 없게 되었습니다. 가장 두드러진 것이 세금 문제입니다. 내가 알기로 지난 35년간 여론조사를 해왔는데요, 그 결과는 언제나 같았습니다. 국민 대다수가 부유층과 기업에 더 높은 세금을 물리는 것을 선호한다는 겁니다. 민주당의 입장과 같지요.[10] 하지만 세금 문제에 관해 어느 정당을 지지하느냐고 물으면, 다수가 공화당이라고 답합니다. 안보, 건강을 비롯한 다른 쟁점에 대해서도 동일한 일이 벌어집니다. 이른바 우파 성향 유권자들의 경우도 마찬가지입니다. 그들 다수는 건강이나 교육에 더 많은 돈을 지출하는, 기본적으로 사회민주주의적인 정책을 지지합니다. 그러나 그런 일을 정부가 하고 있는데도 불구하고 그들은 '정부'를 지지하지 않지요.

이런 혼란은 제도권에 대한 경멸이 고조되는 것과 궤를 같이합니다. 의회(호의적 평가는 한자릿수에 머물죠), 은행, 기업, 과학, 그 어떤 것이든 상관없이 모든 제도를 경멸하는 것이지요. 그 모두가 우리의 적인 거예요. 그리고 몇몇 태도는 도저히 이해할 수 없습니다. 공화당원을 자처하는 사람들 중 대략 절반 정도는 오바마가 이슬람율법(Shari'ah)을 강제하려고 혈안이 되어 있다고 말하는 것 같더군요. 미국만이 아니라 전세계에 그 법을 강요하려한다고요. 또 그들 중 4분의 1은 그가 무정부주의자일지도 모른다고 생각합니다.[11]

정치인들은 거의 말로 할 수 없을 지경으로 비이성적인 구성원들을 끌어들이고 있습니다. 연방정부로부터 스스로를 보호하기 위해 총을 가져야만 한다고 생각하는 사람들도 여기에 포함됩니다. 최근 랜드 폴(Rand Paul)은 유엔 소형무기협약에 반대하는 목소리를 조성하려고 시도했습니다.[12] 여기서 '소형무기'라 하면 제트비행기보다 작은 모든 무기를 의미하는 겁니다. 이 협약에 반대하는 그의 논거는 그것이 유엔과 사회주의자들, 오바마와 힐러리 클린턴(Hillary Clinton)의 음모라는, 유엔이 우리 주권을 빼앗으러 왔을 때 우리가 스스로를 방어할 수 없도록 만들기 위해 우리의 총을 빼앗으려는 음모라는 것입니다. 이런 자가 대통령직에 도전하게 될지도 몰라요. 정신이 나가도 한참 나간 사람인데 말이에요.

그러나 낙담과 혼란에 빠진, 상업광고에서 국가정책에 이르는 선전선동에 제압당한 나라에서는 이런 일이 벌어집니다. 국민이 극도로 원자화된 사회에서는 사람들이 한데 뭉치지도, 정치적 의미를 가질 수 있는 방식으로 상호작용하지도 못하는 법이지요.

연대를 말씀하시는 건가요?

맞습니다, 연대. 과장하고 싶지는 않지만요. 젊은이들을 포함해 수많은 사람들이 있습니다. 연대, 상호지원, 당면한 위험에 맞서 단결된 투쟁에 헌신하는 사람들 말입니다.

'오큐파이'*를 운동이라고 부르기는 내키지 않습니다만 그냥 그 용어를 사용하기로 하겠습니다. 오큐파이가 후퇴한 것은 명백하지 않습니까? 왜 그런 일이 일어났다고 보시는지요?

솔직히 말해, 그런 일이 일어났다고 확신하지는 못하겠는데요. 전혀 명백하지 않다고 봅니다. 오큐파이의 전술이 후퇴한 것은 맞아요. 그건 첫날부터 뻔히 보이는 것이었어요.

천막농성 말씀이시죠.

그런 일을 오래 계속할 수는 없겠지요. 한동안은 몰라도 그것은 한없이 계속할 수 있는 형태의 전술이 아닙니다. 사실, 모든 전술에는 반감기가 있습니다. 이번 것은 서너달 이상 지속될 수 없는 것이었어요. 그러나 오큐파이가 불을 댕겼다는 것에는 의문의 여지가 없습니다. 온 나라에, 온 세계에, 수천까지는 못되더라도 수

● Occupy Wall Street, 2011년 9월 17일 경제적 불평등에 항의하는 군중이 월스트리트 근처 주코티공원을 점령함으로써 시작된 시위. "우리는 99%다"라는 구호가 말해주듯, 월스트리트 중심의 상위 1% 부유층을 위한 경제체제에 반대하는 운동이었다.

백의 비슷한 운동들이 생겼습니다. 그리고 그들은 자신들과 같은 다른 운동들과 동맹도 맺었습니다. 그 현상은 아직도 계속되고 있어요. 2013년 6월 초 뉴욕에서 열린 레프트 포럼● 기간에 주코티공원에서는 그때 그리스와 스페인, 또 터키의 탁심광장에서 일어나고 있던 시위에 연대하는 의미로 유사한 시위가 벌어졌습니다. 바로 이런 것이 연대입니다. 전세계에서 이런 일이 늘어나고 있으며 수많은 상호 교류와 지원이 일어나고 있어요. 오큐파이 운동의 상당 부분이 토지수용을 막고, 동네를 조직하고, 경찰의 폭력에 맞서고, 학교를 고치는 그런 일로 연결된 것입니다.

뉴욕에서 허리케인 샌디의 피해자들을 돕기도 했지요.

맞아요, 그런 기사가 있었지요. 사실, 처음으로 반응을 보인 사람들이 오큐파이 조직가들이었어요. 운동이 더 큰 규모로 발전할 수만 있다면 참 좋겠지요. 그러나 오큐파이가 사라진 것은 아닙니다. 이런 일들이야말로 미래를 위한 희망입니다.

캐나다의 시인이자 가수 레너드 코언(Leonard Cohen)이 부른 「민주주의」라는 노래에 민주주의가 "USA로 오고 있다"라는 가사가 있습니다. 그런 일이 일어나게 만들려면 무엇이 필요할까요?

● Left Forum, 좌파 활동가, 학자, 지식인 들이 매해 모여 발표, 토론하는 회합. 원래는 1960년대 사회주의학자회의(Socialist Scholars Conference)라는 이름으로 설립되었으나 1981년 현재의 명칭과 조직으로 재정립되었다.

지난 수백년간 필요했던 것과 똑같은 일이 필요하겠지요. 근대에 들어와 가장 먼저, 17세기 영국에서 일어났던 민주주의 혁명으로 돌아가봅시다. 1640년대에 내전이 있었지요. 의회 대 왕의 싸움이었습니다. 당시에는 인쇄기를 사용할 수 있었습니다. 급진적 팸플릿 발행자들, 순회 설교자들이 있었고 수평파(Leveller)를 비롯한 급진운동들이 등장했지요. 그리고 그들은 자기들의 주장, 사상을 상당히 널리 퍼뜨리고 있었습니다. 스스로를 "최고의 자질을 지닌 사람들"이라 부르던 젠트리들이 질겁했습니다. "우리는 왕이나 의회로부터 지배받기를 원치 않는다. 우리는 기사나 신사로부터 지배받기를 원치 않는다. 그들은 우리를 억압하기만 한다. 우리는 우리 같은 동포들, 인민들의 상처를 아는 사람들에게 통치받기를 원한다"라고 쓰인 팸플릿을 보았던 것입니다. 그래서 이 젠트리는 언제나 위협이 되는 민주주의의 싹을 짓밟아버리기 위해 뭔가를 하지 않으면 안되었던 것이죠.

한 세기를 건너뛰어 이른바 미국혁명으로 가 제헌 논의를 읽어볼까요? 제임스 매디슨(James Madison)을 위시한 사람들이 어떻게 헌법체계를 세울 것인가를 기술했습니다. 당시 대륙회의 의장이었고 나중에 초대 대법원장이 된 존 제이(John Jay)가 기본 원칙을 선언했지요. 그는 "나라를 소유한 사람들이 나라를 통치해야 한다"라고 했습니다.[13] 매디슨의 표현에 따르자면, 권력은 국가 유산층의 손안에 있어야 했지요. 지주의 마음을 알고 "다수에 맞서 소수 부유층을 보호해야" 한다는 점을 이해하고 있는, 더 큰 책임감을 지닌 집단이 그들이라는 얘기였습니다.[14] 나머지 국민들은 고분고분 말을 듣도록, 별다른 짓을 할 수 없도록 확실히 해놓아야 했습니다. 이것이 바로 헌법체계가 실제로 제정된 방식입니다. 노예제나 여성배제 등의 문제는 차치하더라도 말입니다.

이후로 지금까지 민주주의를 둘러싼 투쟁들이 있었습니다. 많은 것을 얻어냈지만, 자유를 조금씩 얻을 때마다 "최고의 자질을 지닌 사람들"의 반동이 따랐습니다. 그들은 흔쾌히 권력을 내어주는 법이 없어요. 그들은 통제하고 지배하려 시도하면서 끊임없이 새로운 방법을 찾습니다. 20세기와 21세기의 주요 전략은 의견과 태도를 통제하는 것입니다. 홍보산업 같은 거대 산업들이 이런 기획에 전념하고 있지요.

홍보산업과 관련해 아주 명백한 몇몇 사실에 대한 인식이 이렇게 낮은 걸 보면 흥미로워요. 그것의 핵심 활동은 상업광고입니다. 상업광고라는 게 뭔가요? 그것은 시장을 무너뜨리는 하나의 방법입니다. 기업은 시장을 원치 않아요. 시장은 소비자가 충분한 정보를 가지고 합리적 선택을 한다는 전제 위에 성립된다고 여겨지지만, 그것이야말로 기업이 절대 원하지 않을 일입니다. TV광고를 한번 보세요. 뭘 모르는 소비자, 완전히 비합리적 선택을 할 누군가를 만들려 한다는 게 너무나 명백하지 않습니까? 어떤 축구선수가 그 옆에 서 있다는 이유로 포드 자동차를 산다든지 하는 식으로요. 그 목적 자체가 시장을 무너뜨리는 겁니다.

이와 동일한 기관들이 선거운동을 이끌면서 똑같은 사고와 기술, 그리고 이른바 창의력이라는 것을 계속 발휘해 민주주의의 근간을 손상하려 하고 있습니다. 그래야 무지한 유권자들이 비합리적인 선택을 할 테니까요. 앞서 얘기한 것 같은 여론조사 결과가 나오는 이유가 바로 그것입니다.

정책에 대한 태도와 견해 들을 비교해보면 큰 간극이 있음을 알게 됩니다. 그러나 그보다 훨씬 흥미로운 점은, 그런 차이가 계급에 기반하여 발생한다는 거예요. 대략 소득수준 하위 70%의 사람들은 정책에 대해 어떤 영향력도 행사하지 못합니다. 그들은 공민권을 박탈당한 상태이며, 따라서 그들이 무슨 생각을 하건 그건 중요하지 않아요. 정치지도자들은 그들에게 관심을 주지 않습니다. 계급이 올라가면 사람들은 더 큰 영향력을 지니게 되지요. 진짜 꼭대기에 올라 0.1% 안에 들면 그 사람들이 기본적으로 정책을 설계하고 따라서 당연하게도, 그들은 자신이 원하는 것을 얻습니다. 이런 걸 민주주의라 할 수 있나요? 이건 금권정치예요. 어쩌면 짐 하이타워(Jim Hightower)가 "철저한 도둑정치"라고 부른 걸지도 모르겠습니다. 그게 더 좋은 용어일 수도 있겠군요. 어쨌든 '민주주의'는 아닌 겁니다. 70%는 학술적 연구 따위는 읽을 필요도 없어요. 그들은 자신이 무슨 생각을 하든 달라질 게 없다는 것을 이미 알고 있으니까요. '저들은 우리에게 아무 관심이 없어'라고 그 사람들은 짐작하지요. 그 짐작이 맞고요.

'민주주의의 결핍'에 대해 쓰신 적이 있지요.

"결핍"이라는 말로는 모자라지요. 얼마 전 이란에서 선거가 있었습니다. 사람들이 그것을 비판했지요. 그들 말이 옳아요. 왜냐하면 이란에서는 성직자들의 심사를 거치지 않으면 정계에 진입하는 것 자체가 불가능하니까요. 물론 그것도 끔찍하지요. 그러나 여긴 어떻습니까? 집중된 사적 자본의 심사를 받지 않으면 정계에 들어갈 수 없지 않습니까? 수억 달러의 기금을 모으지 못하면 퇴출이에요. 이게 더 나은 건가요?

2장

중동을
둘러보다

방금 레바논에서 돌아오셨지요. 중동에서 확전의 위험이 점점 증가하고 있는 것 같습니다. 현재 미국은 바샤르 알아사드(Bashar al-Assad) 정권에 반대하는 이른바 반군에게 공개적으로 무기를 제공하려 하고 있습니다. 이번 여행에서 새로 아시게 된 것이 있는지요?

레바논은 상당히 흥미롭습니다. 그곳 사람들은 어떻게든 심리적 방어기제를 만들어냈습니다. 자신들이 금방이라도 전란의 희생물이 될 수 있다는 것을 모르는 것처럼 극히 평온한 삶을 이어가도록 말이지요. 그러나 현실은 달라요. 레바논은 인구 400만의 작은 나라인데, 그동안 50만 이상의 시리아 난민을 받아들여왔습니다. 이미 그곳에 들어와 있는 팔레스타인 난민과 이라크 난민은 별개로 하더라도요. 이 나라는 이스라엘로부터 끊임없이 위협을 받고 있는데, 이스라엘은 레바논에 있는 모든 미사일을 파괴하기로 결정할지도 모른다며 은근히 압박하고 있습니다. 이스라엘은 레바논 전역에 6만개의 미사일이 흩어져 있다고 주장하지요. 우리는 지난 침공에서 교훈을 얻었다, 우리는 땅 위에서 싸우지 않을 것이다, 저항이 너무 거세다, 이스라엘 사람들은 이렇게 말합니다.

이스라엘이 레바논을 마지막으로 침공한 것이 2006년이었지요.

그렇습니다. 이번에는 이틀 안에 끝내버리겠다, 그들 말이 이렇습니다. 그 말은 결국 폭격을 퍼부어 레바논을 가루로 만들어버리겠다는 얘기예요. 그러나 그곳 사람들은 이런 일이 전혀 일어나지 않을 것처럼 행동합니다. 삶은 계속됩니다. 유쾌한 행사나 토론도 벌어지고요.

시리아 얘기를 하자면, 우리나라 행정부가 어떤 의미있는 방식으로 반군에게 무기를 제공할 의도를 가지고 있었으리라고는 아무래도 믿기가 어렵군요. 미국과 이스라엘이 정말로 반군을 지원하고 싶다면 무기를 보내지 않고도 할 수 있는 아주 간단한 방법이 있습니다. 그냥 이스라엘로 하여금 골란고원—미국 정부와 언론은 이곳이 이스라엘의 일부라고 하지만 사실은 시리아 영토지요—에 병력을 출동시키게 하는 거예요. 다마스쿠스에서 40마일 거리입니다. 하루면 접수할 수 있어요. 포격 사정거리 안이고요.

알아사드는 남쪽으로 병력을 보내지 않을 수 없을 겁니다. 과거에 이스라엘이 병력을 움직였을 때에도 같은 일이 벌어졌지요. 지금도 그런 일이 일어날 수 있을 겁니다. 그러면 국경 너머로 권총

한 자루 보내지 않고도 반군측 공격부담을 덜어줄 수 있겠지요. 하지만 그런 방법에 대한 얘기를 들어본 적 있나요? 논의조차 되지 않습니다. 선택지에 오르지도 못해요. 그들이 그 생각을 못해서가 아니에요. 그들은 나보다 더 쉽게 그 방법을 생각해낼 수 있습니다. 그렇다면 지금 상황은 그들이 알아사드 정권의 붕괴를 원하지 않기 때문에 벌어지는 것이라고 생각할 수밖에 없겠지요.

미국과 이스라엘은 아랍인들이 서로 학살하는 것을 꽤 흐뭇하게 지켜보고 있습니다. 시아파와 수니파 분열이 점점 더 깊어지고 그로 인해 그 지역이 갈기갈기 찢기고 있습니다. 미국이 이라크를 침공한 결과 중 이것이야말로 최악에 꼽히는 것으로, 중대 범죄에 해당하지요. 아랍인들이 서로를 죽이고 서로를 약화시키도록 내버려두자, 그러는 동안 우리는 전리품만 챙기면 된다는 태도입니다. 또 알아사드 정권은 다소간 우리의 이해관계와 같은 선상에 있어요. 그들은 정보를 제공하는 데 협조적이고, 이스라엘과의 국경을 조용하게 유지해왔습니다. 미국과 이스라엘이 지금 상황을 썩 좋아하지 않을지도 모르지요. 그러나 그 대안 역시 마음에 들지 않을 것이라 생각합니다. 그 대안이란 아마도 지하디스트들이 지배하는 정부일 테니까요.

한마디 덧붙이자면, 이번에 시리아의 민주화 활동가들과 함께하는 시간을 좀 가졌습니다. 정말로 훌륭하고 인상적인 사람들이었는데, 좌파를 포함한 서구 사회의 지원을 거의 받지 못한다는 사실에 매우 낙담하고 있었습니다. 서구 사회가 과거 그 지역의 다른 세력을 지원했던 것처럼 자기들을 지원해주지 않는다는 것이었어요.

왜 그런 겁니까?

여러 이유가 있습니다. 그중 한가지로, 내 생각엔 활동가들이 시리아가 처한 상황을 다소 착각하고 있는 것 같아요. 이곳 좌파 사람들 다수는 반군이 그저 합법적인 정부를 전복하려 하고 있다고 생각합니다. 시리아 정부가 세상에서 가장 위대한 정부는 아니겠지만 그래도 합법적 정부 아니냐는 것이죠. 그렇다면 우리가 왜 그들을 지원해야 하는가? 이것은 마치 꼰뜨라 반군이 산디니스따 정권을 공격하는 것과 비슷한 꼴이 아닌가? 이런 태도가 널리 퍼져 있습니다. 이런 태도가 맞는지 틀리는지는 따져볼 문제겠으나 정당성이 전혀 없는 것은 확실히 아니죠. 그런데 내가 만난 민주화 활동가들은 반군과 동일한 존재가 아니에요. 그 활동가들은 자기들이 같다고 생각하고 있지만, 사실은 그렇지가 않거든요.

처음에는 확실히 활동가들과 반군이 같은 입장에서 시작했다고 봅니다. 시리아에서 시위가 시작되고 첫 몇달 동안 그것은 아주 인상적이고 명예로우며 대중적인, 개혁을 요구하는 운동이었습니다. 그 당시에 바깥세상의 지원이 있어야 마땅했을 텐데도 그렇지 못했어요. 그리고 얼마 지나지 않아 시위가 군사적 대치로 바뀌었습니다. 일단 그런 일이 벌어지면, 일정한 역학이 발전하기 시작하지요. 가장 사납고 가장 거친 구성원들이 전면에 등장하는 겁니다. 그들은 투사예요. 사람을 죽이는 법을 알고, 그 일을 아주 잘해내지요. 그들이 전면에 등장하고 나면 사태는 더욱 거칠어질 수밖에 없습니다.

베트남전쟁을 예로 보더라도, 민족해방전선을 성인군자라 할 수는 없겠지만 내가 보기엔 그들이 가장 희망적이고 진보적인 구성원이었어요. 얼마 지나지 않아 그들은 주변으로 밀려나고 본질적으로 권력을 다 빼앗긴 상태로 끝나게 되었지요. 사실, 나는 그 당시 훤히 내다보이던 앞날을 지적하는 글을 쓴 적도 있습니다. 전쟁이 끝나면 인도차이나가 완전히 파괴되거나 아니면 가장 거친 세력만이 살아남아 인도차이나 전체를 지배하게 되리라는 것이었습니다.[1] 결국은 후자의 일이 일어난 셈이지요.

그러나 군사적 충돌에서 기대할 수 있는 것은 바로 거기까지입니다. 지금 우리는 시리아에서도 같은 일이 시작되고 있는 것을 목도하는 중인 것 같습니다. 좌파의 지원이 부족한 이유도 부분적으로는 거기에 있겠지요. 이런 식으로 상황을 정당화할 수는 없겠지만, 한가지 이유이기는 하다는 겁니다. 시리아의 젊은 민주화 활동가들 — 적어도 내가 만난 사람들 — 은 미국이 반군에게 무기를 보내는 것에 찬성합니다. 그들 말로는 그러한 무기공급이 군사적 불균형을 부분적으로 해소해 알아사드를 협상으로 끌어낼 것이고 그러면 자신들이 정권을 넘겨받을 수 있게 되리라는 것입니다. 하지만 내가 보기에 그런 생각은 환상입니다. 우선, 그런 식으로는 군사적 불균형이 해소되지 않을 겁니다. 반군에게 무기를 보내는 순간 곧바로 이란과 러시아가 정권측에 더 많은 무기를 — 더 성능 좋은 무기들을 — 보내겠지요. 사실, 내가 그곳을 떠나고 며칠 후 바로 그런 일이 일어났습니다. 이란이 알아사드를 지원하기 위해 4천의 이란혁명수비대(IRGC)와 군대를 보냈다는 발표가 있었지요.[2] 그러니 반군에게 무기를 보내도 분쟁의 강도만 높아질 뿐 불균형은 그대로이리라고 봅니다.

지금 눈에 들어오는 단 하나의 희미한 희망──상당히 희미하지만──은, 제네바협상 비슷한 어떤 것입니다. 러시아와 미국이 합의하여 과도정부를 허용하고 알아사드 정권이 거기에 참여해서 어느정도 권한을 유지하는 방법이지요. 알아사드측이 정치적 지배력을 포기하고 다른 체제로 이양하도록 압박을 받지 않을까 희망하면서 말입니다. 이런 일이 일어날 가능성은 현실적으로 높지 않습니다. 그러나 더 나은 대안이 있는지, 나로서는 보이지 않아요. 그리고 내가 아는 한 민주화 활동가들의 목표에 공감하는, 사정을 알 만한 거의 모든 평론가들도 이와 유사한 이야기를 하고 있습니다. 패트릭 코번(Patrick Cockburn), 로버트 피스크(Robert Fisk), 조너선 스틸(Jonathan Steele), 찰스 글래스(Charles Glass) 등등 말입니다. 다른 가능성은 전혀 보이질 않아요. 하지만 지금은 한발짝도 앞으로 나가지 못하고 있습니다. 무엇보다 반군이 그런 회담에 참가하지 않겠다고 하고 있기 때문에요.

이스라엘은 어떻습니까? 장기적으로 볼 때 지금과 같은 점령은 자멸로 가는 길처럼 보이는데요. 게다가 전임 총리 에후드 올메르트(Ehud Olmert)와 신베트* 전임 수장들도 기본적으로 이 점을 인정하지 않았습니까? 그런데도 이스라엘은 왜 이 길을 고집하는 것일까요?

"인정했다"라는 말을 그대로 받아들이기 어렵군요. 올메르트를 위시한 사람들이 이 상황을 설명하는 방식을 보세요. 두 국가 체제**를 받아들이거나, 그러지 않으면 하나의 국가가 되더라도 소위 인구 문제라는 것 ─ 유대인 국가에 너무 많은 팔레스타인인이 존재한다는 문제 ─ 을 안게 될 거라고 합니다. 참을 수 없을 지경의 아파르트헤이트로 이행하거나, 아니면 완전히 사라지게 될 것이라는 얘기죠. 그들은 이 두가지 중 하나를 선택하라고 제시하고 있습니다.

문제는 그것이 양자택일할 수 있는 것이 아니라는 점이에요. 기만일 뿐이지요. 나는 그들도 이 사실을 알고 있다고 생각합니다. 여기서 선택할 수 있는 길은 국제적 합의에 발맞춘 두 국가 해법이거나, 아니면 이스라엘과 미국이 지금 하고 있는 그대로 계속 밀고 나가는 것뿐입니다.

그리고 그런 것이 아주 뚜렷이 보여요. 정책도 노골적입니다. 바로 우리 눈앞에서 시행되는 중이지요. 우선, 가자를 웨스트뱅크로부터 분리해냅니다. 그런 일은 오슬로협정 위반이지만, 누가 신경

• Shin Bet, 국내 보안과 비밀경호를 담당하는 이스라엘 정보기관. 공식 명칭은 샤바크(Shabak)로, 해외정보를 담당하는 모사드(Mossad), 군사정보를 담당하는 아만(Aman)과 함께 이스라엘의 3대 정보기관을 이룬다.
•• two-state settlement, 이스라엘과 팔레스타인의 평화공존 체제. 팔레스타인을 주권국가로 인정하고 국가 대 국가로 공존하는 방안이다. 1993년 오슬로협정에서 이스라엘과 팔레스타인 간에 합의되어 국제사회의 지지를 받았으나 현재까지도 분쟁이 지속되고 있다.

이나 씁니까? 이것은 결정적인 조치입니다. 왜냐하면 비록 한계는 있지만 자치적이던 웨스트뱅크 정부가 외부 세계와 단절될 것이라는 의미이기 때문입니다. 가자는 완전포위 상태에 있게 되고, 웨스트뱅크의 경우에는 이스라엘이 요르단계곡을 접수합니다. 사실, 이런 일이 실제로 벌어지고 있지요. 한 발 한 발, 며칠에 한번씩 또다른 마을의 주민들을 몰아내고, 우물을 몇개 더 파고, 그러면서 말입니다. 이방인들이 알아차리지 못하도록, 아니면 적어도 알아차리지 못한 체하도록 조용히 처리하는 것이지요.

그러면 이스라엘은 아마도 그 지역의 나머지 40%를 차지하게 될 것입니다. 사실은 합병장벽인 이른바 분리장벽 안의 구역과 원래의 예루살렘을 둘러싸고 크게 확장된 그레이터 예루살렘 구역, 그리고 점령된 영토를 통해 이어지는 두개의 통로가 거기에 포함되겠죠. 이 통로들 중 하나는 마알 아두밈을 통해 그레이터 예루살렘 동부로 연결되며 사실상 웨스트뱅크를 둘로 갈라놓고, 다른 하나는 북쪽을 향해 아리엘시까지 뻗어 웨스트뱅크의 나머지 구역 대부분을 잘라내게 됩니다. 그러는 동안 팔레스타인 사람들을 몰아내는 거죠. 서서히, 한번에 마을 하나씩, 팡파르도 국제적으로 알려지는 일도 없이 말입니다.

이들 지역이 모두 이스라엘로 통합되면 '인구 문제'라는 것도 더이상 존재하지 않을 것입니다. 마지막에 가서 이스라엘이 통합할 구역들에 아랍인은 몇명 남지 않을 테니까요. 민권투쟁이나 아파르트헤이트 반대투쟁도 없겠지요. 팔레스타인 사람들에게는 아침에 신문 배달을 감독하거나 어쩌면 약간의 세금을 걷는다거나

이스라엘의 팔레스타인 고립정책

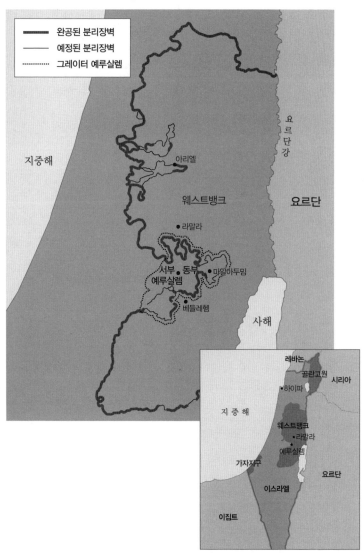

하는 정도의 권한만 있는 몇개의 작은 구역이 주어지겠지요.

사실 지난 한 세기 동안에도 이런 일은 계속되어왔습니다. 입 밖에 내어 말하지는 않으면서 조용히 "땅 위에 기정사실을 심는 것" 말입니다. 시오니즘 식민화 정책의 전통적 방식이 이런 것이었죠. 남아 있는 팔레스타인 사람들은 완전히 고립됩니다. 미국이 뒤를 봐주는 요르단에는 접근할 수도 없고요.

몇가지 예외가 있습니다. 탈식민주의 체제에서는 엘리트 특권 층에게 약간의 이권을 쥐여줄 수밖에 없습니다. 제3세계의 가장 가난하고 가장 짓눌린 나라에 가보면, 그곳에는 놀라울 정도로 호화롭게 생활하는 엘리트 특권층이 있습니다. 빠리나 런던 비슷해 보이는 라말라에서도 그런 일이 벌어지고 있어요. 팔레스타인의 엘리트층은 그곳에서 근사한 삶을 영위하지요. 그러니 그대로 계속 놔두자는 거예요. 그런 식으로 그들의 불만을 잠재울 수 있겠죠. 나머지 국민들요? 그들은 그냥 말라죽게 내버려두는 겁니다.

지금 실행되고 있는 정책이 이런 것입니다. 이것이 두 국가 해법의 대안이에요. 하나의 국가를 지향하는 대안은 없어요. 그건 선택지에 들지도 못합니다.

올메르트가 뭐라고 말하든, 그는 이스라엘이 하나의 국가가 출현하도록 허용하지 않으리라는 것을 알 만큼 충분히 똑똑합니다. 자신이 말하는 바로 그 이유 때문에 말입니다. 그들은 그럴 필요가 없어요. 현재의 정책을 계속할 수 있다는 것을 알기 때문입니다. 이런 말을 하기는 정말 싫지만, 하나의 국가를 요구함으로써 팔레스타인 사람들을 돕고 있다고 생각하는 사람들은 실제로는 현 정책의 지속을 지원하고 있는 것입니다. 그런 정책이 지속되다 보면 일정한 형태의 팔레스타인 자치가 이루어지겠지만, 그때의 자치란 전적으로 파편화된, 의미 없는 종류일 것입니다.

선택지라는 게 그런 것들입니다. 철학 세미나에서나 다루는 추상의 어떤 세계가 아니라 지금 이 세상에 살기를 원한다면 이런 현실을 마주할 수밖에 없습니다.

미국 정부는 왜 고집스럽게 이스라엘의 정책을 지지하는 것입니까?

전략적 지정학이 주된 이유였지요. 그런데 이스라엘은 미국의 군사, 성보 분야와 밀접하게 연관되어 있기도 합니다. 위키리크스를 통해 그 실례가 나온 적이 있습니다. 외교통신문에 열거된, 유독 미국에 극히 중요한 현장들을 위키리크스가 폭로했거든요. 그중 하나가 하이파 근처에 있는, 드론을 비롯해 다른 첨단기술 군사장비를 제조하는 라파엘 첨단방위 시스템즈였습니다. 그 회사는 미국 군수산업과 어찌나 밀접하게 연관되어 있던지 본사 위치를 돈이 있는 곳 더 가까이, 워싱턴으로 옮겼지요.[3]

이스라엘은 또한 미국을 위해 지원사격을 하도록 요청받아왔습니다. 로널드 레이건이 중앙아메리카에서 테러리스트들과의 전쟁을 펼치는 데에 의회의 제지를 피해가도록 해준 일 같은 것을 예로 들 수 있겠죠.[4] 게다가 이스라엘은 미국 투자자들로부터 높은 평가를 받습니다. 인텔은 차세대 칩을 생산하는 주요 공장을 그곳에 세웠습니다. 워런 버핏(Warren Buffett)도 최근 이스라엘의 큰 기업을 사들이고서 "이스라엘은 미국 밖에 존재하는 가장 크고 가장 전망이 밝은, 앞서가는 투자 허브"라고 말했습니다.[5]

수많은 이런 실리와는 별개로 중요한 문화적 요인들도 있습니다. 성서의 신화체계에 근거한 엘리트 기독교 시오니즘*은 유대교 시오니즘보다 더 오랜 역사를 가지고 있지요. 특히 1948년 이후로는 여기에, 지금은 공화당의 기반 상당 부분을 이루고 있는 거대한 복음주의 운동의 시오니즘 극단주의가 결합해왔습니다.

또다른 이유도 간과해서는 안됩니다. 이스라엘을 가장 열성적으로 지지하는 나라를 셋만 꼽으라면 미국과 호주, 캐나다일 텐데, 이 세 나라는 모두 정착민이 식민화를 이룬 사회로 사실상 원래 토착민들을 몰살하다시피 한 나라들이지요. 이스라엘이 지금 하고 있는 일은 이들 나라가 가진 국가 이미지와 꽤 상통하는 것처럼 보입니다.

그다음으로 이스라엘을 지지하는 로비도 상당히 중요합니다. 미국이스라엘공공문제위원회**, 군수산업체, 복음주의자 등이 있지요. 반대로 팔레스타인 사람들에게는 이런 것들이 하나도 없습니다. 그들은 부도, 권력도, 권력자들의 지원도 없기 때문에, 정치

• Christian Zionism, 유대인들의 성지 복귀와 1948년의 이스라엘 건국이 성서가 예언하는 바와 합치한다고 믿는 입장. 역사적으로는 종교개혁 이후 영국 청교도들 사이에서 유대인들이 이스라엘땅으로 돌아가도록 적극적으로 지원해야 한다는 주장이 대두하면서 시작된 것으로 이해된다.

•• American Israel Public Affairs Committee(AIPAC), 1947년 설립되어 1953년 정식 로비단체로 발전한 조직. 유대인의 단결을 통해 미국의 친이스라엘 정책을 유지, 확대하는 것을 목표로 활동하며 미국 정치권에 막강한 영향력을 행사한다.

공학의 일반적인 기준으로 보자면 권리도 갖지 못하는 것입니다.

마지막으로, 관계상의 의존성과 그 중요성을 잊으면 안되겠지요. 미국이 단호한 입장을 취하면 이스라엘은 거기에 따라야 합니다. 이런 일은 거듭해서, 레이건부터 조지 W. 부시 시기에 이르기까지 일어났습니다.

미국의 정책을 바꾸기 위해서는 무엇이 필요할까요?

기본 메커니즘은 보통의 경우와 다르지 않겠지요. 대중적 조직화와 사회운동 말입니다. 그런 일은 일정하게 효과를 지닐 수 있습니다. 또한 군사, 정보 부문에서 이스라엘의 정책과 그것이 미국에 미칠 영향에 대한 우려도 있습니다. 지금까지는 그런 우려가 대개 무시당하곤 했습니다만, 어쨌든 하나의 변수가 될 수 있을지도 모르지요. 만약 아랍의 산유국들이나 유럽이 독자적인 노선을 취하려 든다면 그것 또한 영향을 미칠 것입니다.

1월에 터키에 다녀오셨지요. 2013년 5월 말 거리 시위가 발발했습니다. 표면상으로는 탁심광장 근처 게지공원의 한 쇼핑몰 건물을 놓고 벌어진 시위였지요. 공교롭게도 그 공원의 일부는 아르메니아인들의 묘지로 사용되다가 1939년 정부에 몰수당한 사연이 있는 곳이고요.[6] 그 쇼핑몰 개발계획이 레제프 타이이프 에르도안(Recep Tayyip Erdoğan) 정권에 대한 뿌리 깊은 반감을 건드린 것입니다. 그곳에서 어떤 일이 벌어지고 있는지 보셨나요?

흐란트 딘크(Hrant Dink) 추모연설을 하러 이스탄불에 갔던 것입니다. 아르메니아계 터키 언론인 흐란트 딘크가 암살당했는데, 모두 국가가 저지른 짓일 거라고 짐작하고 있지요. 따라서 당시 큰 반발이 일었고 그 반발의 결과 아르메니아인 학살과 정부의 부인에 관한 관심이 심상치 않게 증가했습니다.[7] 지금은 아르메니아 인종학살을 이해하고 그에 대해 무언가를 해야 한다고 관심을 갖는 대중운동이 무시 못할 정도로 벌어지고 있습니다. 그리고 흐란트 딘크와 그가 상징하는 바를 지지하는 대규모 시위가 있었습니다. 경찰은 막으려는 시도도 하지 못했지요.

탁심광장은 그 당시에도 이미 부글부글 끓고 있었고 한판 싸움이 임박한 것처럼 보였습니다. 그 광장은 이스탄불에 마지막으로 남은 녹색의 열린 공간입니다. 그 도시의 나머지 공간에는 상업화와 젠트리피케이션, 권위주의적 통제가 건물 철거용 철구처럼 닥치는 대로 쳐들어와 사실상 공유지들이 쓸려나간 상태였습니다. 소수민족 지구와 역사적 유적들에 남아 있는 고래의 보물을 파괴하고 부자들의 이익을 위해 공공의 공간을 앗아가버린 것이지요.

그 탁심광장 안에 게지공원이 있습니다. 불도저들이 밀고 들어오자 저항이 일었습니다. 사람들이 광장을 점령하고 마지막 남은 한조각 공유지를 파괴하려는 행위에 항의했지요. 에르도안은 이집트의 호스니 무바라크(Hosni Mubarak)나 시리아의 바샤르 알아사드와 같은 방식으로 대응했습니다. 폭동진압 경찰을 보내 사람들을 박살낸 것이지요. 아주 폭력적인 진압이었습니다.

그후 에르도안은 약간 주춤하는 듯했고 하루 정도는 협상안이

나올 것처럼 보였습니다. 협상조건도 공표되었지요. 이 철거의 적법성에 대한 법원 판결이 나올 때까지 정부가 기다린다, 만약 법정에서 공사 진행이 합법적이라고 판단을 내리면 이스탄불에서 국민투표를 실시한다는 것이 그 조건이었어요.[8] 그것은 가능한 해법 같아 보였습니다. 그러나 몇시간도 지나지 않아 에르도안은 다시 경찰을 보내 모든 것을 박살내고 시위대를 몰아내버렸습니다.[9]

현재 터키에는 대체로 농촌을 중심으로 하는 보수적인 이슬람 세력과 세속적이고 자유주의적이며 진보적인 세력 간에 심각한 분열이 존재합니다. 후자는 더 민주적이고 개방된 사회를 원하고 있고, 에르도안 정부는 그것을 계속 억누르는 쪽으로만 치달아 왔어요. 터키에는 수감된 언론인들이 다른 어떤 나라보다 많습니다.[10] 이슬람화 경향도 점점 더 강해져가는데 이것을 마음에 들어 하지 않는 사람들이 많고요.

지금 터키에서 일어나고 있는 일은 엄청나게 중요한 의미를 지닙니다. 이 지역에서 터키가 차지하는 중요성이 상당하니까요. 그리고 내가 보기에, 이런 개발에는 더 넓은 의미가 내포되어있는 것 같습니다. 지금 이 순간 인류는 자기 자신의 공유지를 파괴하고 있습니다. 예를 들어, 대기에는 주인이 없어요. 그것은 우리의 공유자산이지요. 환경은 공유자산입니다. 그런데 우리가 그것을 파괴하고 있는 거예요.

여기서 놀라운 사실은, 공유지를 지키기 위해 애쓰는 사람들은 대개 토착주민이라는 것입니다. 그들이 최전선에 서 있습니다. 타르샌드 채굴을 막으려는 캐나다의 퍼스트 네이션즈, 볼리비아와

에콰도르의 원주민, 호주의 원주민, 인도의 아디바시스, 남콜롬비아의 깜뻬시노 등이 모두 그런 사람들입니다. 그들은 공유지를 보호하려, 우리 모두를 위해 미래를 보호하려 애쓰고 있습니다. 미국과 캐나다처럼 가장 부유하고 가장 힘있는 나라들은 기쁜 마음으로 공유지를 파괴하고 있고요.

탁심광장에서 벌어지고 있는 사태는 바로 이런 일의 축소판입니다. 규모가 더 클 뿐 다 똑같은 철거용 철구인 겁니다.

그리고 이와 같은 일이 온 세계에서 일어나고 있어요. 가는 곳마다 이런 철구로부터 미래 세대를 보호하려는 노력과 신자유주의적 약탈 사이에 투쟁이 진행 중입니다. 그 투쟁의 결과에 따라 우리 인류에게 앞으로 어떤 일이 닥칠지 결정되겠지요.

현재의 세계정세를 볼 때 냉소주의가 정당화되는 면도 있지만 그것이 수동적 무저항으로 이어져서는 안된다는 게 선생님이 하시는 말씀이지요.

만약 냉소주의가 수동적 무저항으로 이어진다면 우리는 낭떠러지로 떨어지는 겁니다. 내 말은 그 뜻이에요. 엄중한 선택이 우리 앞에 놓여 있습니다. 포기하고 최악의 일이 벌어지도록 일조할 것인가, 아니면 참여해서 확실하지 않을지라도 더 나은 상황을 만들어볼 것인가 하는 선택이지요.

선생님께서 환생을 실제로 믿으시는지는 모르겠습니다만, 다른 시대에 살수만 있다면 계몽주의 시대 에든버러에서 살아보고 싶다고 말씀하신 적이

있지요. 그 이유를 말씀해주신다면요?

스코틀랜드의 계몽주의 시대는 비상한 지적 자유와 독자성, 깊은 사고와 성찰의 시대였습니다. 주로 에든버러를 중심으로 한 흐름이었고 데이비드 흄(David Hume), 애덤 스미스(Adam Smith), 프랜시스 허치슨(Francis Hutcheson) 등등이 그에 포함되지요.

그 시대를 너무 낭만화하고 싶지는 않습니다. 흄은 내가 가장 좋아하는 철학자 중의 한명이기는 하지만 상당히 끔찍한 에세이를 쓴 적도 몇번 있지요. 민족성에 관한 에세이가 그런 예입니다. 매우 인종주의적이지만 아르메니아인들에게는 다소 우호적인 글입니다. 그는 민족성으로 보자면 유대인은 "사기"로 유명하고 아르메니아인은 "정직"으로 유명하다고 했어요.[11] 저런, 왜 이런 질문을 끌어왔는지 이제야 알겠네요. 내가 이 말을 하는 꼴을 보고 싶었던 거군요.

그러면 환생에 대해서는 어떻게 생각하십니까?

그런 건 없었으면 합니다. 만약 환생이 있다면 우리는 모두 박테리아나 딱정벌레로 환생하기를 바라야 할 겁니다. 이 세상에서 우리가 만들어내고 있는 것을 이기고 살아남을 수 있는 존재는 그들뿐일 테니까요.

거의 모든 이야기를 끝맺으실 때마다 사람들이 어떻게 조직화해야 하는지

에 대해, 변화는 쉽게 오지 않는다는 것에 대해 이야기하시지요. 그러나 그 이상은 이야기하지 않으십니다. 강연하실 때에도 한 시간 이상 말씀하시다가 거의 끝날 때가 되면 마지막 몇분 정도를 남겨놓고 "여러분이 변화를 가져올 수 있습니다. 감사합니다" 하고는 그냥 끝내버리신단 말이에요. 그러면 사람들은 멍한 채로 남겨지고요.

그래요. "어떻게 그런 일을 할 수 있을지 우리에게 알려달라"라는 거지요? 그런 걸 가르쳐줄 수 있는 사람은 없습니다. 지금껏 그걸 알려줄 수 있는 사람은 아무도 없었어요. 솔 앨린스키(Saul Alinsky)에게서 공동체를 조직하는 데 필요한 몇가지 요령을 얻을 수는 있겠지요. 그러나 그것도 별 대단한 것은 아니에요. 하기로 마음만 먹는다면 5분 안에 자기 스스로 알아내지 못할 것이 없지요.

더욱이, 외부의 그 누구도 당신에게 이래라저래라 말해줄 수 있는 사람은 없습니다. 자기가 처한 상황을 알고 있는 사람은 바로 자기 자신이기 때문입니다. 선택지가 무엇인지 알고 있는 사람도 자기 자신이고, 무엇을 할 수 있는지를 알고 있는 사람도 자기 자신이에요. 내가 누군지, 어떤 일까지 감당할 용의가 있는지, 얼마만큼의 헌신과 참여를 기울일 준비가 되어 있는지를 아는 것도 자기 자신이고요. 정치적 사회운동에 자기 시간을 100% 바칠 수 있는 사람은 아무도 없습니다. 그러니 자기가 결정을 해야만 하는 거예요. 이런 딜레마를 피할 방법은 없습니다. 바깥에서 온 구세주가 "바로 이런 일을 할지어다"라고 말해주기를 기대해서는 안됩니다. 과거에도 항상 그랬고, 지금도 역시 마찬가지지요.

여행도 그렇게나 많이 하시고, 집에 계실 때도 쉴 새 없이 작업하시잖아요. 그동안 걸어오신 남다른 여정을 돌아보며 가본 길과 가지 않은 길에 대해 생각해보시기도 합니까?

별로요. 이런 질문을 받으면 과거에 했어야만 했는데 하지 않은 일들을 떠올리기도 하겠지만, 그래도 계속 가야지요. 보통 그렇게 살지 않나요?

이 모든 정치적 골칫거리들을 다른 사람들이나 걱정하게 내버려두고 그냥 은퇴하고 싶다는 생각이 드신 적도 있습니까?

곧 그렇게 되지 않을까요? 내가 선택하든 안하든 상관없이 말입니다.

3장

권력체제는 선물을 주지 않는다

우리가 이야기를 나누고 있는 오늘은 슈퍼볼이 열린 다음날인데요, 슈퍼볼은 미국에서 가장 많은 사람들이 보는 행사로, 광고비가 30초짜리 하나에 400만 달러입니다. 미디어기업들에겐, 이번엔 폭스사입니다만, 대목이지요.

나는 TV라고는 아예 안 보는 편이지만 이번 시합 전의 쇼는 한 10분 정도 보았습니다. 광고가 어마어마하게 붙었더군요. 그 광고들은 꽤 흥미롭습니다. 존 벨러미 포스터(John Bellamy Foster)와 로버트 맥체스니(Robert McChesney)의 글에 실린 무언가를 실례로서 아주 잘 보여주거든요. 경제가 독과점을 향해 움직이면 더 큰 집중, 더 많은 노력이 가격경쟁을 막으려는 시도에 투입된다는 것이지요. 가격경쟁은 이윤을 깎아먹으니까요.[1] 그러니 눈속임으로라도 제품을 차별화해서 빈 곳을 메꿀 수밖에요. 말하자면, 모두가 똑같은 제품을 생산하면서도 마치 어딘가 서로 다른 척하며 그

52

것들을 팔아야만 한다는 것입니다.

이런 광고들을 보면, 그건 대중 기만행위입니다. 사람들이 원하지도 않는 상품을, 역시 원하지도 않고 다를 것도 없는 딴 상품이 아니라 특정한 그 상품을 선택하게 하려고 엄청난 공을 들이죠. 사회가 굴러가는 방식을 흥미롭게 반영하고 있지 않나요?

「가공된 동의」라는 다큐멘터리에 선생님이 스포츠 경기에 가서 반 친구들과 관중들의 반응을 지켜보았던 일을 회상하시는 장면이 나오는데요.[2]

재미있는 현상이지요, 홈팀을 응원한다는 것 말입니다. 아무 생각 없이 거기 휩쓸리기도 쉽고요. 그런데 약간 무서운 점은, 사람들이 자기 편 검투사의 승리에 지나칠 정도로 몰두하게 된다는 겁니다. 사실 그는 자기와 아무 상관도 없는데 말이에요. 예를 들자면, 내가 어렸을 때는 같은 선수들이 해마다 뉴욕 양키즈 팀에서 뛰었어요. 따라서 조 디마지오(Joe DiMaggio)나 루 게릭(Lou Gehrig) 같은 선수들과 일종의 일체감을 느꼈지요. 약간은 사기성이 있지만 아주 터무니없다고는 할 수 없는 일체감이었어요. 그러나 이제는 한 선수가 올해는 이 팀에서 뛰다가 다음해에는 경쟁팀에서 뛰지 않습니까? 그럼에도 사람들은 자기 홈팀을 열렬히 응원해야만 합니다. 그들이 지면 같이 불행해하고 그들이 이기면 기뻐 날뜁니다. 물론 그것은 순수한 기쁨일 수 있습니다. 그런 것이 불가능하지는 않아요. 하지만 한편으로는 맹목적인 충성을 조장하는, 꽤 위험한 일이 될 수도 있지요.

제게 선생님이 하신 재미있는 경험을 얘기해주신 적이 있는데요. 4학년 때 일 말입니다. 어떤 학교 선생님과 함께 뉴욕 양키즈 대 필라델피아 애슬레틱스의 시합을 보러 가셨다고요.

클라크 선생님이었답니다. 4학년 남자아이들은 모두 클라크 선생님을 흠모하고 있었지요. 그런 선생님이 나와 내 가장 친한 친구를 야구시합에 데려가신 겁니다. 말로 할 수 없는 기쁨이었어요. 만약 지루한 얘기를 들을 각오만 되어 있다면 한 이닝 한 이닝 경기 상황을 다 설명해줄 수도 있습니다. 우리는 조 디마지오 바로 뒤 외야석, 가장 싼 좌석에 앉아 있었습니다. 필라델피아 사람으로서 우리는 당연히 양키즈가 지기를 바랐지요. 하지만 루 게릭이며 빌 디키(Bill Dickey), 레드 러핑(Red Ruffing) 같은 영웅들은 다 그쪽 편에 있었어요. 애슬레틱스에도 그 수준은 못되었지만 그래도 영웅 비슷한 선수들이 몇명 있었지요. 그래서 우리는 그저 신이 났습니다. 다만 몇달 후 선생님은 우리를 배신했어요. 미술을 가르치던 핑크 선생님과 결혼하셨거든요. 그 충격에서 헤어날 수가 없었답니다.

아닌 게 아니라 경기 결과도 놀라웠지요.

7회까지는 우리가 7 대 3으로 앞섰습니다. 그때 양키즈가 타자들을 일곱차례 출루시키면서 10 대 7 역전승을 만들어냈지요. 필라델피아에 사는 내 또래 남자아이들은 일종의 열등감을 가지고 있었는데, 스포츠 종목마다 필라델피아 팀이 판판이 졌기 때문이었죠. 게다가 설상가상으로 내 사촌들은 다 뉴욕에 살았는데 그들은 모든 종목에서 선두였단 말입니다. 우리는 자기네들이 전부 이기고 우리 쪽은 몽땅 진다고 큰소리치는 이런 사촌들과 어울리면서 그것을 극복하고 살아남아야 했습니다.

3학년 때 브리태니커 백과사전을 베껴 과제를 낸 작은 사고를 치셨다지요. 그 일이 자세히 기억나십니까?

아니, 나에 대해 그런 시시콜콜한 것까지 도대체 어떻게 알고 있는 겁니까? 맞아요, 그게 내가 저지른 진짜 범죄 중 하나입니다. 천문학에 대해 글을 쓰는 숙제가 있었어요. 무슨 생각으로 그랬는지, 브리태니커에서 한 단락을 베껴서 그대로 제출했지요. 그 당시에는 별 생각이 없었지만 나중에 생각해보니 기분이 참 안 좋았습니다. 걸려서 혼이 나거나 한 일은 없었어요. 선생님은 분명히 내가 그것을 썼을 리 없다는 것을 알고 계셨을 텐데, 어쨌든 그에 대해서는 아무 얘기가 없으셨습니다. 나는 평생 그 죗값을 갚으려고 노력하며 살아왔습니다. 애슬레틱스가 양키즈에게 진 것이나 클라크 선생님이 우리를 배신한 것 못지않게 유감스러운 경험이었죠.

그럼 선생님의 생애 첫 저항행위로 돌아가보지요. 오트밀 먹기를 거부한 것 말입니다. 당시 몇살이었고 어떤 상황이었던 겁니까?

그건 언제였는지 정확히 말할 수 있어요. 어디서 일어난 일인지 알고 있거든요. 당시 나는 한살 반이었습니다. 우리 친척들은 대개 노동계급에 실업 상태였고 우리 부모님은 교사였습니다. 소득이 있었다는 뜻이죠. 그래서 친척들은 주로 우리 집을 중심으로 모이곤 했어요. 특히 여름 한철은 더했지요. 우리 고모 중 한명이 내게 오트밀을 먹이려 했어요. 나는 간이식탁에 앉아 있었고 고모는 억지로 내 입에 오트밀을 밀어넣었지요. 나는 먹기 싫었고요. 그래서 나는 오트밀을 볼 안쪽에 문 채 그냥 그대로 삼키기를 계속 거부했습니다. 얼마나 오래 그러고 있었는지는 모르겠지만 그걸 삼키지 않으려고 기를 쓰고 버텼던 것은 기억이 납니다.

그리고 이후로는 뒤도 안 돌아보셨군요.

여전합니다.

아주 어린 나이부터 아나키즘에 끌리셨지요. 아나키즘의 어떤 면이 매력적으로 보였던 겁니까?

아나키즘은 내게 자명한 것으로 보입니다. 왜 권위의 구조가 존재해야 하나요? 권위, 위계질서, 지배의 모든 구조는 입증 책임을 가지고 있습니다. 자신이 정당하다는 것을 스스로가 증명해야 한다는 말이지요. 아마 그걸 증명할 수도 있겠지요. 그러나 만약 그러지 못한다면 그것은 폐기되어야 마땅합니다. 이보다 더 자명한 이치에 가까운 것을 상상하기는 어려울 듯싶습니다. 그리고 그것이야말로 아나키즘의 지배적 주제지요. 가부장적 가정이든 제국주의 체제든 아니면 그 사이의 어떤 것이든, 권력과 지배의 구조를 찾아내서 그것에게 스스로를 정당화해보라고 요구하는 것 말입니다. 그리고 거의 언제나 그러하듯 그것이 그렇게 하지 못한다면, 더 자유롭고 더 협동적이며 더 참여적인 체제를 위해 그것을 해체하기 위해 행동하지요. 이것은 그냥 직관적으로 명료해 보입니다.

그리고 뉴욕의 책방들을 뒤지고 다니다가 아나키즘을 발견하셨다고요.

열살인가 열한살이 되었을 때쯤에는 부모님이 나 혼자 뉴욕에 갈 수 있게 해주셨어요. 기차를 타고 가서 친척집에서 신세를 지곤 했습니다. 주말이나 학교가 쉴 때마다 뉴욕에 가곤 했지요. 그 시절에는 지금과 아주 다르게 유니언 스퀘어도 지저분한 편이었고, 무엇보다도 그곳에 아나키스트들의 작은 사무실들이 있었습니다. 『자유 노동자의 소리(*Freie Arbeiter Stimme*)』라고 유대계 아나키스트 신문사도 그곳에 사무실을 내고 있었어요. 나는 그 주변을 기웃거리곤 했습니다. 거기서는 팸플릿도 발행했고 그곳 사람들은 기꺼이 말을 걸어주기도 했으니까요.

그리고 그 당시에는 역시 지저분했던 4번가를 따라 유니언 스퀘어 바로 아래쪽으로 작은 가게들이 줄지어 있었습니다. 그중에 이민자들이 운영하는 중고책 서점들도 있었고요. 그런 이민자들 중에는 스페인내전을 피해서 온 난민들, 1936년 혁명이 진압된 후 도망쳐온 아나키스트들도 있었습니다. 내 눈에 그들은 백살은 되어 보였지만 실제론 아마 서른살 정도였을 테지요. 그들은 흥미로운 경험을 갖고 있었고 열심히 그 얘기를 해주었습니다. 팸플릿이나 다른 책들도 많았어요. 당시 수중에 돈은 별로 없었지만 그런 것들은 충분히 값이 싸서 내가 살 만했고, 그래서 많이 모으기도 했습니다.

잊지 마세요. 지금 우리는 1930년대와 40년대 초 얘기를 하는 겁니다. 급진적 언론과 급진적 토론이 아주 생생하게 살아 있던 시절이지요. 실제로, 필라델피아 시내 공립도서관에도 당시의 급진주의 출판물들이 아주 잘 선별되어 들어와 있었습니다. 토요일 오후면 이따금씩 그곳에 들러 소장도서들을 뒤지곤 했지요.

선생님께 영향을 준 아나키즘 사상가 중에 루돌프 로커(Rudolf Rocker)가 있지요. 그는 1873년 독일에서 출생해 1958년 뉴욕주 북부에서 사망했습니다. 그를 만나보신 적이 있습니까?

한번도 만나지 못했습니다. 중고책 서점을 뒤지고 다니던 아이 시절에 로커가 쓴 팸플릿 한두권을 발견한 적은 있습니다. 그러나 내가 그의 『아나코신디칼리즘』을 접한 것은 그보다 좀더 뒤, 아마도 1940년대 후반이나 어쩌면 1950년대가 되어서였습니다.[3] 사실 그 책은 1938년에 쓰였습니다만, 그뒤 10년 정도 흐르고 나서야 그것을 구할 수 있었던 것이 아닐까 싶습니다. 그것을 읽고 매우 통찰력 있는 저서라고 생각했지요.

"정치적 권리는 의회에서 시작되지 않는다. 그것은 오히려 외부로부터 의회에 강요된다"라고 로커는 썼습니다.[4]

사실은 아래로부터지요. 그의 그런 견해는 정확하다고 생각합니다. 권력체제가 순순히 선물을 주는 법은 없습니다. 역사 속에서 우리는 가끔씩 자애로운 독재자나 자기 노예를 풀어줄 결심을 하는 노예주를 만나지만, 그런 것은 기본적으로 통계적 오류에 지나지 않습니다. 일반적으로 권력체제는 자신의 권력을 공고히 하고 유지하고 확장하려고 노력하는 법입니다. 그건 의회의 경우도 마찬가지예요. 변화를 강제하는 것은 바로 대중적 사회운동입니다.

선생님은 1970년대 초반에 쓰신 『아나키즘 주해』에서 로커의 말을 인용해 "'경제적 착취와 정치적, 사회적 예속이라는 저주로부터 인간을 해방하는 일'은 우리 시대의 과제로 남아 있다"라고 하셨습니다.[5]

실로 그러합니다. 오늘날까지도 말입니다. 거기에, 아나키즘 전통 특유의 발언으로 카를 맑스가 말했던 바를 덧붙일 수 있겠지요. 생존과 착취, 억압 등의 동물적 문제를 극복하는 것이 우리의 인간적 문제를 마주할 수 있도록 우리를 해방해주리라는 얘기 말입니다.

또다른 에세이 「언어와 자유」에서 자본주의는 "온전한 체제가 아니다. … 그것은 인간적 요구를 감당할 수 없다"라고 쓰셨죠.[6] 그렇다면 이런 자본주의가 계속 앞으로 나아갈 수 있도록 해주는 것은 무엇일까요? 무엇이 그것을 지탱하고 있는 겁니까?

그것을 지탱하는 것은 두가지 경향입니다. 하나는 막대한 권력을 가진 자들의, 자기 권력을 확고히 하고 극대화하려는 성향이지요. 그것이 하나의 경향입니다. 다른 하나는 아래에 있는 사람들──로커가 얘기했던──의 수동성, 자포자기, 또는 원자화입니다. 그들이야말로 변화를 강제할 수 있는 사람들일 텐데요. 내가 그 에세이를 쓴 것은 1970년이었습니다. 1960년대의 해방적 성격에 반하는 중대한 반격이 시작되던 시기였지요. 그 거대한 반격은 온 세계 사람들을 향한 신자유주의 공격의 시작이었고, 우리는 아직도 그 한가운데에 살고 있습니다.

그 당시에는 내가 잘 몰랐던, 그러나 오늘날의 사람들은 모두 알 수밖에 없는 일도 있었습니다. 이를테면, 우리가 심각한 환경위기에 직면해 있다는 사실 같은 것 말이에요. 우리가 읽는 과학잡지가 발행될 때마다 거기에는 우리 앞에 닥친 위협과 그 임박함에 대한 점점 더 걱정스러운 발견들이 실리고 있습니다. 몇백년 후의 일을 얘기하는 것이 아닙니다. 아마도 몇십년 앞의 일일 겁니다. 그런데도 약탈적 자본주의는 우리에게 그 위협을 극대화하라고, 땅속 화석연료의 마지막 한 방울까지도 쥐어짜내라고 말하고 있는 것입니다.

일자리를 그 구실로 대지요. 그러나 현대의 정치담론에서 '일자리'라는 단어는 차마 입에 올릴 수 없는 낯 뜨거운 두 글자짜리 단어 '이윤'을 대체하는 말일 뿐입니다. 이 말은 할 수 없으니 '일자리'라고 얘기하는 겁니다. 일자리를 확보해야 한다, 알다시피 권력체제가 노동자들에게 이렇듯 신경을 쓰고 있기 때문이다라는 것이죠. 이런 이유로 우리는 모두 그 유명한 레밍떼처럼 앞다투어 달려가 낭떠러지로 떨어질 수밖에 없게 된 겁니다.

주요 부문의 법인체들 ─ 상공회의소나 에너지회사 등 ─ 은, 그들이 공공연히 밝히고 있듯이 기후변화라는 것은 없다, 혹 기후변화가 존재한다고 하더라도 그 원인은 인류에 있지 않다고 사람들을 설득하기 위해 어마어마한 선전활동을 수행하고 있습니다. 사람 때문이 아니라 태양의 흑점이나 뭐 그런 것 때문이라는 것이죠.

사람들을 완전한 비이성과 자기파괴로 몰아가려는 이런 노력들은 지금도 엄청나거니와 점점 증가하고 있습니다. 그중 일부는 초현실적일 정도입니다. 한 예가 ALEC, 즉 미국입법교류회의처럼 기업의 후원을 받아 각 주의 입법안을 작성해주는 단체인데요, 그들은 연방정부보다는 주정부에 압력을 가하는 것이 더 쉽다고 판단하고는 극히 반동적인 주 입법을 강행시키려 합니다. "일자리를 위해서"라고 하지만 실제로는 입에 올릴 수 없는 그것을 위해서지요.

그들의 프로그램 중에 초등학교에서 "비판적 사고 교육을 제공한다"라는 것이 있습니다.[7] 여기에 반대할 사람이 있을까요? 그럼 비판적 사고를 학교에서 어떻게 가르칠까요? 만약 6학년 수업에 기후변화와 관련된 내용이 있다면, 그들 말로는, 기후변화 이론에 반대되는 어떤 것도 교과과정에 도입해야 한다는 것입니다. 그래야 6학년 아이들이 비판적으로 사고하는 방법을 배울 수 있다는 것이지요. 한쪽에는 99%의 과학자들이 동의하는 견해가 있고 반대쪽에는 한줌도 안되는 회의론자들과 대기업들의 견해가 있는데, 그 양쪽의 의견을 공평하게 평가하는 방법을 배워야 한다면서 말이에요. 그런 식으로 '비판적 사고'를 가르칠 거라네요.

한마디 덧붙이자면, 이 ALEC는 억만장자 코크 형제(Koch brothers)로부터 막대한 후원을 받고 있지요.[8]

인류의 종말을 확보하려는 시도에 들이는 노력들은 가히 인상적입니다. 만약 외계의 어떤 존재가 이 장면을 본다면 그는 인류가 도저히 살아남을 수 없는 종족이라고, 자기파괴를 향해 가는 진화상의 오류라고 결론지을 겁니다.

자본주의하에서 환경을 보호한다는 것이 가능하기나 할까요?

우리의 경제체제에는 파괴를 향해 질주하는 뿌리 깊은 제도적 속성이 있습니다. 심지어는 경제이론 일부에도 들어 있지요. 시장체제에서는 그 누구도 이른바 '외부효과'라는 것에 관심을 두지 않습니다. 당신과 내가 거래를 하면, 즉 당신이 내게 뭔가를 판다고 치면, 그때 우리는 각자 자신의 이익을 극대화하려 하지요. 이 시스템은 그런 식으로 작동하게 되어 있어요. 그런 판매행위가 다른 사람들에게 미칠 영향에 대해서는 묻지 않습니다.

골드만삭스를 예로 들어볼까요? 위험부담이 높은 거래를 할 때 그들은 아마도 그 위험에서 스스로를 보호하기 위한 조치를 취할 겁니다. 그러나 그들은 체제 자체가 안게 될 위험에 대해서는 신경 쓰지 않지요. 만약 그들의 거래가 잘못된다면 체제 전체가 붕괴할 위험이 있는데도요. 예컨대 AIG에 벌어진 일에서 보았다시피 말입니다.[9] 어떤 면에서 보면 그들은 그런 걱정을 할 필요가 없습니다. 필요하다면 정부가 그들을 구제할 테니, 그러면 되는 것 아니겠습니까? 이것은 곧 외부효과가 무시되기 때문에 위험이 과소평가된다는 의미입니다. 그리고 이것은 파괴적인 결과를 가져올 수 있습니다. 사실, 세계 금융위기도 부분적으로는 여기서 기인했다고 보아야지요.

코크 형제나 그들보다 덜 극단적인 사람들까지도 이윤을 만들려는 욕망에 휘둘립니다. 그게 이 체제의 본질이에요. 만약 CEO나 이사회의 일원이라면 그 사람은 당연히 이윤을 내야 하는 것으로 되어 있습니다. 남들에게 전가되는 비용에는 관심을 두지 않지요. 다만 환경위기의 경우에는, 그런 비용 중에 우리 인류의 파멸이라는 항목이 들어갈 수도 있는 것입니다. 그러나 그것은 외부효과일 뿐이니 본문에 들어가지도 못할 각주 정도의 취급만 받겠죠. 물론 환경 문제에서는 고개 숙이고 달려가 구제를 간청할 대상도 없습니다. 금융위기의 경우에는 납세자들을 속여 당신을 구제하도록 할 수 있겠지요. 그러나 환경위기는 다를 겁니다.

이런 상황이 변할 수 있겠냐고요? 물론입니다. 경제체제가 자연법칙은 아니지 않습니까?

환경위기의 엄중함과 긴급함을 감안해볼 때, 변화를 구하는 외침을 어디서 보실 수 있는지요?

그런 외침이 있지요. 백악관 앞에서도 항의시위가 벌어지고, 전국 곳곳에서 송유관 연결망의 무한확장에 대한 지역적 저항도 다수 벌어지고 있습니다.[10] 그러나 아직까지 그런 저항 중에서 주요 에너지회사들의 막대한 경제적 자원 및 영향력과 겨룰 만한 규모를 지닌 세력은 하나도 없습니다. 신문들이 기후변화 문제를 이 사람 말 다르고 저 사람 말 다르다는 식으로 다루는 이유가 바로 이것이겠죠. 어쩌면 그런 일이 일어나고 있을 수도 있고 어쩌면 아닐 수도 있다는 식으로 말입니다. 과학에 절대적 확실성은 없다는 것도 맞는 말입니다만, 기후변화란 우리가 상상할 수 있는 한도에서 압도적 합의에 가장 근접한 것이라 할 수 있습니다.

기후변화에 관한 정부간협의체(IPCC)는 확실성 95%라는 수치를 사용했습니다.[11]

그렇습니다. 그리고 그것에 대해 일반적으로는 압도적으로 동의하고 있고요. 이른바 방법론에 의문을 제기하고 비판하는 몇몇 사람들이 있습니다. 그들의 의견은 대중들에게 널리 알려지지요. 그러나 한번도 언급되지 못하다시피 하는 훨씬 더 중요한 비판자 무리도 있습니다. IPCC의 보고서가 너무 보수적이라고 생각하는 사람들 말입니다. 잊지 마세요. '불확실성'이라는 말은 상황이 예측만큼 나쁘지 않을 수도 있다는 것을 의미합니다. 아니면 더 나쁠 수도 있다는 의미일까요? 글쎄요, 표현되는 방식을 보면 기후변화에 관한 '불확실성'이라는 말은 상황이 예측한 것만큼 나쁘지는 않으리라는 것을 의미하기 위해 사용되지요. 그러나 펜실베이니아주립대학 지구시스템과학센터의 마이클 맨(Michael Mann)을 비롯한 수많은 기후과학자들에게 물어보면, 그들이 IPCC의 추정치는 너무 장밋빛이라고 생각한다는 것을 알 수 있습니다.[12]

기후변화에 맞서기 위해 할 수 있는 일 중 어떤 것들은 기본적인 일들입니다. 내(耐)기후구조화(weatherization), 즉 에너지 효율이 높은 집을 짓는 일을 예로 들어보지요. 그것은 환경위기를 늦출 뿐 아니라 고용위기 극복을 도울 수도 있을 것입니다. 일을 구하지 못하는 수천만의 사람들이 있지 않습니까? 그들의 삶이 파괴되고 있고 그들 아이들의 삶이 파괴되고 있습니다. 에너지 고효율 주택을 짓는 현장에서 그들이 일하도록 할 수 있지 않겠습니까?

이런 기회들이 수없이 많습니다. 그러나 시행되는 일은 하나도 없다시피 하지요. 미국이 21세기의 사우디아라비아가 될 것이라고 열광하는 소리가 들립니다. 사람들이 말하길, 우리에게 엄청난 에너지자원이 생길 것이라지요. 그러나 그렇게 해서 낳는 결과가 무엇이겠습니까? 값싼 에너지를 얻고 그와 동시에 자멸을 향해 내달리겠지요. 그리고 우리와 함께 다른 나라들도 파멸의 길로 끌어들일 것입니다. 기후변화에 대해 뭔가 의미있는 일을 하고자 애써온 유럽 사람들도 그런 노력을 철회하고 있습니다. 미국의 낮은 에너지 가격과 경쟁할 수 없기 때문이지요.

유럽만이 아니에요. 에콰도르를 봅시다. 제3세계의 가난한 나라지요. 그 나라에는 생태적으로 위태로운 지역에 상당량의 석유가 매장되어 있습니다. 에콰도르가 부유한 나라들에게 몇십억 달러만 제공해달라고 요청했지요. 석유를 팔아 얻을 돈에 비하면 몇%도 되지 않는 액수입니다만, 그 돈이면 석유를 원래 있던 자리에 그대로 놔둘 수 있는 것이었습니다. 그러나 그들은 그 돈을 구하지 못했어요. 부유한 나라들이 그렇게 하려 들지 않은 것입니다.[13]

올해는 린든 존슨이 '빈곤과의 전쟁'을 선언한 지 50년이 되는 해입니다. 아직도 미국에 가난한 사람들이 이렇게 많은 이유가 무엇일까요?

빈곤과의 전쟁은 성공적이었고 실제로 빈곤을 눈에 띄게 감소시켰지요. 그러나 신자유주의의 맹공이 시작되자마자 추세는 역전되었습니다. 게다가 이것은 미국만의 일이 아닙니다. 온 세계가 저마다 다른 방식으로 신자유주의에 무릎을 꿇었습니다. 지금 당장은 유럽이 미국보다 훨씬 더 극단적입니다. 경기후퇴 시기에 긴축을 강요하는 것은 국제통화기금(IMF)까지도 경제적으로 용인될 수 없는 조치라고 말하고 있는데다가, 바로 복지국가 해체라는 결과를 가져옵니다. 복지국가야말로 전후 유럽이 이룩한 가장 큰 성과가 아닙니까? 기업계와 부자들은 복지국가를 좋아하지 않아요. 한번도 그랬던 적이 없지요. 긴축을 요구하는 목소리는 그들에게 복지국가를 없애버릴 기회를 주는 것입니다.

식량배급표를 비난하거나 실업수당을 삭감하려는 이유는 뭘까요? 이런 사디즘 같은 것은 어디서 오는 것입니까?

그것만이 아니죠. 사회보장제도는 왜 비난하겠습니까? 공립학교는 또 왜요? 일반 국민에게 혜택이 돌아가는 것은 무엇이든 삭감해야 한다, 돈 많고 힘있는 자들에게 돈과 힘을 주는 것이 사회의 목표가 되어야 하기 때문이다, 끝. 이런 얘기입니다. 전부 공통된 주제를 가지고 있지요. 그러나 당신이 사디즘이라 부르는 것은 좀 다른 어떤 것이라 생각됩니다. 그것은 다른 사람에게 관심을 쏟아야 한다는 이단의, 전복적 사고를 분쇄하려는 시도입니다. 그런 개념 자체를 없애버리려는 것이죠. 오로지 자기 자신, 아니면 자기가 섬기는 권력자에게만 신경 써야 한다는 겁니다. 따라서 학교든 사회보장이든 식량배급표든, 이 모든 것은 정말로 전복적인 것이 되지요.

내가 왜 학교 때문에 세금을 내야 하는가? 우리 집엔 학교에 다니는 아이도 없는데. 내가 왜 건넛집 아이가 학교에 다닐 수 있게 하려고 세금을 내야 하는가? 미국에서는 이런 것을 자유지상주의라고 부릅니다. 그들의 원칙이 바로 그래요. 내가 개인적으로 혜택을 볼 수 없는 어떤 것을 위해 왜 내가 돈을 내야 하는가? 사회보장제도는 무엇하러 있어야 하는가? 식량배급표는 무엇하러 있는가? 그 친구들도 나처럼 나가서 일을 해야지. 나는 비록 금융제도를 통해 납세자들로부터 이윤을 얻어내고 있지만 말이야.

이런 원칙들은 모두 일맥상통합니다. 그 원칙들이 그들의 영웅들이 믿었던 바와 완전히 반대라는 것이 좀 놀랍죠. 애덤 스미스를 비롯한 고전적 자유주의의 창시자들은 동정과 상호지원이 인간의 근본 욕구라는 점을 당연시했습니다. 오늘날 자유지상주의라 불리는 것은 정확히 그 반대예요. 그런 전복적 사고를 제거해버리려는 욕구를 깔고 있지요.

올해로 선생님과 제가 첫 인터뷰를 한 지 30년이 되었습니다. 그때의 주제는 정치와 언어였지요. 아마 인터뷰를 당하신 것으로는 선생님께서 세계기록을 세우셨을 것 같은데요.

세계기록이 어떻게 되는지는 잘 모르겠지만, 이대로 지속하는 것은 불가능해 보여요. 매일 밤 10여건의 청탁을 받는답니다.

그 모든 인터뷰들을 하실 때 특별히 대담 내용에 꼭 넣으시고자 하는 말씀이 있습니까?

온갖 다양한 곳에서 인터뷰 요청이 옵니다. 나의 시도가 얼마나 성공적인지는 다른 사람들이 판단할 몫이겠으나, 적어도 나는 당연한 것으로 받아들여지지만 의문을 제기해봄 직하고 의심하고 꼼꼼히 따져보아야만 하는 가정들을 찾을 수 있을지 확인해보려 합니다.

언젠가 선생님이 가장 좋아하는 예언자는 아모스라고 말씀하셨죠. 아모스의 어떤 점에 끌리시는 건가요?

'예언자'라는 말의 의미는 무엇보다도, 우리가 '지식인'이라고 할 때 의미하는 것과 상당히 많이 겹칩니다. 예언과는 사실 아무 관련도 없어요. 아모스는 얘기를 시작할 때마다 "나는 예언자가 아니며 내 아버지도 예언자가 아니다. 나는 평범한 양치기이자 농부다"라는 말로 시작합니다.[14] 그리고 나서 아주 심오한 말들을 쏟아내지요. 그 점이 마음에 들었어요.

히브리어로 '나비(navi)'라고 부르지요?

예, 나비 맞습니다. '예언자'라고 번역되지만, 그건 원래도 모호한 단어에 대한 아주 미심쩍은 번역이에요. 아무도 그 말이 무슨 뜻인지 진짜로 알지는 못하지요. 이 나비라는 존재는 예언을 하지 않았습니다. 그들은 지정학적 분석을 하고 사악한 왕, 권력구조를 규탄했으며 억압받는 자를 돌보고 과부와 고아에게 자비를 베풀어야 한다고 주장했습니다. 그들은 우리가 오늘날 반체제지식인이라 부를 만한 존재였어요. 그리고 반체제지식인과 같은 대접을 받았지요. 사막으로 내쫓기고 투옥되고 처벌받았거든요.

내가 좋아하는 사람 중에 엘리야가 있습니다. 그는 유대인 자기 혐오라는 죄를 지은 원조격의 인물입니다. 아합 왕이 그에게 물었습니다. 제대로 번역하면 "너는 어찌하여 이스라엘을 혐오하는 자인가?"라는 질문이었지요. "이스라엘을 혐오하는 자"라는 말은 그가 왕을 규탄했다는 의미입니다. 반미국적이라거나 반소비에뜨적이라거나 하는 개념이 거기서부터 비롯한 것입니다. 전체주의가 뿌리 깊이 박혀 있는 경우에는 그 사회의 통치자를 그 사회와 문화, 국민과 동일시합니다. 따라서 통치자를 규탄하는 사람은 그 사회에 반하는 사람이 되는 것이죠.

선생님도 "자기혐오를 지닌 유대인"이라 불리시지 않습니까?

엘리야는 성서에 나오는 가장 사악한 왕에게 반대했던 인물인데, 이렇게 그와 엮이다니 기쁘군요.

1953년에 선생님은 부인 캐럴과 함께 이스라엘의 키부츠에 사셨죠. 한동안 이스라엘로 터전을 옮길 생각도 하셨고요. 어쩌다 마음을 바꾸신 겁니까?

1953년 몇달 동안만 그곳에 있었어요. 학생 시절이라 여름을 틈타 떠났던 것입니다. 맞아요, 옮길까도 생각해보았습니다. 나는 여기 매사추세츠공대(MIT)에 방금 임용된 참이어서 캐럴이 혼자 그곳에 돌아가 좀더 오래 머물렀습니다. 그녀가 미국으로 돌아올 때는 다시 돌아가 완전히 정착할 생각이었지요. 우리는 그 문제에 대해 같이 생각해보았지만, 결국 그러지 않았습니다. 어차피 얼마 지나지 않아 문제가 생겼을 일이라고 봅니다.

우리는 매우 좌파 성향이 강한 키부츠에 속해 있었어요. 아랍 사회에 손을 내미는 거점 같은 곳이었지요. 마음에 드는 점도 많았고 그렇지 않은 점들도 있었습니다. 그러나 해가 지나면서 많은 변화가 생겼지요. 지금은 아주 반동적이 되었어요. 내가 거기 머물 수는 없었을 겁니다.

인종주의의 기미도 있었다고 제게 말씀하셨던 것으로 기억합니다만.

그래요, 그런 기미가 꽤 짙었습니다. 실례를 하나만 들어볼까요? 모로코계 유대인 청소년 무리가 있었어요. 나중에 알게 되었지만, 그들은 부모들에게서 납치되다시피 해서 그곳에 온 것이었습니다. 우리는 그들과 함께 생활했습니다. 당시 키부츠는 매우 가난해서 우리는 선적용 컨테이너에서 살았습니다. 키부츠의 다른 사람들이 우리에게 경고하더군요. "문을 잘 잠그고 모로코 애들을 조심해라. 걔네들은 범죄자 집단이다." 완전히 착한 아이들이었는데 말입니다.

한번은 밭에서 포도 따기 같은 일을 하며 작업하던 중에 몇몇 10대 아이들 사이에서 말다툼이 벌어졌습니다. 농사 부문을 책임지고 있던 여자가 무슨 일인지 알아보러 그쪽으로 건너갔지요. 그녀가 돌아온 뒤 무슨 일이 벌어진 거냐고 물었더니, 키부츠의 아이들이 다른 애들을 모로코계 유대인이라고 생각하고 못살게 굴었다는 겁니다. "그래서 내가 그애들에게 말해줬답니다. 그들은 모로코계 유대인이 아니라 방문하러 온 아랍인들이다, 그러니 그들에게 친절히 대해야 한다고요." 만약 그 아이들이 모로코 아이들이었으면 상관없었을 것이라는 투였습니다.

이와 유사한 일들이 많았습니다. 한번은 아랍 마을에 자기 정당의 표를 모으려고 가는 어떤 사람을 따라간 적이 있었습니다. 그는 선거운동원 비슷한 사람이었어요. 그 당시에 나는 아랍어를 어느정도 알아들어서 그들 사이의 대화를 따라갈 수 있었습니다. 내 기억으로는 그 나름 친하게 지내던, 키부츠에서 길 하나 건너 어느 마을에 사는 사람들 얘기였습니다. 그들은 이 키부츠와 상거래를 비롯한 여러가지 교류를 하고 싶어 했지만, 하이파 — 약 20마일 정도 떨어진 — 에 가서 허가증을 받아오지 않는 한 그 길을 건널 수가 없었습니다. 허가증을 받아오면 그때에야 그들에게 길 건너 맞은편에 있는 사람들과 교류하는 일을 허용했겠지요.

키부츠 구성원 중 일부는 이것에 반대했지만, 대부분은 이의가 없었습니다.

또 한번은 키부츠의 나이 지긋한 다른 구성원과 밭일을 일하고 있을 때였는데, 그곳에서 돌무더기를 발견한 거예요. 내가 그 돌무더기에 대해 묻자 그는 처음에는 아무 말도 하지 않았습니다. 나중에 그가 나를 옆으로 데려가더니 그곳이 사실은 1948년에 파괴된, 가까이 지내던 아랍인 마을의 터라고 설명해주더군요. 그도 그 마을을 파괴한 것에 대해 죄책감을 느끼는 모양이었습니다. 하지만 그는 "몇마일 밖에 아랍군 탱크들이 있었다. 위험을 감수하고 싶지는 않았다"라고 말했습니다.

전에 제게 이스라엘 좌파는 "거의 사라진" 모양새라고 논평하신 적이 있지요. 무슨 말씀이었는지 설명을 부탁드립니다. 어떤 지역에서는 ── 적어도 미국에서는 ── 이스라엘 내에 아주 활동적인 좌파가 있다는 인식이 몇년 동안 자리 잡아왔는데요. 무슨 일이 벌어진 건가요?

활동적인 좌파가 있었지요. 그러나 심각하게 쇠락했습니다. 아주 좋은 사람들 몇몇 ── 명예롭고 용감한 사람들이에요 ── 이 남아 있기는 하지만, 좌파는 분해되어버렸어요. 그래서 가장 좋은 사람들, 예컨대 훌륭한 언론인 아미라 하스(Amira Hass) 같은 사람은 라말라에 살고 있는 겁니다. 더이상 이스라엘에 살고 싶지 않은 거지요. 정말로 이스라엘에 헌신했던 나와 가까운 친구들 몇명도 그곳을 떠났어요. 거기에서 태어난 사람들이고 거기 머물고 싶어 했지요. 그러나 더이상 견딜 수가 없었던 겁니다.

이스라엘이라는 나라는 오른쪽으로 아주 많이 경도되었습니다. 사실, 지금 이스라엘에서 일어나는 일은 남아프리카공화국에서 일어났던 일과 상당히 유사합니다. 이를테면 1960년부터 현재까지의 역사를 읽으면서 '남아공'이라는 말을 '이스라엘'이라는 말로 바꿔보세요. 그러면 지금 일어나고 있는 일을 거의 그대로 서술하는 글을 만나게 될 것입니다.

기밀 해제된 문서들을 통해 알게 된 것인데, 1960년 즈음 남아공의 외무장관이 미국 대사를 불러들여 이런 말을 했다고 합니다.

이봐요, 지금 아파르트헤이트가 세계 대부분에서 비난받고 있다는 것은 우리도 알고 있소. 우리는 불량국가가 되어가는 중이오. 당연히 우리가 옳지만 그들이 우리를 이해하지 못하는 것이오. 유엔에서도 우리에 반대하는 표결이 이루어지고 있소. 하지만 그런 것은 중요하지 않아요. 왜냐하면 정말로 중요한 표는 단 하나, 당신 나라의 표밖에 없으니까요. 당신도 나도 알고 있지 않소. 당신들이 우리를 지지해주는 한 나머지 세계가 뭐라 생각하든 그건 중요하지 않아요.[15]

맞는 말이었지요. 1960년대에 영국에서는 반아파르트헤이트 운동이 벌어졌습니다. 그러나 미국은 아파르트헤이트 정권을 계속 지지했어요. 특히 레이건은 그 자신 극단적인 인종주의자이기도 했거니와, 남아공에 인종주의 문제가 존재한다는 사실을 믿으려 하지도 않았습니다. 그는 이 문제를 단순히 종족간 교전이라 치부했습니다. 줄루족과 백인, 그리고 다른 종족들이 종족분쟁으로 얽혀 있다고 본 것이지요.

남아공 사람들은 주변 국가들을 협박해 자신들의 지배를 강요하려 들었습니다. 자기들을 지지하는 종속정권을 창출하려 했던 것입니다. 앙골라에서는 살인과 침략을 자행했고, 나미비아를 불법 점령했으며, 모잠비크에서는 잔학행위를 저질렀습니다. 그리고 레이건과 마거릿 새처(Margaret Thatcher)는 끝까지 아파르트헤이트 정권을 지지했습니다(새처가 레이건에 비하면 광신적인 정도가 덜했다고는 하나 결과는 마찬가지였습니다). 사실 레이건은 남아공이 발을 뺀 다음에도 앙골라의 테러단체 —— 앙골라 완전독립민족동맹(UNITA)은 본질적으로 테러단이었습니다 — 를 지원했습니다.

1980년대 즈음해서는 아파르트헤이트 정권이 그 합법성을 잃어갔습니다. 그들에 대한 보이콧과 제재 움직임이 일었습니다. 미국 의회까지도 제재조치를 통과시켜서 레이건이 그에 대해 거부권을 행사해야만 했어요.[16] 당신도 잘 아는 사실이겠지만, 미국은 아파르트헤이트가 거의 끝나가던 시점인 1988년에도 아프리카국민회의(ANC)를 세계에서 "가장 악명 높은" 테러집단이라고 비난했습니다. 만델라가 석방되기 직전의 일입니다. 사실, 만델라는 2008년까지도 테러리스트 명단에 이름이 올라 있었지요. 그 명단에서 그를 빼기 위해 의회는 특별법을 제정해야 했습니다.[17]

그러나 궁극적으로 아파르트헤이트 정권과 그 지지세력은 어물쩍 상황을 넘길 수 없었습니다. 쿠바 때문이었죠. 물론 미국에서는 입에 올리지 않는 얘기이긴 합니다만. 기억을 더듬어보면 넬슨 만델라가 감옥에서 풀려나와 거의 첫마디로 던진 말은, 자신에게 영감을 준 피델 까스뜨로(Fidel Castro)와 쿠바인들을 칭송하고 아프리카 해방과 아파르트헤이트 종식에 막대한 역할을 한 그들에게 감사를 표하는 것이었습니다.[18] 앙골라에서 남아공을 몰아낸 것도, 남아공이 나미비아를 떠나도록 강제한 것도 쿠바였지요.[19] 만델라는 이 사실이 아프리카의 흑인사회와 백인사회에 공히 아주 중요한 심리적 영향을 끼쳤다고 지적했습니다. 무적의 백인이라는 신화를 무너뜨렸기 때문이라는 것입니다.

이런 일을 곰곰이 짚어보면 지금껏 이스라엘에서 진행되어온 상황과 아주 유사하다는 것을 알 수 있어요. 이스라엘의 경우가 시간상 좀 뒤에 일어난 일이기는 하지만 말입니다. 1970년대 초쯤에 이스라엘은 중요한 결정을 내려야만 했습니다. 실은 1971년에는 이집트로부터 완전한 평화조약을 제안받기도 했지요.

안와르 사다트(Anwar Sadat)의 제안이었지요.

기본적으로, 이스라엘이 이집트령 시나이에서 물러가기만 하면 완전한 평화조약과 정상화 등 모든 일을 이룰 수 있는 기회였습니다. 이스라엘은 그 제안을 검토해보았지만 결국은 거부했어요.[20] 그들은 당시 이집트령 시나이에 정착해 그곳을 개발할 큰 계획을 세우고 있었습니다. 그곳에서 베두인 사람들을 몰아내고 유대인만을 위한 도시와 키부츠를 세울 계획이었던 것입니다. 그들은 안전보다는 팽창을 선택하기로 결정했습니다. 아랍 세계에서 유일하게 정규 군사력을 가진 이집트와의 평화조약은 그 지역에 완전한 안전을 가져다주었을 터인데도 말입니다. 치명적인 결정이었죠.

이후로, 역사를 훑어보면 알 수 있습니다만, 똑같은 일이 벌어졌습니다. 팽창을 추구하고 외교적 노력을 거부하면 할수록 점점 더 고립되어갑니다. 최후의 보루는 미국이지요. 이스라엘이 취하고 있는 입장은 남아공이 취했던 것과 기본적으로 같습니다. 세상이 뭐라 하든 상관없다. 우리가 맞고 세상은 틀렸다. 그들은 모두 반유대주의자들이다. 모두가 우리에게 반대해도 미국만 우리를 지지해준다면 괜찮다.

선생님은 이스라엘을 지지한다고 자처하는 사람들이 실제로는 이스라엘의 파멸에 기여하고 있다고 논평하신 적이 있지요.

1970년대 이후로 줄곧 그런 얘기를 해왔습니다. 이스라엘이 안전과 외교 대신 팽창을 추구하기로 결정한 때부터죠. 이제 그들은 이른바 '합법성 박탈'이라는 문제에 대해 깊이 우려하고 있습니다. 베냐민 네타냐후(Benjamin Netanyahu)는 존 케리(John Kerry)를 거세게 비난했습니다. 그가 유럽인들이 불법 정착촌과 연관된 활동을 보이콧하기 시작했다는 사실을 언급했다는 이유였지요.[21] 그 사실을 언급만 해도 반유대주의자가 되는 것입니다. 이것은 남아공 인종주의자들이 전세계가 그들을 향해 압박을 가해올 때 하던 말과 상당히 유사합니다.

웨스트뱅크에서 생산된 이스라엘제 미용제품을 거부하는 우리나라 안의 운동도 있습니다. 코드 핑크*가 주도하고 있지요.

그래요, 이곳에서도 그런 활동이 좀 있지요. 물론 유럽에서는 훨씬 더 활발한 활동이 벌어집니다. 덴마크의 주요 은행 중 하나는 정착촌에서의 활동을 이유로 하포알림 은행과의 거래를 취소했습

• Code Pink, 2002년 설립되어 반전, 평화, 환경, 교육복지 등을 주장하며 국제적으로 활동하고 있는 NGO. 정식 명칭은 '코드 핑크: 평화를 지향하는 여성들(Code Pink: Women for Peace)'.

니다.[22] 유럽연합(EU)은 정착촌과 연관된 어떤 이스라엘 기관과의 접촉도 거부하는 결의안 ─ 그것을 실행할지는 미지수입니다만 ─ 을 통과시켰고요.[23] 그리고 이런 '합법성 박탈' 조치가 점점 확대되어가고 있습니다. 어느정도 확대되고 있는 것은 이곳 미국에서도 마찬가지고요.

더 나은 표현이 떠오르지 않아 그냥 이 말을 사용해야겠습니다. 친이스라엘 성향의 사람들은 유독 그 나라만 비난받는 것은 공평치 못하다, 이중잣대가 있다는 등의 말을 합니다. 그런 견해에 신빙성이 있을까요?

아파르트헤이트를 지지하는 사람들도 그런 말을 했었지요. 왜 아파르트헤이트를 비난하는가? 중국이 얼마나 형편없는지 보라. 사실 구소련에서도 자신들의 체제에 동의하지 않는 사람들을 향해 유사한 비판을 했습니다. 우리가 체코슬로바키아에 하는 일을 갖고 왜 우리를 비난하는가? 미국이 중앙아메리카에서 하는 일들을 보라. 그들은 훨씬 더 나쁜 짓을 한다. 잔학행위를 지지하는 사람들의 전형적인 입장이 이렇습니다.

이스라엘이 하는 일을 꼼꼼히 따져보아야 할 전적으로 명백한 이유가 존재합니다. 그래요, 다른 곳에서도 끔찍한 일들이 벌어지고 있지요. 그러나 이스라엘의 경우에는 우리가 그런 일들이 벌어지도록 돕고 있지 않습니까?

어떤 식으로 말입니까?

우선, 해마다 30억 달러의 원조가 제공됩니다. 그것이 운용되는 세부 방식까지 찬찬히 따져보면 실제로는 그 두배 정도의 수치에 달할 겁니다. 그다음으로는 우리가 보내는 외교적 지지가 있지요. 유엔 안전보장이사회에서 이스라엘을 보호하기 위해 거부권을 행사하는 것 말입니다. 레이건이 남아공을 규탄하는 안보리 결의안에 거부권을 행사한 것처럼요. 우리는 또한 아주 가깝고 밀접한 군사적 관계도 맺고 있습니다. 과거에 남아공과 맺었던 것보다 훨씬 더 깊은 관계입니다. 이스라엘 정부가 그런 짓을 하고도 무사할 수 있는 이유는 오로지 미국 정부가 그들을 지지해주기 때문입니다.

따라서 우리가 이스라엘 문제에 집중하는 것은 곧 우리 자신의 문제에 집중해야 하기 때문입니다. 이란의 반체제인사들에게는 이스라엘의 범죄가 아니라 이란의 범죄에 대해 발언하기를 기대합니다. 중국의 아이 웨이웨이●는 콩고가 아니라 중국의 문제에 대해 발언해야 하는 것이고요. 여기저기서 정치위원들이 "저런, 이중잣대로군"이라고 말하는 소리가 들리는 듯합니다. 그러나 모두 같은 논리예요. 다른 국가의 반체제인사들이 자기 나라의 범죄에 집중하면 우리는 그들을 존중하지요. 우리 자신에 대해서만은

● 艾未未(1957~), 중국 출신 건축가, 미술가. 2008년 베이징올림픽 주경기장 '새집〔鳥巢〕'의 설계에 참여해 세계에 이름을 알렸다. 인권운동에 분투하는 사회운동가로, 2011년에 베이징 자택에 연금당하기도 했으나 이후 베를린으로 옮겨가 난민을 다루는 작품에 도전하고 있다.

검토를 허용하지 않는 겁니다.

보이콧·투자철회·제재(BDS) 운동에 대해 어떻게 생각하십니까? 그것을 지지하시나요?

남아공의 경우 BDS 운동이 없었다는 점이 흥미롭습니다. BDS 전술이 사용되기는 했지만 운동은 없었어요. 그 전술은 대체로 성공적이었고 정확한 목표를 겨냥했지요. 예컨대, 남아공 학술단체들이 고용상의 인종차별 같은 문제들 때문에 표적이 되었습니다. 스포츠팀들도 흑인 참여를 허용하지 않았기 때문에 표적이 되었고요.[24] 제조사의 제반 조건이 아파르트헤이트를 따를 때는 대체로 그 회사 제품을 불매했습니다. 흑인 노동자에 대한 처우 방식이나 반투스탄 구역● 등에 대한 규탄이 일었습니다. 이 모두가 상당한 효과를 보았지요. 유엔도 남아공으로의 무기수송을 금지했습니다.[25] 그런 식으로 보이콧이 이루어졌지만, BDS 운동이랄 것은 없었습니다.

여기서 — 주로 미국 얘기입니다만 — 일고 있는 운동 중에 아주 애매한 것이 있어요. 그것은 원칙이 분명하고 효과적인 활동과 효과도 없고 심지어는 해롭기까지 한 자기만족적 활동을 구분하지 않습니다. 예를 들어, 정착촌에서 생산된 상품이나 정착촌과 함

● bantustan, 남아프리카공화국에서 아파르트헤이트 정책의 하나로 설치한 흑인 거주구역. 여러 흑인민족 각각의 자치국가 창설을 명분으로 하나의 반투스탄은 같은 민족으로 구성되었다. 1994년 아파르트헤이트 정책이 폐지되면서 소멸했다.

께 실행하는 연구활동 —— 불법적인 정착촌과 관련된 모든 것 ——
을 보이콧하는 것은 전적으로 타당한 일입니다. 그것은 누구든 이
해할 만하고, 쟁점을 부각시키며, 불법점령이라는 결정적 지점을
타격하고, 또 효과적이기도 합니다. 지금 이스라엘이 걱정하는 종
류의 합법성 박탈이 정착촌에 대한 이런 항의인 것입니다.

반대로 예컨대 이스라엘 내 이스라엘인들 사이의 차별에 항의
한다면, 물론 그런 게 없지는 않겠지만, 그 방식은 무의미할 것입
니다. 미국 내의 문제는 어떻습니까? 흑인 죄수의 숫자를 이유로
하버드를 보이콧한다면 어떻겠습니까? 그런 일은 공허하고 무의
미한 정도에 그치지 않고 역효과까지 가져올 것입니다.

미국학협회가 이스라엘의 학술단체들을 보이콧하자고 표결했는데요.[26]

그리고 그에 대한 즉각적인 반응은, 충분히 예측할 수 있는 것
이었지만, 엄청난 역공이었지요. "이건 완전 반유대주의다. 우리
는 이스라엘을 지지해야 한다."

따라서 그런 일은 팔레스타인 사람들에게는 전혀 도움이 되지
않습니다. 당신이 활동가라면 당신이 보호하고자 하는 사람들에
대해 생각해야지, 자기 기분이 좋아질 생각을 해서는 안됩니다. 그
게 기본이에요. 자기 기분이 좋아지는 것이라고 해서 그 모든 행
동이 피해자들에게 도움이 되는 것은 아닙니다. 어떤 행동은 오히
려 해가 될 수도 있습니다. BDS 운동을 시작하면 그런 종류의 문
제에 노출될 것입니다. 왜냐하면 운동이라면 따라야 할 지도자가

있고 거듭 되뇌어야 할 강령 등이 있게 마련이니까요. 얽히고설킨 이야기가 되기 십상이지요. 어떤 전술은 효과적이고 합리적이며 피해자들에게 도움이 되는 중요한 것일 수 있지만 또 어떤 전술은 해로울 수도 있습니다. 그 두가지를 잘 구분하지 않으면 안되지요.

베트남 반전시위를 예로 들어볼까요? 1960년대 말 청년들이 왜 그렇게 분개하고 무모했는지는 충분히 이해할 만합니다. 그들이 전쟁에 항의하기 위해 선택한 방식이 메인스트리트를 따라 행진하며 창문을 깨부수는 것이었다는 점도요. 정작 베트남 사람들은 그 방식에 강하게 반대했습니다. 그들은 메인스트리트를 따라가며 창문을 깨부수는 일은 전쟁을 지지하는 측에 역공의 빌미를 줄 뿐임을 잘 알았던 것이죠.

그 당시 베트남 사람들은 너무도 온건한 전술을 주장했고, 그래서 미국의 반전운동은 그들을 비웃었습니다. 베트남 사람들과 가졌던 모임이 생각나는군요. 거기서 그들은 한 무리의 여성들이 묘지에 서서 전쟁에서 죽은 미군 병사들을 애도했을 때 깊은 감명을 받았다고 했습니다. 미국의 활동가들에게 그런 일은 별로 호소력이 없었지만, 베트남 사람들은 미국인 활동가가 만족하든 않든 개의치 않았습니다. 그들이 원하는 것은 전쟁 종식이었죠. 이런 문제를 진심으로 생각해볼 수 없다면 의식 있는 활동가라 자처할 수 없을 겁니다. 이런 일을 항상 명심해야 하는 것이지요. 나의 활동이 과연 어떤 결과를 낳을 것인가?

어느 청취자가 하워드 진(Howard Zinn)이 남긴 말을 제게 보내주었습니다. "작은 행동들, 수백만의 사람들이 가세한 작은 행동들이 세상을 바꿀 수 있다."[27]

그래요, 바로 그것이 그의 저작의 주요 주제 중 하나였지요. 그런 예는 수없이 많습니다. 1960년 흑인 학생 몇명이 노스캐롤라이나주 그린즈버러의 식당에 들어가 간이식탁에 앉았습니다. 당연히 그들은 즉시 체포되어 쫓겨났지요. 저항은 그걸로 끝날 수도 있었습니다. 그러나 다음날 더 많은 흑인 학생들이 식당으로 들어갔고 결국 더 많은 학생들이 체포되었어요. 그리고 그다음에 프리덤 라이더즈*와 학생비폭력조정위원회(SNCC)가 생겨났지요. 얼마 지나지 않아 대규모 민권운동이 등장하게 되었고요. 그린즈버러의 학생들이 보여준 용감한 행동은 하나의 중요한 기폭제였습니다. '들어가 앉기' 운동이 인종주의를 종식시킨 것은 아니나 많은 것을 이룬 것도 사실입니다.

〔사회적〕통념의 벽을 허무는 기술은 뭐가 있을까요?

그 첫걸음은 비판적이고 열린 마음을 기르는 것입니다. 규범으

• Freedom Riders, 1960년대 민권운동 당시 인종차별이 여전한 남부 주들에서 버스의 인종간 좌석 분리 같은 차별에 항의한 운동방식 중 하나. 다인종 사람들이 함께 버스를 타고 여러 주를 넘어 여행하는 방식으로 시위했으며 목적지에서는 경찰의 묵인하에 백인우월주의자들의 집단폭행을 당하기도 했다.

로 통하는 주의·주장을 잡아 그에 의문을 제기하는 것이죠. 미국이 정말로 민주주의에 헌신하는가? 이란이 정말로 세계 평화에 가장 큰 위협인가? 우리에게 시장체제가 있는가? 홍보산업은 선택을 증진하려 하는가, 아니면 그것을 제한하려 하는가? 눈에 띄는 것은 무엇이든 그 모든 것 하나하나에 대해 자문해보아야 합니다. 이게 정말 맞는 말일까? 무조건적으로 널리 받아들여지는 주의·주장이라면 그것에 결함이 있기 십상이라 생각하는 것도 꽤 괜찮은 판단기준일 겁니다.

이렇게 첫걸음을 떼고 도그마와 싸울 결심이 섰다면, 그다음으로는 더 많이 읽고 그럼으로써 세상을 더 현명하고 열린 눈으로 보기 시작할 수 있습니다. 그다음엔 다른 사람들과 연대해야 합니다. 혼자서 할 수 있는 일은 많지 않아요. 하워드 진의 말을 다시 떠올려보세요. 불을 댕길 수 있는 그런 작은 행동들을 실행하기 위해 다른 사람들과 힘을 합치는 방법은 과거에도 아주 성공적이었습니다. 미래에도 그러지 않으리라는 법이 없지요.

권력체제 얘기로 돌아가볼게요. 그들은 어떤 종류든 압력을 받을 때마다 개혁을 들고나옵니다. 이것은 대체로 가짜약이거나 허풍이지요. '개혁'이라는 말을 들으면 지갑을 더듬어 잘 챙겨야 한다, 왜냐하면 누군가가 내 지갑을 훔치려 들 것이기 때문이라고 몇년 전 제게 말씀하신 적이 있는데요.

'개혁'이라는 단어는 흥미로워요. 정치적으로 사용되는 대부분의 용어와 마찬가지로, 그것의 문자 그대로의 의미와 정쟁에 동원

될 때의 의미를 구분해야만 합니다. '개혁'은 대개 권력체제가 승인해주는 무언가를 의미하는 데 쓰입니다. 그들이 승인해주지 않는 변화는 개혁이라 불리지 않지요. 그래서 마오의 농업집단화 정책을 '개혁'이라 부르지 않는 겁니다. 그와는 반대로, 멕시코의 '개혁'을 칭송하는 글은 쉽게 만날 수 있어요. 그 '개혁'이라는 것이 사실은 석유산업을 멕시코를 위해 지키는 대신에 국제적 착취에 개방하는 것인데 말이지요.[28] 그리고 '교육개혁'은 미국의 공립학교 제도를 붕괴시키기 위해 시행되는 다양한 조치들을 의미하지요. 그러니, 맞습니다, 이 용어를 조심해서 사용해야 합니다.

다른 한편으로, 이 때문에 간과해서는 안될 것이 있습니다. 대중적 압박에 의해 권력체제에 가해지는 변화가 때로는 상황을 개선하고 말 그대로 개혁을 가져오기도 한다는 사실입니다. 이런 일은 자유주의 정부만이 아니라 보수주의 정부에서도 일어날 수 있습니다. 리처드 닉슨(Richard Nixon)의 예를 보세요. 상당히 유효한 입법안이 닉슨 시절에 통과되었습니다. 환경보호청이 설립되었고, 산업안전보건청도 설립되었지요. 근로소득세액공제 제도도 실시되었고요. 이는 아마도 가장 중요한 복지정책에 들 것입니다. 닉슨이 좋은 사람이라서 이런 개혁들이 이루어진 것이 아닙니다. 압박을 받았기 때문에 나온 것이에요. 그러나 그 의미는 자못 큽니다. 그런 일들을 혁명적이었다고 할 수는 없겠지요. 제도적 구조를 완전히 바꾸지도 못했고요. 그러나 그런 것들이 그 구조를 수정했고 사람들의 삶이 나아지도록 만들었어요.

화제를 좀 바꿔보지요. 저는 십자말풀이를 합니다. 선생님도 혹시 하시는지 궁금하군요.

　안합니다.

선생님이 『뉴욕타임즈』 십자말풀이 난에 가끔씩 힌트로 등장한다는 것을 알고 계셨습니까? 항상 "언어학자 촘스키"라고 나오는데요. 답은 네 글자짜리고요.[•]

　글쎄, 그 답이 뭔지 궁금하네요.

하지만 한번도 "반체제학자 촘스키"라거나 "사회비평가 촘스키"라고 나오는 적이 없다는 게 흥미롭죠.

　캐럴이 과거에 그런 퍼즐을 한 적이 있어서 알고는 있어요. 내 생각에 그런 것은 엄청난 시간낭비 같은데요.

때로는 배우는 것도 있습니다. 최근 퍼즐을 풀다가 이런 힌트를 만났습니다. 선생님도 한번 풀어보시지요. "'바보를 자기가 숭배하는 사슬로부터 해방시키기는 어렵다'라고 쓴 철학자."

● 촘스키의 이름 '놈(Noam)'을 말한다.

그런 말을 했음 직한 사람들이 여럿 떠오르는군요.

볼떼르입니다.

재밌군요. 하지만 그냥 진지한 책의 책장을 펼치기만 해도 훨씬 더 쉽게 배울 수 있는 것들이 많답니다.

4장

ISIS와
쿠르드족,
그리고 터키

중동은 지금 리비아에서 이라크에 이르기까지 화염에 휩싸여 있습니다. 지하드 단체들이 계속 새로 생겨나고요. 현재 주목받고 있는 것은 ISIS, 즉 이슬람국가입니다.[*] ISIS와 그 기원에 대해 말씀해주시겠습니까?

그레이엄 풀러(Graham Fuller)의 흥미로운 인터뷰가 있습니다. 그는 전직 미 중앙정보부(CIA) 간부이자 독보적인 중동 관련 정보통에다 주류 분석가 중 한 사람이지요.[1] 그 인터뷰에는 원래 "미국이 ISIS를 낳았다"라는 제목이 달려 있었습니다. 풀러는 〔우선〕 미국이 의도적으로 ISIS를 탄생시키기로 결정하고 자금을 댔다는

● 이라크-시리아 이슬람국가(Islamic State of Iraq and Syria) 혹은 이라크-샴(레반트) 이슬람국가(Islamic State of Iraq and al-Sham(the Levant))는 2014년 6월 이라크 모술을 점령하고 이슬람세계 단일정부를 천명하면서 현재는 이슬람국가(IS)로 자처하고 있다.

90

얘기가 아니라며 서둘러 해명합니다. ISIS가 발생할 조건을 미국이 만들어놓았다는 것이 그가 말하고자 하는 요점입니다. 나도 그 말이 정확하다고 보고요.

그 조건들 중의 하나가 무조건 때려잡고 보자는 통상적인 접근법입니다. 마음에 들지 않는 대상을 박살내버리는 것 말입니다. 2003년 미국과 영국이 이라크를 침공했습니다. 중범죄지요. 이라크는 이미 사실상 파멸한 것이나 다름없었어요. 우선은 이란과 벌인 10년 동안의 전쟁—덧붙이자면, 이 전쟁을 벌이는 동안 미국이 이라크의 뒤를 봐주었지요—때문이고, 그다음으로는 10년 동안의 제재 때문이었습니다. 이런 제재조치에 대해서는 두명의 존경받는 국제 외교관이 "인종학살"과 같은 일이라 묘사한 바 있습니다. 그들은 그 조치들을 집행했으나 바로 그 이유 때문에 항의를 표하며 사임했지요.[2] 그 조치들은 시민사회를 붕괴시키고 독재자에게 힘을 주었으며, 주민들이 생존을 위해 독재자에게 의존하지 않을 수 없도록 강제했습니다. 마침내 2003년이 되자 미국은 그 나라를 대놓고 공격했습니다. 많은 이라크인들이 이 공격을 거의 천년 전에 있었던 몽골의 침략에 비견했습니다. 수십만의 사람들이 죽임을 당하고, 수백만의 난민이 생겨났으며, 또다른 수백만의 사람들이 터전을 잃었고, 이 나라의 풍부한 고고학 유산과 자원이 파괴되었습니다.

이 침공의 결과 중 하나로 분파적 분열이 시작되었습니다. 바그다드, 이를테면 2002년의 바그다드 지도를 보면 이 도시는 여러 종파가 섞여 사는 곳이었습니다. 수니파와 시아파가 같은 동네에 살며 서로 혼인을 하기도 했지요. 사실, 이라크인들은 때로 누가 수니인지 누가 시아인지도 알지 못했습니다. 우리 친구들이 어느 개신교 교단 사람인지를 모르는 것과 마찬가지로요. 서로 다르기는 했지만 그들 사이에 적개심은 없었습니다. 실제로 양쪽 사람들 모두 이렇게 말하곤 했습니다. "수니-시아 갈등은 없을 것이다. 그러기에는 사는 방식, 사는 곳 등이 서로 너무나 얽혀 있다." 그러나 2006년 즈음해서는 전지역에서 미친 듯한 종파전쟁이 벌어졌습니다. 수니파와 시아파, 쿠르드족이 각기 갈라져서 서로의 숨통을 겨누게 되었지요.

이러한 분쟁이 일어나면 자연스러운 다음 수순은 가장 극단적인 구성원들이 힘을 얻기 시작한다는 것입니다. 그들의 뿌리는 사우디아라비아에 있습니다. 미국의 주요 동맹이자 세계에서 가장 극단적이고 가장 근본주의적인 이슬람 국가지요. 사우디아라비아에 비하면 이란은 관대한 근대국가로 보일 정도입니다. 사우디아라비아는 이슬람 중에서 가장 극단적인 종파, 와하비/살라피파에 의해 통치되는 나라일 뿐만 아니라 포교를 지향하는 국가이기도 합니다. 막대한 석유자원을 이용해 파키스탄에서 북아프리카에 이르는 지역 전체에 자신들의 교의를 전파하도록 성직자들에게 자금을 제공하고 학교와 모스크를 세우고 있습니다.

ISIS는 이데올로기적으로는 사우디아라비아식의 가장 극단적인 형태의 이슬람에서 나왔습니다. 사우디아라비아에서 자금지원을 받고 있기도 하고요. 사우디 정부가 지원해주는 것은 아니지만 사우디와 쿠웨이트 등지의 부자들이 돈을 대지요. 그들은 곳곳에서 솟아나고 있는 지하드 단체에 돈과 이데올로기를 제공합니다. 그러나 정치적으로 보면, ISIS는 미국이 이라크를 박살냄으로써 생겨난 분쟁들, 현재 도처로 퍼져나간 분쟁들에서 생겨난 것입니다. 미국이 ISIS를 낳았다고 한 풀러의 말은 바로 이런 의미였던 겁니다.

분쟁이 격화됨에 따라 그들이 더욱 극단주의로 흐를 것이라는 점은 상당히 확실해 보입니다. 만약 미국이 갖은 방법을 써서 ISIS를 궤멸시킨다 하더라도 다음엔 훨씬 더 극단적인 무언가를 맞이하겠죠.

『가공된 동의』라는 책에서 선생님은 이렇게 말씀하셨죠. "선전체제는 지속적으로 적국에서 학대당하는 사람들을 훌륭한 희생자로 부각시키고, 반면 자기 자신의 정부나 종속정권에 의해 동일하게 혹은 더 가혹하게 취급되는 사람들은 하잘것없는 존재로 남겨둘 것이다."[3] 그러고는 이라크 내 쿠르드족과 터키의 쿠르드족 예를 드셨습니다.

이라크의 쿠르드족은 1970년대에 처음으로 미국이 휘두르는 힘의 희생자가 되었습니다. 그때 미국이 한 일은 본질적으로 그들을 사담 후세인에게 팔아넘긴 것이었지요. 1974년 워싱턴은 이란에 대한 호의의 표시로 이라크에 저항하는 쿠르드의 반란을 지원했습니다. 그러나 1년 후 이라크와 이란이 협상을 맺자, 미국은 그냥 뒤로 물러나 이라크가 제멋대로 쿠르드족을 학살하도록 내버려두었습니다. 헨리 키신저(Henry Kissinger)는 왜 미국이 그렇게 했

느냐는 질문을 받자 유명한 말을 남겼죠. "비밀공작과 전도사업을 혼동해서는 안된다"라고요.[4]

1980년대 내내 사담 후세인은 미국의 중요한 동맹이었고 미국은 이란과의 전쟁에서 그를 지원했습니다. 1982년에는 그를 테러리스트 명단에서 빼주기도 했습니다. 그래야 미국이 그에게 원조를 시작할 수 있으니까요. 잘 알려져 있다시피, 이후로 그는 이라크의 쿠르드족을 향해 무시무시한 공격을 개시했습니다. 레이건 정부는, 레이건 자신을 포함해서, 그 공격을 비판하려는 시도마저 봉쇄했습니다. 펜타곤은 할라브자 학살과 알안팔 작전을 비롯한 다른 잔학행위들의 책임이 이란에 있다는 이야기를 들고나왔습니다.[5]

사담 후세인에 대한 지원은 아버지 조지 부시 시절에도 계속되었습니다. '미친 사람' 조지 W. 부시가 아니라 '정치가'라 불리는 조지 H. W. 부시 얘기입니다. 이 아버지 부시는 사담 후세인을 그저 끼고돌기만 했습니다. 그는 사담에게 더 많은 농산물을 원조하려는 계획에 반대하는 재무성의 의견을 묵살했습니다. 사담이 광범위한 쿠르드족 농경지를 초토화한 이유도 있고 해서 그에게는 이 원조가 절실하게 필요한 상황이었거든요.[6]

1990년 8월 사담은 첫번째 실수를 저질렀습니다. 미국의 명령에 불복하여 ─ 어쩌면 그 명령을 잘못 이해했다는 것이 더 그럴싸한 얘기일 수도 있겠지만 ─ 쿠웨이트에 쳐들어간 것입니다. 그에 대한 [미국의] 대응은 매우 강력했습니다. 그는 곧바로 자기가 실수했다는 것을 알아차리고 철군할 방법을 찾고자 했습니다. 그러나 미국은 그가 철군하기를 원치 않았지요. 워싱턴은 그가 철군하도록 해주기보다는 기본적으로 그를 내쫓고 싶어 했어요. 이렇게 해서 1차 이라크전이 시작된 것입니다.[7]

전쟁 직후 미국은 그 지역을 완전히 장악하고 있었습니다. 사담은 있으나 마나 한 존재였어요. 그럼에도 그는 남부의 시아파를 향해 대규모 공격을 개시했습니다. 미국은 이를 막으려 하지 않았습니다. 남쪽에서 시아파 사람들에 대한 대학살이 벌어졌지만 미국은 손가락도 까딱하지 않았죠. 군용 헬리콥터를 봉쇄할 시도조차 하지 않았어요.[8]

이후 사담은 북부의 쿠르드족을 향해 총구를 돌렸습니다. 그런데 이번에는 미국이 사담 후세인으로부터 쿠르드족을 보호하기로 결정했지요. 그러자 갑자기 보도 태도가 눈에 띄게 달라졌습니다. 기자들이 북부로 달려갔습니다. 당시의 TV 보도를 상기해보자면, 그들은 우리와 똑같이 파란 눈에 금발을 한 자식들을 가진 사람들에 대해 벌어지는 잔학행위를 보며 몸서리를 쳤습니다. 그런 짓을 참고 있을 수는 없다는 것이었죠. 비난의 목소리가 비등했습니다. 마침내 부시는 비행금지 구역을 제정합니다. 이라크의 쿠르드족 사태는 이렇게 돌아갔던 것입니다.

그와 동시에, 1990년대에는 쿠르드족에 대한 터키의 억압도 극히 가혹했습니다. 수만의 사람들이 죽임을 당했고 3,500곳 정도의 도시와 마을이 파괴되었으며 그로 인해 아마도 수백만의 난민이 생겨났을 것입니다.[9] 상상할 수 있는 모든 형태의 고문이 자행되었습니다. 실로 무서운 공격이었지요. 그리고 이 모든 일은 미국의 완벽한 지원을 받고 있었습니다. 터키가 보유한 무기 중 80%는 미국에서 온 것이었습니다.[10] 사실, 잔학행위가 심해질수록 무기유입도 증가했지요. 잔학행위는 실제로 1997년에 정점에 달하는데, 같은 해 클린턴은 냉전 시대를 다 합친 것보다 더 많은 양의 무기를 터키로 보냈습니다.[11]

언론은 이런 사실 중 그 어느 것도 보도하지 않기로 했습니다. 비밀도 아니었어요. 휴먼라이츠워치● ― 그들은 그곳에 매우 유능한 조사관을 파견하고 있었죠 ― 와 국제앰네스티의 상세한 보고서가 나와 있습니다. 무슨 일이 벌어지고 있는지 알려면 충분히 알 수 있었을 겁니다. 다만 『뉴욕타임즈』 지면을 통해서는 아니었겠지만 말입니다. 물론 『뉴욕타임즈』는 앙카라에 지국을 내고 있었지만 이 일, 특히 미국의 역할을 보도하는 것에는 관심이 없었습니다. 적절한 이야깃거리가 아니었던 겁니다.

이라크의 쿠르드족은 하잘것없는 존재에서 가치 있는 존재로 그 지위가 변했습니다. 역으로 변할 가능성도 없지 않습니다. 그러나 이 모든 일에서 우리가 배울 수 있는 교훈이 있어요. 쿠르드족의 모토가 있습니다. "우리의 유일한 친구는 산이다." 현명한 말이지요. 미국 정부가 오늘 그들의 머리를 쓰다듬어준다고 해서 내일 또다른 할라브자 학살을 지원하지 말라는 법이 없다는 것을 쿠르드족은 속지 말고 단단히 새기고 있어야 할 겁니다.

● Human Rights Watch, 인권침해 사례를 조사하고 문서화하며 그런 위반을 방지하기 위한 정책들을 옹호하는 국제인권감시단체. 매년 세계 인권의 현주소를 요약해 보여주는 『월드 리포트』를 발행한다.

한마디 덧붙이자면, 가치 있는 존재와 하잘것없는 존재를 가르는 이러한 구분법은 — 이 사실을 꼭 언급해둬야겠어요 — 사실 조지 오웰(George Orwell)에게서 나온 것입니다. 그는 그가 국민이라고 부른 존재와 비국민이라고 부른 존재 사이의 구분법을 만들었어요.[12] 국민은 중요하게 고려해야 할 대상입니다. 비국민은 그렇지 않고요. 그런 이들에게는 하고 싶은 대로 다 해도 되는 것이죠.

런던에서 열린 화상회의에서 발언하던 중 이런 점이 내게 아주 명징하게 정리되었습니다. 진행자가 기자들 참수가 불러온 서구 사회의 공포를 거론했습니다. "정말 충격적입니다. 너무 악랄한 짓이에요. 우리도 무슨 조치든 취해야 합니다"라는 것이 그의 말이었습니다. 그의 얘기가 향한 대상은 상당히 자유주의적인 집단이었습니다. "미국과 영국, 이스라엘의 잔학행위도 상당히 끔찍하다는 것은 우리도 알고 있습니다만, 이스라엘이 가자를 공격하는 동안에는 이런 식의 참수 같은 것은 볼 수 없지 않았습니까?"

못 보았던가요? 가장 최근에 이스라엘이 가자를 공격했던 때를 볼까요? 슈자이야에서 사람들은 사망자의 신원을 확인하기 위해 사체 조각을 줍고 있었습니다.[13] 그렇게 보도가 되었어요. 하지만 런던 회의 진행자의 말도 맞습니다. 서구 사회는 그런 일로 겁을 먹지 않으니까요. 우리가 사람들에게 폭탄을 떨어뜨려 누군지 확인할 수 없을 지경으로 그들의 육신을 갈가리 찢어놓는 것 같은 잔학행위를 하더라도 그것은 범죄가 아닙니다. 아마도 '실수'겠죠. 드론 암살작전에서 벌어지는 '실수들'처럼요. 그것이 피해자들에게는 참수보다 더 심한 결과를 가져올 게 명확한데도 말입니다. 실수일 수는 있지만 범죄는 아닌 겁니다. 반대로 ISIS가 누군가를 참수하면, 우리의 분노는 하늘까지 치솟습니다. 당연히 그들이 저지르는 살해행위도 끔찍합니다. 그러나 그것은 우리와 우리의 종속국가들이 저지르는 일에 비하면 조족지혈에 불과하지요.

이라크 쿠르드족이 키르쿠크를 차지했습니다. 산유 중심지로 가치가 높은 곳이고, 그래서 독립적인 쿠르드 국가로서 경제적으로 생존할 수 있는 가능성이 높아지고 있는데요. 이스라엘과 터키의 몇몇 평론가들은 그런 일이 필연적이라고 말하더군요. 선생님은 그런 가능성에 대해 어떻게 생각하십니까?

세계의 주인이 어떻게 결정할지에 달려 있지요. 적어도 지금 당장은 미국이 반대하고 있으니 쿠르드족은 많은 석유를 가지고도 국제시장에 팔 수 없을 것입니다. 미국이 그러도록 허용하지 않을 테니까요. 물론 석유의 일부는 팔리기도 하고 또 일부는 터키로 흘러들어가기도 합니다. 이스라엘도 그중 일부를 구입하고 있는 것으로 보입니다. 그러나 쿠르드족의 유조선은 지중해를 떠돌고 있어요. 너무 눈에 띄지 않게 배에 싣고 있는 석유를 부려보려고 애를 쓰면서 말입니다.[14] 현재 쿠르드족의 유사(類似)국가는 자기네 공무원들에게 월급도 주지 못합니다.[15] 충분한 재원을 얻는 것은 생각도 못할 일이지요. 덧붙이자면, 수도 아르빌은 도처에 마천루가 솟아오르고 막대한 부가 쌓이며 고속성장을 구가하는 등 산유국의 전형적인 특징들을 보여주는 가운데 이 모든 일이 일어나고 있는 겁니다.

쿠르드족은 곤경에 빠져 있습니다. 내륙에 봉쇄된 상태예요. 외부로 통할 방법이 없지요. 이라크는 쿠르드족이 이라크를 통해 석유를 팔 방법을 제공하기를 거부합니다. 그러면 결국은 터키를 통해 나가는 방법밖에 없는데, 거기에는 또 미국의 지지가 필요하지요. 지금까지 그런 일은 이루어지지 않았습니다. 그러니 나는 독립적인 쿠르드 국가의 생존이 필연적이라고는 도저히 생각할 수가 없군요.

지도를 보면 쿠르드족이 차지한 지역 전체는 하나의 덩어리라고 할 수 있습니다. 그중 가장 큰 부분은 터키 남동부입니다. 또다른 부분은 시리아땅에 있고요. 알아사드는 어느정도 쿠르드족을 내버려두었기 때문에, 시리아가 참화에 빠져 있는 동안에도 그들은 일종의 준(準)자치를 누릴 수 있었습니다. 그러나 이제 그들은 수니파 지하드 세력, ISIS, 알누스라 등으로부터 공격받고 있습니다. 문제는 이겁니다. 시리아의 쿠르드족이 이라크의 쿠르디스탄과 결합할 수 있을까요? 궁극적으로 어쩌면 터키의 쿠르드 지역과 결합할 수 있을까요? 이라크의 쿠르드 지도층과 터키 정부 간에는 아주 복잡한 협상이 진행 중입니다. 그러나 시리아의 쿠르드 지역은 터키의 게릴라조직인 쿠르디스탄노동자당(PKK)에 동조하는 집단의 손안에 있는데, 이 PKK가 터키와 미국의 철천지원수라서 말입니다.

이 지역 내에서 ISIS와 살라피 신학 및 이데올로기가 부상하고 있는데, 이런

쿠르드족 거주지역

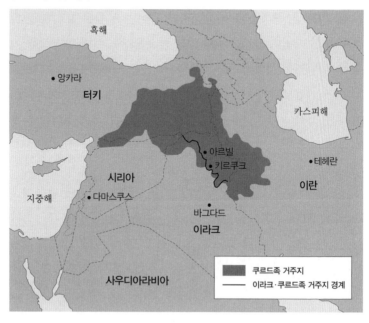

흑해

• 앙카라
터키

카스피해

• 아르빌
• 키르쿠크

시리아   • 테헤란

이란

지중해   • 다마스쿠스

•
바그다드
이라크

사우디아라비아

▬ 쿠르드족 거주지
── 이라크·쿠르드족 거주지 경계

상황이 이란과의 재접근에 기회가 될 수 있지 않을까요?

이라크 정부가 지금 요구하고 있는 것이 바로 그것입니다. 이란
과 미국은 이 문제에 있어서 어쩌다보니 한편에 서 있게 되었어
요. 그런 일이 이번이 처음은 아닙니다. 과거 이란은 탈레반에 강
력하게 반대했고 미국이 아프가니스탄을 침공할 때 미국 정부에
대단히 협조적이었습니다. 실제로 2003년에는 모하마드 하타미
(Mohammad Khatami) 대통령이 부시 행정부에 모든 쟁점을 테

이블 위에 올려놓자고 제안하기도 했습니다. 이스라엘, 핵무기 등 모든 문제를 논의해보자는 것이었죠. 부시 행정부는 그 제안을 거부했습니다.[16] 우리는 이란이 적이라고 결정했다, 그들은 너무 독립적이다, 그것을 봐줄 수는 없다는 입장이었던 겁니다.

덧붙이자면, 시리아의 알아사드 정권도 마찬가지입니다. 지금 이 순간 대규모 군사력을 갖추고 ISIS를 공격하고 있는 유일한 세력은 알아사드의 유사정부인데, 이 정부는 이란과 밀접한 동맹을 맺고 있지요. 이란은 무기며 고문, 그리고 아마도 병력을 이라크에도 보내고 있는 것으로 보입니다. ISIS의 습격에 맞서도록 이라크 정부를 지원하고자 함이지요. 그러나 미국은 "국제적 연합"에서 이란도 배제해야 하고 알아사드도 배제해야 한다고 주장해왔습니다. 따라서 이 연합의 주요 구성국으로는 사우디아라비아만 남습니다. 그런데 이 사우디가 ISIS의 주요 자금줄이자 ISIS의 이데올로기적 중추인 것입니다. 이렇게 말도 안되는 경우가 또 있을까요?

터키의 역할이 핵심적입니다. 코네티컷의 트리니티 칼리지에서 강의하는 작가 비자이 프라샤드(Vijay Prashad)가 최근 한 인터뷰에서 말하길, "모든 증거로 미루어보건대, 터키가 부상당한 ISIS 전사들이 터키로 돌아와 병원에서 치료를 받을 수 있도록 허용하는 것으로 짐작된다"라고 했습니다.[17] 국경에 구멍이 숭숭 뚫려 있는 것이지요.

맞습니다. 시리아와 맞닿은 국경선 얘기죠. ISIS 전사들이 그 국경을 넘어 쏟아져들어가고 있어요. 그들은 군사적 지원과 의료적

도움도 받고 있습니다. 터키는 오바마로부터 대연합에 가담하라는 심한 압박을 받았습니다. 그러나 그들은 내놓고 가담하지는 않고 있어요. 터키는 자체적으로 엄청난 군사력을 보유하고 있습니다. 만약 그들이 싸움에 들어온다면 당장에 ISIS를 쓸어버릴 수 있을 것입니다. 이란도 마찬가지로 그럴 테고요. 그러나 터키는 그 일에 관심이 없고, 이란은 그 일을 하도록 허락받지 못했죠.

터키는 나토 동맹국으로서 오랫동안 미국의 군사원조를 받아왔습니다. 워싱턴이 국경봉쇄 문제와 관련해서 원하는 것을 강요할 지렛대 같은 것을 가지고 있으리라고 볼 수도 있을 텐데요.

그렇게 생각할 수도 있겠네요. 특히 터키가 쿠르드족에 대해 악랄한 진압작전을 실시할 때 미국이 뒤를 받쳐주었던 것을 생각하면 그렇겠지요. 그러나 터키 사람들은 명령을 그저 따르기만 하지 않습니다.

2003년 지극히 흥미로운 일 하나가 벌어졌습니다. 미국이 이라크를 침공했을 때입니다. 지도를 들여다보면 미국이 터키를 통해 이라크로 쳐들어가고 싶어 했으리라는 점은 명백해 보입니다. 터키 동부의 그 커다란 군사기지들이 바로 이라크와의 국경선에 위치해 있거든요. 그 기지들은 미군이 공격을 개시하기에 완벽한 기반이 되어주었을 것입니다. 그러나 터키 국민들은 이런 구상에 강력하게 반대했습니다. 여론조사 결과 터키 사람들 중 90% 이상이 미국의 공격에 반대한다고 나왔습니다.[18] 이라크를 예뻐해서가 아니었습니다. 그들은 그저 미국이 벌이는 침략행위의 일부가 되고 싶지 않았던 것이지요. 막강한 세력을 가지고 있음에도 터키 군부는, 터키 정부가 90% 국민의 뜻을 따르도록 허용함으로써 모두를 놀라게 했습니다. 이 일로 미국이 발칵 뒤집혔지요. 터키가 어떻게 감히 미국의 명령을 거부하고 그 대신에 90%의 국민에게 신경을 쓴다는 말인가? 터키는 언론을 통해 공공연히 비난받았습니다. 이 때 처음으로 언론이 터키의 인권침해 문제를 보도하기 시작했지요. 1990년대에 그런 일들이 진행되던 와중에는 거의 들을 수가 없던 얘기였는데 갑자기 미국이 그것에 관심을 갖게 되었습니다. 이제 터키 사람들이 얼마나 끔찍한가에 대해 얘기해야만 하게 된 것이죠.

국방부 차관 폴 울포위츠(Paul Wolfowitz)의 경우가 가장 놀라웠습니다. 미디어에서는 그를 부시 행정부 내 "최고위급 이상주의자"라고 불렀죠.[19] 그는 대단히 도덕심이 강하고 머리끝부터 발끝까지 이상주의적인 사람이었습니다. 그런 그가 터키 군부를 맹렬하게 비난하더군요. 그들이 터키 정부를 밀어붙여 미국의 요구를 수용하도록 만들지 않았다는 이유에서였습니다. 심지어 그는 군부가 미국에 사과해야 한다, 그같은 범죄를 다시는 저지르지 않겠다는 점을 확실히 해야 한다고 주장했습니다.[20]

정부와 미디어와 지식인사회가 "민주주의 증진"을 위한 미국의 헌신에 대해 일장연설을 늘어놓는 동안 이런 일이 진행되었던 것입니다. 이 땅에서 칭송받는 지식인이나 언론인이 되려면, 완전히 배치되는 사고를 동시에 유지하면서 그것을 알아차리지는 못하는 능력을 가져야 합니다.

오웰이 말한 "이중사고"군요.

맞습니다. 이중사고에 대해 오웰이 내린 정의가 바로 그랬죠. 머릿속에 서로 배치되는 사고를 지니고서 그것을 인지하지는 못한 채 그 둘 모두를 받아들이는 능력이라고. 지식인 세계에서는 그것이 필수자격이나 다름없습니다.

1923년 터키공화국이 건국된 이후로 군부는 그 나라의 지배적 집단이었습니다. 에르도안은 어떻게 그 군부를 장외로 밀어낼 수 있었을까요?

군 수뇌부에 대한 대대적인 숙청을 개시하고 본인은 슬쩍 빠져나갔지요. 이후로 정부에 대한 군부의 장악력은 줄어들었고요. 그 폭이 얼마나 되는지는 불분명합니다만, 상당히 줄어든 것만은 틀림없습니다. 2000년대 들어 첫 5년 동안 에르도안이 이룬 중요한 업적 중의 하나가 그것입니다.

중동의 소수민족들 — 이라크의 야지디족와 북시리아의 아르메니아인을 비롯한 여러 민족들 — 이 사정없이 핍박받고 있습니다. 그들을 보호하기 위해 무슨 일을 할 수 있겠습니까?

원칙적으로는, 모두가 받아들이는 국제법의 틀이 있습니다. 유엔

헌장에 한 글자 한 글자 새겨져 있어요. 유엔헌장은 미국이 비준한 국제협약이고, 따라서 미국 헌법에 의하면 지구상 최고의 법이죠.

그 헌장, 특히 제39조에 나와 있기를, 안전보장이사회는 평화에 대한 위협—예를 들자면 야지디족 학살 같은—이 존재하는지를 결정해야 합니다. 또한 평화에 대한 위협이 있다고 판단될 경우 안전보장이사회가, 그리고 안전보장이사회만이 무력사용을 허가할 수 있습니다. 그밖의 위협이나 무력사용은 절대적으로 금지되어 있습니다. 무장공격에 대한 직접적인 자기방어는 예외지만 그것은 여기서 다룰 문제가 아니지요. 자, 소수민족 보호를 위한 근거가 이렇게 있습니다.

그러나 미국과 영국, 이스라엘, 또 그밖의 종속국가들은 깡패국가들입니다. 국제법 따위는 아랑곳 않는 나라들이죠. 유엔헌장은 그들에게는 적용되지 않아요. 그들은 무력에 대한 독점권을 가지고 있고, 또는 그런 독점권을 가지길 원하며, 제멋대로 그것을 사용합니다. 그런 이유로 이 문제에 대처할 수 있는 선택지가 줄어드는 것입니다.

법을 준수하는 세상에서였다면 우리 정부는 안전보장이사회에 ISIS가 장악한 지역에서 심각한 인권 문제가 벌어지고 있음을 선언하는 결의안을 채택하라고 촉구하고, 다음으로는 유엔에 그런 위협에 대처하기 위해 무력사용을 허가해달라고 요구했을 것입니다. 그런 무력사용에는 우선적으로 그 지역 국가, 당연히 이란을 포함한 국가들이 참여해야겠지요.

그러나 그런 일은 일어나지 않습니다. 사실, 언론에서는 이 문제에 대처할 합법적인 방법이 있을 수 있다는 사실이 언급조차 되지 않습니다. 서구 지식인문화의 의식이 거기까지 미치지 못하는 것이지요. 우리가 법을 준수하는 국가로 행동할 수 있다는 생각은 상상도 못할 것입니다. 당신이 그런 얘기를 하더라도 사람들은 그게 무슨 얘기인지 모릅니다. 그것은 선택지가 아니에요. 그러니 아예 제기되지도 않는 것이죠. 주인이 해야 한다고 결정하는 일만이 행해질 뿐입니다.

2014년 9월 18일 실시된 스코틀랜드의 국민투표 결과 55% 대 45%로 영국 내에 남는 것으로 결정되었습니다. 이런 결과가 카슈미르 및 나고르노카라바흐의 아르메니아인들, 이라크의 쿠르드족 문제에 대해 어떤 시사점을 가질 수 있을까요?

지금 유럽에는 상반되는 경향들이 작동하고 있습니다. 지난 몇 백년 동안 유럽은 세계에서 가장 야만적인 곳이었습니다. 유럽 사람들에게는 서로를 살육하는 것 이상의 목표가 없었어요. 17세기에 벌어진 30년전쟁 동안에 독일 인구의 약 3분의 1이 몰살당했습니다. 그리고 20세기 들어서는 두차례의 가공할 전쟁을 치렀고요. 1945년쯤에는 유럽인들도 또 전쟁이 나면 그때는 모두가 끝장이라는 인식을 갖게 되었습니다. 파괴기술의 수준이 더이상 그런 게임을 할 수 없는 지점까지 도달했기 때문이었죠. 그래서 그들은 자기들의 행동양식을 바꾸어냈습니다. 수세기 동안 서로를 닥치는 대로 죽여온 프랑스와 독일이 평화로운 화해를 향해 나아가기 시작했지요. 그다음으로는 유럽연합이 뭉치기 시작했고요. 유럽 국가들 사이의 자유왕래는 크게 보아 긍정적인 발전입니다. 국경선을 중시하던 생각이 줄어들고 사람들간의 상호교류를 증진하는 결과를 가져왔죠. 그 사람들은 결국 서로 싸울 게 아니라 서로 도와야 하는 사람들 아닙니까?

그러나 이를 상쇄하는 다른 경향들도 존재합니다. 민주주의적 참여가 심각하게 감소했습니다. 유럽 경제에 대한 결정은 브뤼셀에 있는 관료들에 의해, 주로 독일연방은행의 영향하에 이루어집니다. 정작 유럽에 사는 사람들의 의견은 거의 무시되고요. 이런 현상이 거의 초현실적인 지경에 이른 때가 몇번 있었습니다. 2011년 그리스의 총리 게오르기오스 파판드레우(Georgios Papandreou)가, 그리스 국민에게 브뤼셀의 은행가들이 공포한 가혹한 긴축조치를 받아들일지 말지를 국민투표로 결정할 권리를 주어야 한다는 온건한 제안을 했습니다.[21] 이 제안에 서구 사회가 격분했어요. 언론, 지식인, 기타 등등의 사람들이 나서서 감히 관료와 은행가 들의 명령을 따라야 하는지를 국민에게 묻겠다는 것이냐며 파판드레우를 비난했습니다.

이런 상황은 유럽 내에 복합적인 대응을 불러일으켰습니다. 그중 어떤 것은 무시무시합니다. 민주적 참여 기회를 상실한 데 응수하여 우익의 대응이 —어떤 곳에서는 네오나치의 모습으로, 또 어떤 곳에서는 그저 지독한 우편향으로— 등장합니다. 그러나 적어도 내가 보기엔 더 건강한, 또다른 대응도 있습니다. 유럽연합의 중앙집권화에 반대하여 지역화를 지향하는 힘이 바로 그것입니다. 그래서 유럽의 많은 지역에서는 자치를 요구하는 사람들의 목소리가 높습니다. 스코틀랜드도 그 한 예인 것이지요. 까딸루냐도 마찬가지고요. 바스끄 지방에서도, 프랑스의 몇몇 지역에서도 우후죽순처럼 그런 사례가 생겨나고 있습니다.

유럽은 문화와 언어, 역사의 복합체로, 복잡하게 짜인 태피스트리 같습니다. 하지만 현재는 지역어의 급속한 파괴 같은 일들이 벌어지고 있습니다. 민족-국가체제가 지역어 대신에 국어를 강요하기 때문에 여러 지역어들이 아주 빠른 속도로 사라져가고 있는 것입니다. 예를 들어, 이딸리아에는 자기 할머니와 얘기를 나눌 수 없는 사람들이 많습니다. 각자 사용하는 언어가 다르기 때문이지요. 하지만 지역의 언어와 지역의 문화를 되살리고자 하는 역경향도 존재합니다. 스코틀랜드의 국민투표도 그런 경향의 일부라고 생각해요.

같은 문제가 온 세계에서 대두되고 있습니다. 중동의 국가체제는 제국주의 열강에 의해 강요된 것이었을 뿐입니다. 국경선은 그 지역에 사는 사람들과는 아무 상관이 없어요. 그 예로 이라크를 한번 보지요. 영국은 이라크인이 아니라 자기들의 이익을 위해 근대적 이라크를 세웠습니다. 그래서 그들은 모술 근처의 지역을 떼어서 이라크에 붙였죠. 그곳의 석유를 갖고 싶었고 그것을 터키로부터 지키고 싶었기 때문입니다. 또 그들은 쿠웨이트공국을 세워 이라크가 자유롭게 바다에 접근하는 길을 막으려 했습니다. 이라크를 더 잘 통제하려는 의도였지요. 영국과 프랑스 간에 체결된 사이크스-삐꼬협정은 시리아와 레바논을 프랑스에, 당시 팔레스타인이던 곳과 이라크를 영국에 떼어주었습니다. 그들 제국의 이익을 위한 것이었지, 그곳 사람들과는 아무 상관이 없었습니다. 그곳 사람들의 관점으로 보면 그때 그어진 선은 전혀 이치에 맞지 않는 것입니다.

그 앞시대의 오스만 체제는 비록 추악하고 잔인했지만, 적어도 지방자치를 인정했습니다. 따라서 오스만이 지배하던 동안에는 국경을 건너지 않고도 카이로를 출발해 바그다드를 통해 이스탄불까지 갈 수 있었지요. 오늘날의 유럽연합과 비슷하게 넘나들기 쉬운 형태였던 겁니다. 그리고 그것이 이 지역의 본성에 어긋나지 않고 훨씬 더 잘 맞았고요. 부분적으로는 부패와 무능이 작용한 탓에 오스만의 통치자들은 상당 수준의 자치를, 심지어는 도시들의 몇몇 구역에 이르기까지 허용했습니다. 아르메니아인들은 아르메니아 사람들만의 사회를 운영할 수 있었고 그리스인들은 그리스 사람들의 사회를 운영할 수 있었고, 다른 경우도 마찬가지였죠. 그들은 일종의 조화를 이루며 살았습니다. 국가체제를 강요받음으로써 그것이 깨어져버린 것입니다.

이 말은 전세계에 적용될 수 있습니다. 아프리카를 한번 보세요. 그곳에서 일어나는 갈등 거의 모두가 제국주의 열강이 설정한 국경에서 시작됩니다. 영국, 프랑스, 벨기에, 그리고 정도가 좀 덜하기는 하나 독일 같은 나라들이 그곳에 사는 사람들의 본성은 전혀 고려하지 않고 자기들이 원하는 곳에 국경선을 그어버린 것입니다. 당연히 갈등이 생길밖에요. 내 생각으로는, 그런 국경선들이 사라져버리길 희망할 이유가 차고 넘칩니다.

5장

살아 있는
기억

급격한 유가하락의 의미는 무엇입니까? 이것은 소비자에게 아주 좋은 일이
다, 휘발유가 1갤런에 2달러도 안된다, 사람들이 더 많이 차를 몰고 다니게
될 것이다, 사람들 주머니 속에 여윳돈이 생길 것이다 등등의 얘기를 하는
기사들이 연일 쏟아지고 있는데요.

　지금 일이 돌아가는 것을 보면, 이런 순간이 왔다는 것을 도저
히 믿기 힘듭니다. 경제지와 언론에서는 우리가 우리 손자손녀들
이 살 세상을 거덜낼 수 있다는 전망에 환호하고 있어요. 기사 제
목을 "우리 손자손녀들이 제대로 된 삶을 살 수 있는 가능성을 파
괴하자"라고 달아야 할 겁니다.
　지금도 상당히 위험한데 상황은 날마다 악화되고 있습니다. 북
극과 영구동토층이 녹아내림으로써 메탄가스가 폭발할 것이라는
우려가 최근에 나왔지요. 만약 그런 일이 일어난다면, 정말로 무서

운 일들이 뒤따르리라 예견됩니다.[1]

유가는 이미 너무 낮아요. 석유가격을 미국 시장에서도 훨씬 더 높게 책정해야 합니다. 환경을 파괴하는 화석연료의 남용을 막기 위해 유럽에서 그러듯이 말입니다.

기후변화의 증거는 반박의 여지가 없는 것으로 보이고 그에 대한 논쟁도 더이상 없어야 할 것입니다. "해양생물들이 대량멸종을 맞이하고 있다" "2014년은 1880년 기록이 시작된 이래 세계적으로 가장 더웠던 해" "가장 더웠던 해 1위부터 10위까지는 1997년 이후에 생겼다"라는 소식을 신문이 알리고 있지요.[2] 그러나 정계와 경제주역들의 반응은 미지근하고 심드렁한 데다, 기껏해야 관심이 있는 척할 뿐입니다.

프라이스워터하우스쿠퍼스(PWC)에서 최근 아주 흥미로운 여론조사를 실시했습니다. 스위스 다보스에 온갖 거물들이 다 모인 가운데 시행되었죠. PWC는 기업 CEO들에게 당면한 중요한 문제가 무엇이라고 생각하는가에 관해 물었습니다. 그들이 가장 신경 쓰는 것은 이윤이었습니다. 성장현황이 어떤지, 앞으로 저임금 노동자들을 충분히 확보할 수 있을지 등의 문제였지요. 기후변화는 저 귀퉁이의 사소한 문제로 최하점을 받았습니다.[3]

그들이 나쁜 사람들이라는 얘기는 아니지만, 그들 집단 전체에는 공통된 병리현상이 있어요. 대기업 CEO 자리에 앉으면—그리고 그것은 정계에 막대한 영향력을 발휘할 수 있다는 얘기가 됩니다만—그 사람은 자기 손자손녀까지를 포함해 미래 세상에 무슨 일이 일어날지 신경을 쓰지 않는다는 것이죠. 유일하게 신경 쓰는 것은 내일 당장의 이윤뿐입니다. 그것이 그 집단이 공유하는 지상과제인 겁니다.

다비 꼬뻬나와(Davi Kopenawa)라는 이름의 야노아뫼족 샤먼 지도자가 있지요. 브라질 북부와 베네수엘라 남부에 약 3만에서 4만 정도의 야노아뫼족이 살고 있고요. 그가 말하길, "백인들은 무엇이든 죽이려 한다. 그들은 강과 호수를 더럽히고 남아 있는 것을 앗아갈 것이다. … 그들은 자신들이 땅과 하늘을 망치고 있으며 땅과 하늘을 새로 재창조할 수 없으리라는 것을 생각지 못한다. … 그들의 생각은 영원히 그들의 상품에 매여 있다. 그들은 지독하게, 언제나 새 재화를 원한다"[4]라고 했습니다. 많은 토착민족들—물론 모두 다 같지는 않겠지만요—이 자연과 맺고 있는 관계는 분명 우리와는 다른 모양입니다.

매우 비슷한 얘기가 전세계에 통할 수 있습니다. 캐나다 서남부에서는 토착주민인 퍼스트 네이션즈가 심각하게 파괴적인 화석연료 사용이 극히 위험한 지경까지 팽창하는 것을 막으려 앞장서서 투쟁하고, 사람들을 동원하고, 법률적 노력을 기울이고 있습니다.
아마존에서도 화석연료와 다른 자원들의 남용을 저지하고 그 나름대로 자연과의 조화를 복원하려는 노력의 최전방에 그곳 토착민족이 서 있습니다. 실제로, 가장 많은 토착민 인구를 지닌 라틴아메리카의 두 나라 볼리비아와 에콰도르가 그들이 "자연의 권리"라고 이름붙인 것을 확립하기 위해 주도적으로 노력하고 있습

니다. 볼리비아에서는 헌법 조항에 그 내용을 담기도 했어요.[5]

호주도 마찬가지입니다. 인도도 그렇고요. 인도에서는 부족공동체들이 자원을 보호하려 애쓰고 있습니다. 이 공동체들은 아주 오랫동안 자연과 그들 나름의 조화를 이루며 살아왔습니다. 그들이 무슨 유토피아 같은 곳에 살고 있다고 얘기하는 것처럼 들리지는 않았으면 싶지만, 적어도 그들이 오랜 세월 동안 자연과의 조화에 일정하게 관심을 유지해온 것은 사실입니다. 그러나 자본주의, 제국주의 침략자들은 그런 데 관심이 없습니다. CEO들을 대상으로 한 이번 여론조사가 그런 면을 여지없이 보여줍니다. 세계를 약탈하고 당장 이용할 목적으로 그것을 취할 생각밖에 없는 제국주의 열강의 완전히 전형적인 태도가 그 조사 결과에 드러나 있습니다.

선생님께서도 콜롬비아 우림의 토착집단들과 접촉하신 적이 있지요.

콜롬비아 남부에서 얼마간 시간을 보낸 적이 있습니다. 이런저런 공격으로 심하게 시달리는 지역이지요. 그곳에서는 토착민족인 깜뻬시노와 아프리카계 콜롬비아인들이 준군사조직들로부터, 또 정규군으로부터 끊임없이 공격을 받고 있습니다. 한때는 그 지역 사람들과 연결되어 있었으나 이제는 농민을 괴롭히는 또 하나의 군대가 되어버린 게릴라들도 그들을 공격하고요. 게다가 '퓨미게이션(fumigation)'이라는 것도 있습니다. 사실상 모든 것을 파괴해버리는 화학전이지요. 이론상으로는 코카 생산을 겨냥한 것이라지만 실제로는 모든 종류의 작물과 가축을 말살해버리니까요. 마을을 지나다보면 팔에 흉측한 상처를 지닌 아이들을 볼 수 있습니다. 사람들이 죽어가고 있는 거예요.

한번은 콜롬비아의 인권활동가 몇명과 외진 부락을 찾아간 적이 있습니다. 그곳에서는 일단의 깜뻬시노와 토착민족들이 자신들의 상수원을 보존하기 위해 애쓰고 있어요. 그들의 식수원인 천연림이 우거진 산이 하나 있는데, 그곳은 그들의 문화적 삶에서도 의미를 지니는 곳입니다. 그곳이 지금 광산 채굴로 위험에 처해 있는 겁니다. 그들 공동체는 지역의 수자원과 그밖의 다른 자원들을 보존하는 방법에 관한 상당히 정교하고 사려 깊은 계획을 가지고 있지만, 지금은 막강한 세력을 지닌 존재들에 맞서 싸우고 있습니다. 바로 광산회사들과 정부, 다국적기업들입니다. 이건 전쟁입니다. 그것도 아주 격렬한 전쟁이지요. 처음 그곳을 방문하려 시도했을 때에는 허락을 받지 못했습니다. 그곳에서 너무 많은 사람들이 죽임을 당하고 있다는 것이 이유였습니다. 두번째 시도에서야 겨우 그곳에 갈 수 있었어요.

선생님 가족과 관련된 일도 있지요. 그에 대해 들려주실 수 있을까요?

그러지요. 그들이 세상을 뜬 내 아내 캐럴에게 산속의 숲 한 군데를 헌정한다고 해서 그곳에 갔었습니다. 마을 사람들이 전부 그 헌정식에 자리해주었어요. 감동적인 의식이었습니다. 샤먼들을 비롯한 다른 사람들도 많았고요. 상당히 인상적이었습니다.

이전에 나온 우리의 대담집 『권력체제』에서 선생님은 라틴아메리카가 "국제적 사안에 있어서 갈수록 독자성을 보여왔다"라고 하셨습니다.[6] 그런 추세가 지금도 지속되고 있는 겁니까?

그렇습니다. 확실합니다. 아마 그런 추세가, 오바마가 쿠바와 이른바 '관계 정상화'라는 것을 모색하려고 했던 이면에 자리한 주요 요인이라 생각됩니다. 관계 정상화란 50년 동안 계속되어온 쿠바에 대한 공격을 부분적으로 멈춘다는 의미지요. 이런 일이 일어나게 된 원인에는 이 문제와 관련해 미국이 아메리카대륙의 다른 지역들로부터 갈수록 강한 압박을 받고 있다는 사실도 들어 있으리라 짐작됩니다. 미국이 판을 주무르는 것 같았던 1960년대 초만 하더라도 아메리카 사람들은 쿠바를 아메리카대륙의 기구들에서 배제할 것을 요구했습니다. 그러나 이제, 더 큰 독자성을 갖추고 미국의 지배에서 더욱 자유로워지면서 라틴아메리카는 쿠바가 다시 이 조직 안으로 돌아오도록 허용해야 한다고 주장하는 목소리를 키워왔습니다.

오바마가 대(對) 쿠바 정책의 방향전환을 선언했을 때 과거 미국이 쿠바에 반해 행했던 광범위한 테러작전이나 통상금지, 경제전쟁을 언급하는 경우는 하나도 찾을 수 없었습니다. 당연하게도 배상이나 보상에 대한 언급도 없었고요.

테러전에 대한 언급이 하나 있긴 했어요. 까스뜨로의 수염을 뽑으려 했다나 뭐라나 하는 CIA의 못된 장난에 대한 이야기였습니다.

독극물 펜도 있고요.

우리에게 그런 일을 비웃을 자유 정도는 허용됩니다. 그러나 존 F. 케네디(John F. Kennedy)가 쿠바를 상대로 대규모 테러전을 개시하려 했다는 사실은 언급할 수 없지요. 그의 동생 로버트 케네디가 그 일의 책임자였습니다. 그에게는 그것이 최우선 과제였어요. 목표는 쿠바에 "지상 최고의 공포"를 안겨주는 것이었고요. JFK의 라틴아메리카 고문이었던 아서 슐레진저(Arthur Schlesinger)가 자기가 쓴 로버트 케네디 전기에서 직접 사용한 표현입니다.[7] 그리고 실제로도 지상 최고의 공포를 안겨주었습니다. 석유화학공장을 날려버리고 항구의 배들을 가라앉혔으며 농작물과 가축에 독을 퍼뜨리고 (우연찮게도 러시아인 방문객들이 머물고 있던) 호텔들을 폭격했지요. 이런 일이 몇년 동안 계속되었습니다. 이것이 거의 핵전쟁을 촉발할 뻔했던 미사일 위기를 가져온 요인 중의 하나였습니다. 미사일 위기가 끝나자 케네디는 즉시 테러전을 재개했고, 이 전쟁은 1990년대에 이르기까지 다양한 형태로 진행되었습니다. 이런 사정 중 어떤 것도 토론의 주제가 되지 못하고 있어요. 실제로, 피해자의 증언을 담은 구술자료가 처음 등장한 것은 2010년이었습니다. 캐나다 연구자 키스 볼렌더(Keith Bolender)가 쓴 책인데, 우리나라에서는 아무도 읽지 않았지요.[8]

미디어를 통해 울려퍼지는 오바마의 메시지는 쿠바에 민주주의와 자유를 가져다주려던 우리의 노력이 성공하지 못했다는 것입니다. 선의에서 시작했으나 제대로 이루지 못했다, 그러니 이제 우리의 고귀한 목표를 달성하기 위한 새로운 방법을 시도해볼 때다. 바로 이것이 50년 동안 이어진 대규모 테러리즘과 경제적 고사작전에 대한 오바마식 해석인 것입니다. 그 고사작전이 얼마나 심했느냐 하면, 예를 들어 유럽의 의료장비 제조업자가 쿠바에서 들여온 동전을 한푼이라도 사용했다가는 그의 사업이 국제교역 무대에서 추방당할 수도 있는 정도였습니다.

쿠바에 민주주의와 자유를 가져다주겠다는 우리의 호의 어린 노력이 바로 이런 것이었습니다. 우리가 지지하는 독재정권에는 이런 일을 한 적이 없지요. 어쩐 일인지 그쪽으로는 호의 어린 노력을 기울이지 않는단 말이에요.

캄보디아에서 미국이 벌인 전쟁은 오픈게임이고 본게임은 베트남이라는 얘기가 있었습니다. 그런데 이 오픈게임이 내륙에 갇힌, 대개는 농촌지역인 라오스에서 끝도 없이 계속되었죠. 선생님은 1970년 3월 하노이로 가는 길에 라오스의 비엔티안에서 한주 동안 지체하신 적이 있지요. 그 얘기를 『뉴욕 리뷰 오브 북스』에 쓰셨고요. 나중에 『아시아와의 전쟁』에 실린 그 에세이 말입니다.[9] 그 글에서 선생님이 보여주신 기자 같은 생생한 묘사에 놀랐습니다. 명징하고 간결한 문장들이었습니다.

2014년 9월 유명을 달리한 프레드 브랜프먼(Fred Branfman)과 감동적인 경험을 나누셨다고요. 그는 라오스에서 여러 해를 지냈고 라오스어도 할 줄

아는 사람이었죠. 그와 함께 비엔티안 외곽의 난민캠프에 가셨다면서요.

그전에는 그를 몰랐지만 내가 그곳에 도착하자 곧 만나게 되었습니다. 그는 라오스에서 벌어지는 잔학행위를 서구에 알리기 위해 한동안 애써오던 중이었지요. 그는 월트 헤이니(Walt Haney)를 비롯한 몇몇 사람들과 함께 라오스에서 활동하는 얼마 안되는 사람들 중의 한명이었어요. 그들은 그곳에서 자행되고 있는 범죄를 밝혀냈습니다. 참으로 충격적인 범죄들이었지요. 그가 출간한 책 『자르(Jars)평원으로부터의 목소리』는 당시 벌어지던 무시무시한 공군 작전의 피해자들과 함께한 작업의 결과물이었습니다.[10]

라오스에 대한 폭격은 1960년대 중반에 시작되어 1968년에 격화되었습니다. 자르평원은 농촌 마을들이 모인 외떨어진 지역이었습니다. 마을 사람 대부분은 아마 자기들이 라오스에 살고 있다는 것도 몰랐을 겁니다. 그들은 몇년 동안 지독한 집중포화에 시달렸습니다. 사람들은 생존을 위해서 동굴 속에서 살아야 했습니다. 그 참상을 제대로 이해하기 위해서라도 프레드의 책에 나오는 증언을 반드시 읽어보아야 할 것입니다.

내가 라오스에 일주일 머물게 된 것은 어느 인도 관료가 지루함을 느낀 덕분이었습니다. 관료들은 사람들이 사는 것을 어렵게 만드는 것 말고는 할 일이 없는 모양이에요. 그 친구는 비엔티안발 하노이행 유엔 항공편을 책임진 사람이었습니다. 일주일에 한번 특별경호를 받는 항로를 통과하는 비행기였죠. 비행기를 타고 가는 동안, 눈에 띄는 건 죄다 폭격해버릴 기세로 하늘 가득 날아다니는 제트기들을 볼 수 있었습니다. 어떤 이유에서인지 그 관료는 첫주에는 우리에게 출발 허가를 내주지 않기로 결정하더군요. 그로서는 재미 삼아 그랬는지도 모르죠. 그 덕분에 라오스에 머물게 되었는데, 결과적으로 그건 아주 잘된 일이었어요. 새로 알게 된 게 많으니까요. 그 주 대부분을 프레드와 같이 지냈는데, 난민 캠프에만 있지는 않았습니다. 그가 살던 마을에도 가보았고 그의 지인들도 많이 만나보았어요.

선생님은 글에서 프레드의 이름을 언급하시지는 않았죠. "라오스어를 하는 미국인과 동행"했다고만 하셨습니다.

당시 그는 자기 신원이 밝혀지는 것을 원치 않았거든요.

프레드가 쓴 기사 중에는 선생님과 나눈 우정에 대한 것도 있습니다.[11] 선생님을 난처하게 해드리려는 것은 아니지만, 그의 글에서는 선생님이 그곳 마을 사람들을 만나고 그들이 미군의 폭격을 겪으며 살아온 이야기를 듣고서 완전히 무너지셨다고 하던데요.

대규모 잔학행위가 피해자들에게 끼친 영향을 내가 직접 목격한 것은 라오스가 처음이었습니다. 이후로는 여러번 기회가 있었지만요. 민권운동이 벌어지는 동안 미국 남부에 있어보았고 그때의 일도 충분히 괴로운 경험이었지만, 라오스 이전에 해외 사례를 접한 적은 없었습니다. 예, 그래요. 정말 충격적인 경험이었어요.

『자르평원으로부터의 목소리』 2판에 부친 권두언에 역사가 앨 매코이가 쓰기를, 폭격이 끝난 후로도 대략 2만명에 달하는 민간인들이 불발 집속탄 때문에 목숨을 잃거나 불구가 되었다고 합니다. 그 숫자가 계속 늘고 있다고도 했고요.[12]

맞습니다. 나도 그에 대해 쓴 적이 있습니다. 집속탄은 작고 귀여운 소형 폭탄입니다. 사람들도 그렇게 부르지요. 아이들이 장난감인 줄 알고 그것을 집어들면 그만 폭발해버리는 겁니다. 괭이질을 하다가 건드리는 바람에 폭발해서 농부들이 불구가 되는 일도 벌어지고요.

그런 불발탄들이 온 천지에 널려 있어요. 영국의 폭탄제거반이 제거 작업을 해왔지만 그 지역에는 그런 폭탄들이 가득합니다. 제거 자체가 엄청난 작업이지요. 그런데 미국은 이런 노력에 매우 제한된 자원만을 제공해왔습니다. 상황이 이렇게 된 데 대한 책임이 당연히 미국에 있는데도 말이지요.

매코이는 라오스가 미국이 이후로 벌인 전쟁의, 특히 광범위한 공군력 사용의 시범 사례였다고 주장합니다.

프레드도 그런 얘기를 했지요. 우리에겐 다른 시범 사례들도 있습니다. 상당히 눈여겨볼 만한 사례들이에요. 시턴홀 로스쿨의 연구자들이 관따나모의 고문 시스템에 대한 상세한 연구를 출간하면서 꽤 흥미로운 점을 지적했습니다. 관따나모에는 군부에서 "전투 실험실"이라고 부르는 체니-럼즈펠드 고문 시스템의 일부가 있었답니다.[13] 그것은 본질적으로 고문 실험실이었어요. 군의관들이 지휘하는 그 실험실의 목적은 가장 효과적인 고문기술을 가려내는 것이었습니다. 얼마나 많은 고문을 ─ 심리적, 육체적, 의학적으로 ─ 가할 수 있는지 밝혀보자는 것이었지요.

실제로, 고문 시스템에 대한 상원 보고서를 보면 하나의 질문이 등장합니다. 고문이 효과가 있었는가? 보고서의 주장은 이렇습니다. 고문은 효과를 보지 못했다, 따라서 그것은 나쁜 것이다.[14] 그에 대한 논평도 대략 동일합니다. 고문이 효과를 보지 못했으니 그것을 해서는 안된다는 것입니다.

그들이 고문이 효과가 없었다고 말하는 것은 그것이 테러활동을 막지 못했다는 얘기입니다. 그런데 고문의 원래 목적이 그것이었던가요? 아마 아닐 겁니다. 체니-럼즈펠드 고문 시스템의 일차 목표는 이라크에서의 전쟁을 정당화할 수 있는 모종의 근거 ─ 그게 사실이든 거짓이든 ─ 를 끌어내려는 데에 있었던 것으로 보입니다. 사담 후세인과 알카에다가 관련이 있다는 어떤 증거를 찾으려 했던 것이지요. 그것을 찾을 수 없자 더 많은 고문을 가할 수밖에 없었고요. 결국 고문받는 사람들은 무슨 말이라도 하게 되는 법이기에, 그들은 증거를 찾았다고 주장했습니다. 최우선 목표는 그것이었음이 명백합니다. 그리고 그 목표는 이루었지요.

지금 우리는 테러리즘의 새로운 시기에 들어와 있습니다. 2015년 빠리에서

의 공격으로 촉발된 시기 말입니다. 그 테러에 대해 언론 자유나 프랑스적 가치, 또는 서구 일반에 대한 공격이라는 논평이 많았습니다.

『샤를리 에브도』 기자들이 살해당한 공격 얘기군요. 그 사건에 대한 가장 흥미로운 논평 중 하나는 대표적인 인권변호사 플로이드 에이브럼스(Floyd Abrams)가 한 말이었습니다. 언론 자유를 열렬히 옹호하기로 유명한 사람이지요. 그는 『뉴욕타임즈』 편집진을 강하게 비난했습니다. 애초에 그 공격을 유도했던 『샤를리 에브도』의 마호메트 풍자만화를 『뉴욕타임즈』에 싣지 않았다는 이유에서였지요. 그의 말로는, 언론 자유라는 지고의 가치에 진심으로 복무하고 싶다면 그 만화를 실었어야 했다는 겁니다. 그는 또 이것이 "언론에 가해진 가장 위협적인 공격을 살아 있는 기억 속에서" 기리는 정당한 방법이라고 했습니다.[15] 그의 말이 옳습니다. 그러나 그 "살아 있는 기억"이라는 범주는 그들이 우리에게 저지른 일은 다 포함하고 우리가 그들에게 저지른 일은 다 배제하도록 정교하게 만들어진 것에 불과합니다.

이 "살아 있는 기억"을 넘어 실제 세계로 나가보면, 그곳에는 언론 자유에 대한 그런 공격들이 여럿 있습니다. 그중 몇몇은 상당히 유사하기도 하고요. 예를 들자면 북대서양조약기구(NATO)가 —즉, 미국이— 세르비아의 라디오와 텔레비전 방송국을 폭격해서 방송을 끊어버리고 16명의 기자를 죽인 적이 있었죠. 실제로 『샤를리 에브도』의 사망자보다 많은 수입니다.[16] 왜 그랬을까요? 그들이 우리가 공격하는 정부를 지지하는 정보를 방송했기 때문이었답니다.

2004년 11월에 벌어진 팔루자 공습에 대한 보도도 꽤 흥미롭습니다. 그곳 종합병원을 미군 특수부대가 점령하고 있었죠. 그것 자체로 전쟁범죄입니다. 기자들이 사령관에게 그에 대해 질문했습니다. 이 병원은 합법적인 공격 목표다, 선전활동 — 말하자면, 사상자 수를 발표하는 활동 — 을 하고 있기 때문이다, 따라서 우리가 이곳을 점령해야 한다는 것이 그 답변이었습니다.[17] 이게 표현의 자유에 대한 공격 아닙니까?

프랑스는 특히나 놀라운 경우입니다. 역사적 진실이 무엇인지 결정하고 국가의 명령에서 벗어나는 표현을 처벌할 권리를 국가에 허락하는 법률이 실제로 중앙정부에 있기 때문입니다. 그 자체로 표현의 자유에 대한 상당히 심각한 침해지요. 그러니 일례로, 프랑스 남부 바스끄 민족주의 신문을 폐간시키기도 하는 것입니다. 그들이 바스끄 독립을 요구함으로써 공공질서를 파괴한다고 보았기 때문에요.[18]

기록을 보면 이중잣대와 위선이 넘쳐납니다. 우리의 위대한 민주주의 우방 사우디아라비아를 보세요. 그들은 라이프 바다위(Raif Badawi)라는 한 블로거에게 태형을 가했습니다.[19]

"이중잣대"라는 표현이 적절한지도 의문입니다. 단 하나의 잣대만 있으니까요. 그들이 우리에게 그런 짓을 하면 그건 끔찍한 범죄다, 우리가 그들에게 더 심한 짓을 하더라도 그건 고귀한 노력이다. 이런 것이 하나의 잣대고 놀라울 정도로 일관성 있게, 헌신적으로 유지되고 있습니다.

사실, 훨씬 더 보편적인 원칙이 하나 있습니다. 우리가 어떤 범죄를 적의 탓으로 더 많이 돌릴수록 그만큼 분노도 더 커진다는 것이지요. 그러나 우리에게 더 많은 책임이 돌아오면—따라서 그에 대해 뭔가를 할 수 있게 되면—오히려 그만큼 우려는 줄어들고, 결국은 무관심의 단계로, 또 그보다 한술 더 떠 부정의 단계로 빠집니다. 바로 이것이 압도적으로 일관되게 적용되는 원칙입니다.

그렇다면 언론 자유라는 문제에 대해 어떤 결론을 내리신 겁니까? 예를 들어 어떤 사람들의 감정을 상하게 할 수 있는 만화—선지자 마호메트만이 아니라 교황이나 가톨릭교회에 관한 것도 포함해서—를 싣는 것 같은 문제 말입니다. 언론 자유를 절대적으로 신봉하시는 쪽인가요?

나는 절대론자는 아닙니다. 그 어떤 도덕적, 윤리적 원칙에 대해서도 절대적인 입장을 취할 수는 없다고 봅니다. 그러나 언론 자유가 보호받아야 할 아주 고귀한 가치라는 생각도 가지고 있습니다. 그에 대해서는 미국 대법원이 상당히 합리적인 기준을 세워놓았다고 생각해요. 1969년 브랜던버그 대 오하이오주 재판이었죠. 임박한 범죄행위를 낳으려는 고의적인 목적을 가진 게 아니라면 언론 자유는 보호받아야 한다는 결론이었습니다.

사람들을 조롱하고 창피 주는 만화를 게재하는 일은 사춘기 시절의 멍청한 장난 수준입니다. 그리고 자기가 군홧발로 짓밟고 있는 사람을 공격하는 것은 정말로 야비한 짓이지요. 그것은 권력자들을 조롱하는 것과는 완전히 다른 일입니다. 권력자들을 조롱하고 싶다면 그건 괜찮아요. 그러나 당신에게 짓밟히고 있는 사람들을 조롱하는 것, 그들을 웃음거리로 만드는 것은 특히나 역겨운 짓입니다.

『샤를리 에브도』가 마호메트에 대한 만화를 게재할 때 그 만화가들이 조롱한 대상은 가난하고 억압받는 사람들이었습니다. 주로 북아프리카 출신의, 프랑스가 유린해버린 그 지역을 떠나온 사람들이었죠. 프랑스는 족히 한 세기 넘는 기간 동안 그 지역에서 대량살상과 폭력을 저지른 끔찍한 전과를 가지고 있습니다. 그곳 출신의 많은 사람들이 결국은 빠리 교외, 방리외에 정착했고, 거기서 그들은 슬럼가에 살며 탄압과 경멸, 쇠락과 굴욕을 감당하고 있습니다. 그런데 그들을 조롱하는 만화를 낸 겁니다. 퍽이나 재미가 있었겠군요.

그러나 이렇듯 유치하고 야비한 짓이라 하더라도 언론 자유는 보호받아야 할 것이라고 생각합니다.

프랑스의 코셔* 슈퍼마켓에서 벌어진 테러 사건에서는 유대인을 골라 살해했습니다. 베냐민 네타냐후를 비롯해 그의 정부 내 다른 인사들은 프랑스에 사는 유대인들에게 이스라엘로 오라고 촉구하는 데에 이 사건을 이용하고

* kosher, 유대교 율법에 맞게 생산, 조리된 식품.

있고요.

그렇습니다. 코셔 슈퍼마켓 공격은『샤를리 에브도』사건이 있고 며칠 후에 벌어졌지요. 범인들이 그곳에서 인질을 잡고 네 사람을 죽였습니다.[20]

프랑스 내에 반유대주의가 있다는 것은 의심할 바가 못됩니다. 실재하는 위험한 현상이지요. 하지만 그것은 이슬람혐오에 비하면 근처에도 오지 못할 정도입니다. 그리고 유대인들이 프랑스 안에서 안전하지 않다는 생각은 망상에 불과합니다. 테러리즘 전체를 볼까요? 미국에서 테러로 죽은 사람이 얼마나 됩니까? 테러공격보다는 집 안에서 사고로 죽는 사람이 더 많습니다. 훨씬 더 많아요.[21]

테러리즘은 엄연히 존재합니다. 심각한 상황이지요. 그리고 그에 대처할 방법도 여럿 있습니다. 가장 중요한 방법은 우리가 그 테러에 관여하기를 멈추는 것입니다. 세계를 무대로 하는 오바마의 암살 프로그램은 지금까지 실행된 것 중 가장 극단적인 테러 작전입니다. 그 작전의 목표는 언젠가 우리에게 해를 끼칠 계획을 혹시 세울지도 모른다고 의심되는 사람들, 그리고 우연히 그들 주변에 있게 된 다른 모든 이들을 죽이는 것입니다. 이것이야말로 대규모로 자행되는 순수한 테러리즘이 아니고 무엇이겠습니까?

덧붙이자면, 이스라엘도 이와 정확히 똑같은 일을 합니다. 이스라엘에 반하는 행동을 꾀한다고 의심되는 사람들을 죽이는 것이죠. 일례로, 이스라엘은 이것을 구실 삼아 시리아를 폭격했습니다.

표적이 된 자의 아버지도 이미 살해당한 상태였습니다. 그 공습은 이란 사람들 몇명의 목숨도 앗아간 것으로 드러났습니다.[22]

만약 혹시라도 이란이, 이란에 반하는 계획을 꾸민다고 의심되는 이스라엘 내의 사람들을 살해하려 한다고 가정해봅시다. 그리 억지스러운 얘기도 아닐 겁니다. 왜냐하면 이스라엘은 실제로 이란에 반하는 계획을 꾸미고, 심지어는 공격을 요청하기도 하니까요. 그러니 이란이 이스라엘 내의 이스라엘인을 죽이기로 결정한다고 가정해봅시다. 그래도 괜찮을까요? 아니죠. 그러면 전쟁이 날 겁니다. 그러나 우리가 그렇게 하면, 그것도 대규모로, 수천명의 사람들을 죽이면, 그건 괜찮죠.

만약 우리가 이런 행위들을 줄일 수만 있다면, 그렇게 함으로써 세계에서 벌어지고 있는 테러행위도 현격히 줄일 수 있을 것입니다. 게다가 또다른 효과도 있을 수 있어요. 우리의 드론공격이 그에 상응하는 테러리즘을 낳는다는 것은 이제 잘 알려진 사실입니다. 프레드 브랜프먼이 연구한 주제 중의 하나가 이것이기도 했지요. 그는 미국 정부의 최고위급 인사들 또한 이런 공격이 지하디스트를 만들어내고 있음을 잘 알고 있다는 증거를 여럿 제시했습니다. 따라서 우리가 우리의 테러작전을 줄인다면, "살아 있는 기억" 속에 그런 공격이 보태지는 사태를, 즉 우리를 향해 가해지는 공격을 줄일 수 있을 것입니다.

지금까지 나와 있는 연구들을 한번 보죠. 사람들은 아부그라이브에서 자행된 고문, 그곳 포로들이 매일 겪는 모멸과 비하와 탄압을 목도함으로써 그에 자극받아 지하드에 가담해왔습니다. 물론 그것이 테러리즘을 정당화해줄 수는 없겠지만, 테러리즘을 설명하는 데에 도움이 되기는 합니다. 테러리즘을 줄이길 원한다면 무엇을 해야 할지 알려주기도 하고요. 그것을 낳는 데에 일조하고 있는 행위들 — 우리의 행위들 — 을 줄여야 하는 겁니다. 손을 떼야 하는 겁니다.

빠리 테러범 중 두명은 알제리계였습니다. 로버트 피스크는 최근 기사를 통해 1954~62년 사이 독립전쟁 기간 중에 100만명이 넘는 알제리 사람들이 프랑스에 의해 죽임을 당했다는 사실을 상기시켜주었습니다.[23] 거의 열명 중 한명꼴입니다.

맞는 소리입니다. 그게 우리에게는 살아 있는 기억이 못되겠지만, 피해자들에게는 살아 있는 기억이지요. 게다가 그들은 훨씬 더 이전, 19세기 초까지도 거슬러올라가 기억을 해낼 수 있습니다. 프랑스인들이 알제리를 침략했을 때 그곳 사람들을 몰살하는 것이 목표라는 것은 불 보듯 뻔했습니다. 그리고 그 목표를 꽤 훌륭하게 달성했고요. 알제리에서만이 아니라 그들이 식민지로 삼은 모든 지역에서 그랬지요.

논쟁거리가 덜 될 만한 주제로 넘어가볼까요? 선생님은 친할아버지가 하신 어떤 일을 지켜본 결과로 신에 대한 결론을 내리게 되셨다고요.

우리 아버지네 집안은 매우 엄격한 정통파에 극렬하게 종교적이었습니다. 특히 할아버지가 그러셨는데, 그분은 동유럽 출신으로, 동유럽 농경지역 유대인사회에 전형적이던 반(半) 중세적 특성 같은 것을 간직하고 계셨죠. 유대 명절 기간에 할아버지를 찾아뵙곤 하던 일이 기억나는군요. 그런 명절 중 하루인 유월절에 나는 할아버지가 담배를 피우시는 것을 목격했습니다. 당시 나는 안식일에는 불을 피우는 일이 허용되지 않는다는 것, 또 음식 문제만 빼면 명절과 안식일 사이에 차이가 없다고 탈무드에 나와 있다는 것을 알고 있었습니다. 명절에 불을 피우는 것은 밥을 하기 위해서라면 허용되지만 그밖의 것을 위해서는 안되는 일이었어요. 흡연은 음식을 먹는 행위에 속한다고 할아버지가 결론을 내렸다는 것이 아버지의 설명이었습니다.

그래서 나는 할아버지가 신은 그 일을 꿰뚫어보지 못할 정도로 멍청하다고 생각하고 있다는 사실을 깨달았습니다. 그리고 곰곰이 생각해보니 사실상 거의 모든 정식 종교체계가, 신이 우리가 자기 계율을 어기는 것을 알아차리지 못할 정도로 멍청하다는 가정에 근거하고 있는 것으로 보였습니다. 그런 계율에 맞게 살 수 있는 사람은 거의 없으니 그것들을 에둘러갈 온갖 속임수를 찾는 것이죠. 열살 아이의 시선으로는, 신의 개념이 그런 것이라면 그런 건 추구할 가치가 없겠다 싶었습니다.

신이 존재하지 않는다는 것은 언제 확신하시게 되었습니까?

확신을 갖게 되었다고는 할 수 없습니다. 그 질문이 무슨 뜻인

지도 모르는걸요. 존재하지 않는다는 것이 무엇일까요? 그에 대한 이치에 닿는 답은 알지 못합니다.

프린스턴에서 하신 강연에서, 성서가 잘못 번역되었다는 것을 알게 된 것이 언어학에 관심을 갖게 된 계기 중의 하나였다고 회상하셨는데요.

그런 얘기를 듣게 된 겁니다. 대학에서 아랍어를 공부할 때 일이었어요. 파시스트에 반대해 이딸리아를 떠나온 조르조 레비 델라 비다(Giorgio Levi Della Vida)와 함께였습니다. 그때는 최고의 학자인 그를 알아보지 못했죠. 나중에 친구 사이가 되었습니다만.

펜실베이니아대학에 계실 때였죠?

맞아요. 그가 내게 성서 첫 문장의 발음이 잘못되었다는 얘기를 들려주었습니다. 성서에 나오는 "베레시트 바라(Bereshit bara)" 라는 말은 문법에도 맞지 않는데 그냥 '태초에 하나님이 〔천지를〕 창조하셨다'라고 번역된다고요. 실제 히브리어라면 '베레시트 브로(Bereshit bro)'라고 발음하는 것이 맞고, 따라서 '창조가 시작될 때 혼돈이 있었다'라고 번역되어야 한다는 얘기였죠. 그것을 아무도 알아차리지 못한 채로 천년이 흐른 겁니다.

거기서 어떤 결론을 끌어내신 겁니까?

배워야 할 게 많다는 생각을 하게 되었습니다.

탈무드가 선생님께는 이상적인 텍스트라고 말씀하셨는데요. 어째서 그렇습니까?

탈무드의 책장을 펼쳐보면, 한면의 가운데에는 율법서인 미시나에서 따온 한 구절이 적혀 있습니다. 그리고 그것을 둘러싸고 주석들이 연이어 달려 있습니다. 우측 상단에 누군가가 달아놓은 주석이 있다면 좌측 상단에는 또 누군가 다른 사람이 달아놓은 주석이 있는 식이지요. 한면의 90%가 가운데 구절에 대한 주석입니다. 그런 식으로 각주를 달 수만 있다면, 정말로 근사하지 않겠어요?

6장

공포
마케팅

아칸소주 상원의원 톰 코튼(Tom Cotton)이 최근, 이란을 대단히 두려운 존재로 보아야 한다, "그들이 이미 테헤란을 지배하기" 때문이라고 발표했습니다.[1]

『워싱턴포스트』를 읽다보면, 코튼 — 진짜 명문가 출신에 하바드를 졸업한 사람이죠 — 이 미래 공화당의 해외정책 전문가로 자기 위치를 잡아가며 존 매케인과 린지 그레이엄의 계승자가 되려 한다는 것을 알게 될 것입니다.[2] 그는 또다른 흥미로운 생각들도 가지고 있습니다. 그의 정치경력에 대해 얼마나 알고 있는지 모르겠는데, 아칸소주 상원의원에 출마했을 때 그는 멕시코 마약 카르텔들이 ISIS와 연결되어 있으며 국경 너머로 테러리스트들을 보내려 작업 중이라고 경고했습니다. 그 테러리스트들이 국경을 넘어오면 아칸소 시민들을 죽일 수도 있다면서요. 물론 그 모든 일은 국경선을 허술하게 내버려둔 오바마 대통령 탓이 되었고요.

이런 식의 공포마케팅은 다른 곳에서도 본 적이 있지요. 이스라엘에서 베냐민 네타냐후는 유권자들을 향해, 이스라엘의 아랍계 시민들이 좌파에 선동당해 투표장으로 몰려오고 있다고 경고했습니다. 그게 전부 이스라엘을 테러리스트로부터 지키려는 자신의 정책을 붕괴시키려는 수작이라고 말이지요.[3] 공포마케팅과 인종주의를 그런 식으로 버무려놓으면 효과가 상당히 좋습니다. 불행한 일이지만요.

일렉트로닉 인티파다의 공동설립자 알리 아부니마(Ali Abunimah)는 네타냐후가 팔레스타인 사람들에게는 오히려 낫다고 말합니다. 이유는, 그의 입장이 분명하다는 것입니다. 팔레스타인 국가는 안된다, 타협은 없다는 것이죠. 『하레츠』의 기자 아미라 하스는 이스라엘 내 두 주요 정당 사이의 차이점은 표면적인 것일 뿐이라고 봅니다. 그녀 말로는, 이제 명이 다해가는 두 국가 해법은 사실상 '열 국가 해결책(ten-state solution)'이라는군요. "웨스트뱅크 안에 반투스탄이 한무더기 생기는 것"이라고요.[4]

나라면 좀 다르게 표현하겠습니다. 이스라엘은 철저하게 계산된, 영리한 계획을 실행하는 중입니다. 웨스트뱅크에 있는 것 중에서 조금이라도 값나갈 만한 것은 전부 이스라엘로 흡수하고 팔레스타인 주민들은 배제하려는 의도에 따른 것이지요. 지금 이스라엘이 접수한 지역에는 팔레스타인 사람들이 많지도 않을뿐더러 남아 있는 사람들도 대체로 내쫓기고 있어요. 그렇게 하나의 국가니 '인구 문제'니 하는 얘기는 쏙 들어가고 팔레스타인 사람들은 모든 것을 잃는 것입니다. 이것이 두 국가식 접근법에 대한 실제 대안입니다. 하나의 국가가 가능하다는 의미있는 논거를 제시하는 사람은 아무도 없었습니다. 두 국가 해법에 대한 가장 실현가능성 높은 대안은 내가 방금까지 설명한 바로 이런 [배제] 정책입니다. 그 정책이 지금 실행 중인 것이고요.

미국 정부가 이런 일을 계속 지지하는 한 이스라엘이 그만두기를 기대할 근거가 없습니다. 그 자리에 네타냐후가 있든 다른 누가 있든 다를 게 없겠죠. 네타냐후의 인종주의적이고 지극히 호들갑 떠는 수사를 이스라엘의 다른 정당들이 같이하지는 않으니 그들 정책 사이에 어느정도 차이점이 있다고는 할 수 있겠죠. 그러나 근본적인 차이점은 없다는 아미라 하스의 말이 옳습니다.

오래전 철학자 존 듀이(John Dewey)가 말했습니다. "정치가 대기업이 사회에 드리운 그림자인 한, 그림자를 희미하게 만든다고 해서 본질이 바뀌지는 않을 것이다"라고요.⁵ 오늘날 그 그림자에 대한 선생님의 평가는 어떠신가요?

듀이의 견해가 정확했습니다. 폴 라이언(Paul Ryan) 예산안에 메디케어*를 민영화하려는 움직임이 드러난 것을 보세요. 메디케어는 이 나라 보건체계 중에서 그나마 그럭저럭 작동하는 영역입

• Medicare, 65세 이상 노인을 위한 공공의료보험제도.

니다. 민영화되지 **않았기** 때문이지요. 비효율성과 비용부담도 없지 않지만 이는 그것이 지금 미국 내에 존재하는 심하게 비효율적이고 관료화된, 민영화된 시스템을 통해 작동할 수밖에 없기 때문입니다. 따라서 메디케어를 민영화하는 방향으로 손보자는 것은 "어느정도 작동하는 시스템 하나를 망가뜨리자"라는 얘기밖에 안되는 것이죠.

메디케이드*를 삭감하고 식량배급표를 삭감하고 어포더블 케어법**—완벽하게 근사한 것은 아니지만 그럼에도 불구하고 이전 것에 비하면 개선된 법안인—을 폐기함으로써 수천만의 사람들이 보험 혜택을 받을 수 없게 하고 그러면서 부유한 사람들에게는 더 많은 돈을 돌려주는 것, 이는 우리를 향해 공화당이 판을 뒤엎는 반란을 일으키는 것과 다름없습니다. 그들이 단 하나 일관되게 견지하는 정책은, 한편으로는 부와 권력을 쥔 이들을 부유하게 해주기 위해 할 수 있는 모든 일을 다 하고 다른 한편으로는 일반 국민들을 공격하는 것입니다.

그런 강령에 기반해서는 표를 모을 수가 없기에 공화당 관리자들은 자신들의 입장을 흐릴 필요가 있었습니다. 그들은 국민 중에서 항상 주변에 있었으나 의미있는 정치세력으로 동원된 적이 한

• Medicaid, 저소득층을 위한 의료 보장, 지원 제도.
•• 정식 명칭은 '환자보호 및 적정부담 보험법(Patient Protection and Affordable Care Act)'이지만 일명 '오바마케어'로 더 많이 알려져 있다. 오바마가 추진한 의료보험체계 개혁법안으로 2014년부터 모든 국민의 건강보험 가입을 의무화하는 내용을 골자로 한다.

번도 없는 분파에 눈을 돌렸습니다. 그중 하나가 기독교 복음주의자들인데, 이제 그들은 공화당의 기반을 이루는 주요 세력에 속합니다. 또 하나는 순혈주의자들입니다. 우리와 다른 낯선 이들이 우리에게서 우리의 나라를 빼앗아갈까 두려워하는 사람들이죠. 백인 인구가 곧 소수가 될 터인데, 극단적 국수주의자들에게 이런 상황은 견딜 수 없는 것입니다. 두려움에 질린 나머지 스타벅스에 갈 때도 총을 들고 가야만 하는 사람들도 있습니다. 거기서 어떤 위험에 처하게 될지 누가 아느냐는 것이죠. 실제로 오하이오주에서는 어린이집에 총기를 가지고 갈 수 있도록 허용하는 법안을 두고 논쟁이 일었던 적도 있습니다.[6] 세살배기 중에도 ISIS에서 훈련받은 아이들이 있을 수 있는 모양이지요. 누가 압니까?

이들은 전체 인구 중에서 적지 않은 부분을 차지합니다. 많은 수의 사람들이 이런 쟁점들에 동원되지만, 그들은 자기 지도자가 추구하는 정책들이 자신들을 공격하고 있다는 사실을 알아차리지 못합니다. 여러 면에서 정말 이상한 나라에 살고 있나봅니다.

돌아보면 오바마케어를 대하는 태도들은 지금까지 상당히 부정적이었습니다. 사람들 대부분이 거기에 반대했지요. 여러 해 동안 많은 사람들이 국민의료보험을 강력 지지해왔으면서 말입니다. 물론 오바마케어는 전국민 의료보험이 아니고, 반대층의 일부는—여론조사에서는 이에 대해 질문조차 않으니 그 수가 얼마나 많은지는 알 수 없죠—그것만으로 충분치 않기에 반대하는 겁니다. 그러나 반대의견 중 다수는 그 유명한 타운홀 미팅에서의 발언에 보이는 것과 같은 종류의 것입니다. "당신네 정부는 내 메디케어에서 손을 떼시오"라고 누군가가 말하지 않았습니까?[7] 사람들은 정부가 실제로 어떤 일을 하는지 잘 알지 못합니다. 생각해보면 이번 일은 선전선동으로 거둔 놀라운 성공사례입니다. 의료보험이 모든 사람의 삶에 얼마나 필수적인지를 감안하면 더욱 그렇지요.

다른 모든 이들을 희생시키더라도 부와 권력이 있는 자들을 부유하게 해주려는 욕망은, 당연한 얘기지만, 폴 라이언에게만 국한된 것이 아닙니다. 이번에 아르헨티나를 방문했을 때 스페인 뽀데모스 운동의 활동가들 몇명을 만나셨다고요. 어떤 인상을 받으셨습니까?

전세계 활동가들이 모인 국제회의 자리였습니다. 대개는 남아메리카에서 온 사람들이었지만 스페인의 뽀데모스, 그리스의 시리자를 비롯해 다른 곳에서 온 사람들도 있었지요.

유럽인들이 처음 정복을 시작한 이래 500년 동안 남아메리카는 해외 열강의 지배를 받아왔습니다. 극히 부유하고 유럽에 동화되어 있으며 대개는 백인인 극소수의 엘리트들이 대다수의 가난하고 비참한 사람들을 다스리는 형태의 정부조직이 전형적이었죠. 이 엘리트들의 시선은 나라 밖을 향해 있었습니다. 그들은 리비에라에 별장을 두거나 취리히로 돈을 보내거나 했지요.

남아메리카 정부들은 세계은행과 IMF, 미국 재무성의 신자유주의적 구조조정 정책을 누구보다 쉽게 받아들이곤 했습니다. 자연히 이들 나라가 가장 큰 고통을 겪었죠. 그러나 지난 10년 내지

15년 동안 그들은 그런 패턴에서 발을 빼고 우리의 통제를 벗어나기 시작했습니다. 이건 세계정세상 중요한 변화입니다. 앞에서 말한 회의가 남아메리카에서 열린 이유도 이것이며, 회의를 주최한 쪽에서 스페인과 그리스를 초청해 참가시킨 이유도 이것이지요. 이 두 나라도 그런 정책 때문에 특히 심각한 타격을 입은 나라들이거든요.

유럽이 겪어온 야만적 경제 프로그램은 민주주의를 심각하게 손상해버렸습니다. 주변부에 위치한 힘없는 나라들에는 특히나 더 파괴적이었지요. 경기침체기의 긴축정책은 경제에 유해합니다. 심지어 IMF조차도 그런 정책은 경제적 관점에서 보아 말도 안 되는 것이라고 합니다.[8] 그러나 계급전쟁의 관점에서 보면 어느정도 말이 되는 것 같기도 해요. 그 정책들이 사회 프로그램은 해체하는 반면 큰 은행들의 배는 불려주고 있으니까요. 2차대전 이후 유럽이 이룬 중요한 성취인 사회민주주의적 복지국가를 해체하는 것, 나는 그런 정책들의 목표가 바로 여기에 있다고 생각합니다.

당연히 이에 대한 강력한 반발이 일었습니다. 그리스가 시작이었죠. 가장 큰 고난을 겪은 나라니까요. 그리스는 채무 재조정과 채무상환 연기를 요구했습니다. 그런 방법이라면 이 인위적으로 조성된 위기에서 그리스를 구할 수 있었을 것입니다. 그러나 독일 은행들은, 그 위기의 근본적 책임이 자신들에게 있음에도 불구하고, 철저히 잔인한 방식으로 대응하며 그리스가 그런 조치를 취하는 것을 막았습니다.[9] 이런 거절은 특히나 아이러니한데, 왜냐하면 1953년엔 독일이 다른 유럽 국가들로부터 대부분의 채무탕

감을 허락받은 적이 있기 때문입니다.[10] 사실 그것이 독일 재건의 기반이었고 그 덕분에 독일이 유럽의 역동적 중심이 된 것입니다. 더군다나 2차대전 중 독일은 사실상 그리스를 초토화했다고 할 수 있습니다. 이제 그리스가 1953년 독일에 허용되었던 것에 비하면 제한적인 일부만을 요구하고 있는데도 독일의 강자들, 독일연방은행이 단칼에 그 요구를 거절한 겁니다.

그리스는 상당히 힘이 약한 나라지요. 그러나 스페인은 그에 비해 덩치도 크고 경제력도 더 큽니다. 지난 몇년 동안 스페인에서 새로운 정당이 성장했습니다. 바로 뽀데모스, 긴축정책을 뒤엎고 사회적 경제를 재건하겠다고 천명한 정당입니다. 그리스와 마찬가지로 스페인에서도 지금과 같은 위기를 야기한 범인은 은행들이었습니다. 스페인 은행과 독일 은행 들 말입니다. 그리고 스페인에서도 역시, 그 범인들은 국민에게 그 비용을 치르게 하고 싶어 합니다.

이런 자들 중에 자본주의의 가치를 믿는 사람은 한명도 없다는 것을 놓치지 마십시오. 자본주의 사회에서는, 예컨대 내가 당신에게 돈을 좀 빌려준다면 ─ 그리고 당신이 어떤 사람인지를 알고 있으니 나는 이 대출에 위험이 따른다는 것도 알고 있지요 ─ 그 위험을 감안하여 당신에게 충분히 높은 이자를 물립니다. 어떤 시기에 당신이 돈을 갚을 수 없게 되면 그것은 내 문제지요. 자본주의 사회는 그런 식으로 돌아가는 법입니다. 그런데 우리가 지금 살고 있는 이 사회는 그렇지 않아요. 여기서는 내 문제가 또한 내 이웃들의 문제가 됩니다. 내 이웃들이 위험을 감수하고 대출을 해준 것이 아닌데도 나를 구제하기 위해 할 수 없이 그 댓가를 지불해야만 하는 거예요. 이게 우리 체제가 작동하는 방식입니다. 바닥부터 반자본주의적이지요. 계급투쟁이라는 관점으로 보면 말이 될지 몰라도, 자본주의나 자유시장과는 비슷하지도 않은 겁니다.

1930년대, 연대라는 것이 무언가 의미하는 바가 있던 시절에 성장하셨죠. 당시에는 상호지원도 있었고, 활발한 노동운동도 있었습니다. 그런 연대 정신의 불씨를 다시 살리려면 무엇이 필요할까요?

1920년대로 돌아가봅시다. 당시 노동운동은 궤멸된 상태였습니다. 실제로 남은 게 하나도 없었어요. 노동운동의 역사를 연구한 탁월한 학자 데이비드 몽고메리(David Montgomery)가 『노동세력의 몰락』이라는 책에 이 시기에 관해 써놓았습니다.[11] 과거엔 미국 내에 생생하고 활기 넘치는, 활발하고 상당히 급진적인 노동운동이 있었으나 이후 짓밟히고 말았다고 말입니다. 경영자계급은 국가권력의 지원을 등에 업고 노동운동을 짓밟고 파괴할 수 있었습니다. 그러나 이후 노동운동은 되살아났지요.

사실, 1930년대가 되면 노동운동이 전면에 등장합니다. 농성파업이 벌어지고 산업별노동조합회의에 의한 조직화도 진행되었죠. 루스벨트 행정부는 노동운동이 선도하는 대중들의 요구에 어느정도는 호의적이었고 그런 요구 중 몇가지는 수용할 용의를 가지고 있었습니다. 그 결과가 뉴딜 법안이었죠. 국민 모두와 경제에 큰 혜택이 돌아가는 정책이었습니다.

그리고 이 노동운동은 지금도 되살아날 수 있습니다. 다른 대중운동들과 마찬가지로요. 여기에 희망을 품어볼 만한 근거가 있습니다. 1960년대 이후로 상당히 긍정적인 변화들이 이루어져왔으니까요. 여러 면에서 오늘의 사회는 그 당시에 비해 훨씬 문명화된 사회지요. 베트남전 초기, 내가 처음 대중강연을 시작했을 때에는 그런 강연이라면 누군가의 거실이나 교회에서 열리고 참석자도 한줌밖에 안되는 형편이었습니다. 당시 그 일에 몸담았던 우리 중 그 누구도 몇년 뒤 대규모 반전운동이 벌어지리라는 것을 상상할 수 없었어요. 그러나 그런 일이 일어나지 않았습니까?

그리고 다른 전선에서도 역시 같은 일이 벌어졌습니다. 1960년대에는 토론조차 하기 어려웠던 많은 쟁점들이 이제 용인되고 당연시되고 있습니다. 여성 인권이나 동성애자 인권 같은 것들 말입니다. 환경 문제에 대한 관심은 1960년대엔 아예 존재하지도 않았죠. 그러나 이제 그 문제에 대해서도 관심이 상당해졌어요. 그리고 이것이 오늘날 우리에게 필요한 연대와 상호지원, 협동과 헌신, 참여를 다시 일굴 시작점이라고 봅니다.

우리가 인류 역사의 전무후무한 시점에 서 있다는 사실을 간과해서는 안됩니다. 인류 역사상 처음으로, 우리가 내릴 결정으로 우리 인류가 살아남을지 말지가 결정될 것입니다. 과거에는 그렇게 말할 수 없었죠. 그러나 이제는 그렇게 단언할 수 있습니다.

7장

**동맹과
지배**

조지 오웰의 1946년 에세이 「내가 글을 쓰는 이유」에 나오는 말로 이야기를 시작해볼까 합니다. 그는 이렇게 말합니다. "내 시작점은 항상 당파성, 부당함에 대한 인식이다. … (내가 글을 쓰는 것은) 폭로하고자 하는 어떤 거짓말이 있기 때문이다."[1] 선생님의 시작점은 무엇입니까?

뭐라 말하기 참 어렵군요. 내가 쓰는 글의 많은 부분은 과학적인 것이고 그 시작점은 이런저런 문제와 수수께끼, 그리고 ― 내가 최근에 낸 책제목을 빌리면 ― 우리가 어떤 종류의 존재인지를 이해하고 싶은 욕구입니다.[2] 나머지는 국내적으로나 국제적으로 세상에서 일어나고 있는 일들에 관한 것입니다. 그중에서도 면밀히 살펴볼 만한 충분한 의미가 있는데 오해하기 쉽게 기술되거나 허위로 기술되는 것들에 관한 것이죠.

선생님과 스티븐 호킹(Stephen Hawking) 박사를 비롯한 여러 분들이 인공지능(AI) 군비경쟁에 대한 경고를 담은 청원서에 서명을 하셨죠.[3]

내 생각에 그 청원서를 처음 주도한 사람은 MIT의 이론물리학자 맥스 테그마크(Max Tegmark)였지 싶습니다. 주된 관심사는 자동화된 군비체계에 관한 것입니다. 그것은 극히 위험한 것이니까요. 자동화된 체계는 기술적으로 인상적인 일들을 다수 해낼 수 있지만, 판단이 중요해지는 때가 올 수도 있는 법인데 그 체계에는 판단이 배제되어 있거든요. 미사일과 핵 시스템이 자동화된다면, 오류가 발생할 수도 있는데 그때 인간의 개입이 없다면, 당연히 그런 오류가 치명적인 것이 될 수 있겠죠. 그 시스템들이 자동화되면 될수록 인간이 제어할 수 있는 가능성은 점점 더 줄어드는 것입니다.

청원서에는 이로운 인공지능에 관한 내용도 들어 있습니다. 인공지능이 어떤 면에서 도움이 될 수 있다고 생각하십니까?

로봇에게 집을 청소하고 밥을 하고 운전을 하도록 시킬 수 있다면 근사하겠죠. 로봇은 쓸모 있는 — 실은, 때로는 아주 쓸모가 큰 — 역할을 할 수 있습니다. 예를 들어 방사능처럼 위험이 수반되는 극히 위험한 작업을 인간 대신 할 수 있겠죠. 그게 아니더라도 그냥 반복되는 지루한 일을 대신 할 수도 있겠고요. 우리가 충만하고 제대로 된, 생산적인 삶을 영위할 가능성을 높여주는 시스템은 무엇이든 당연히 환영해야 할 것이라고 봅니다.

우리는 현재 2차대전 종전 이래 역사상 가장 규모가 큰 이주 사태를 목격하고 있습니다. 이렇게 눈앞에서 전개되고 있는 인간적 대재앙에 대해 선생님은 어떤 생각을 갖고 계십니까?

불행하게도 그런 재앙이 여럿 일어나고 있습니다. 물론 그 규모를 과장해서는 안되겠지만 말입니다. 휴먼라이츠워치의 케네스 로스(Kenneth Roth)가 최근 지적하기를, 유럽으로 오려 시도할 것으로 보이는 난민의 수를 모두 합해도 그 수가 전체 인구의 1%에 미치지 못한다고 했습니다.[4]

전세계 인구 말입니까?

아니오, 유럽 인구의 1%요. 독일 같은 몇몇 나라에는 인구유입이 경제적, 사회적으로 아주 반가운 현상입니다. 난민, 특히 시리아 출신 난민은 기술을 지닌 교육받은 중산층 사람들이에요. 독일은 인구구성상의 문제를 안고 있습니다. 독일 사회는 출생률이 저하되면서 기술을 갖춘 젊은 사람들이 모자라는 형편이지요. 독일이 유럽 다른 나라들에 비해 상당히 난민을 환영하는 입장을 취하는 이유 중의 하나가 바로 그것입니다.

다른 몇몇 나라들도 난민을 받아들여왔지요. 그렇지 않습니까?

그렇습니다. 예를 들자면 레바논이 있지요. 작고 가난한 나라입니다. 지금은 인구의 대략 4분의 1이 난민일 겁니다. 이란도 난민을 받아들입니다. 요르단도 많은 난민을 받아들이고 있고요. 터키도 엄청난 수의 시리아 난민을 받아들여왔지요. 사실 시리아도, 내전이 시작되기 전까지는 난민을 많이 받고 있었습니다.

난민을 발생시키는 나라들도 있습니다. 미국의 이라크 침공은 ISIS의 부상을 포함해 온갖 종류의 위기를 촉발시킨데다 수많은 난민을 만들어냈습니다. 정확히 그 수가 얼마인지를 아는 사람은 없지만 아마 100만, 200만은 될 것입니다. 거기에 나라 안에서 터전을 잃은 사람들도 몇백만이고요. 이라크를 떠나오는 난민들이 있습니다.[5] 아프가니스탄을 빠져나오는 사람들도 있고요. 우리가 리비아를 박살낸 후로 그 나라를 뜨는 난민들도 있지요.

이렇게 보니, 난민을 받아들이는 나라가 있고, 난민을 발생시키는 나라가 있는가 하면, 또 난민을 발생시키면서도 그들을 받아들이기를 거부하는 나라도 있네요. 우리나라같이 말입니다. 우리가 그 지역에서 온 난민 몇천명을 받아들일 수는 있겠지만 우리가 그곳에서 벌인 행위 때문에 생겨난 난민 숫자에는 턱없이 모자랄 것입니다. 규모가 우리보다 작아서 그렇지, 영국과 프랑스에 대해서도 같은 얘기를 할 수 있겠죠.

잊지 마세요. 난민들이 이곳으로 오고 있는 것은 원해서가 아닙니다. 사실, 유엔도 난민들이 그들이 원하는 곳에, 원래 태어난 나라 근처에 머물도록 도울 수 있는 인도주의적 원조를 호소해왔습니다. 그러나 그들이 받고 있는 원조는 그들이 요청한 것의 절반 정도에 지나지 않습니다.[6] 난민 문제에 접근하는 가장 건설적이고 인도적인 방식은 그들이 자기 나라 안에, 또는 그 근처에 머물게 해주는 것입니다. 이것은 원조와 구호, 그리고 정직하게 하자면 배상을 제공한다는 얘기가 됩니다. 왜냐하면 우리는 이 피난과 이주 사태의 원인과 크게 관련되어 있기 때문입니다.

2014년에 시작된, 미국 난민 사태라 불린 시기 동안, 난민 중 가장 많은 수를 차지했던 집단은 온두라스를 떠나온 사람들이었습니다.[7] 왜 온두라스였을까요? 글쎄요, 온두라스가 대체로 폭력과 파괴가 난무하는 가난한 나라이긴 하지요. 그러나 폭력이 극적으로 급증한 것은 2009년 이후였습니다. 의회제 정부가 군사쿠데타에 전복당한 해였지요. 미국은 그 쿠데타를 지지하고 정당화해준 거의 유일한 나라였습니다. 쿠데타로 살해와 억압이 급격하게 증가했고, 그러자 사람들이 도망쳐나오기 시작한 것입니다. 군사쿠데타를 지지하는 짓 따위를 하면 댓가가 따르는 법입니다. 리비아를 폭격하고 파괴했을 때, 또는 이라크를 침공해서 산산조각 냈을 때 그에 따른 결과가 있었듯이 말이죠.

아프리카, 특히 사하라 이남의 아프리카는 우리 시야에서 상당히 비껴나 있습니다. 하지만 그곳 역시 엄청난 살육과 전쟁과 파괴가 벌어지고 있는 현장이지요. 거기서 벌어지는 일에 대해서는 왜 이렇게 들리는 소리가 적은 걸까요?

꽤 많은 미군 병력이 그곳에 주둔하고 있습니다. 언론인 닉 터스(Nick Turse)가 폭로한 그대로지요. 하지만 그곳 상황은 당신이 말한 대로 우리 시야를 벗어나 있어요.[8] 아프리카에서 미국이 벌이고 있는 군사작전은 상대적으로 규모가 작고 그에 포함된 병력도 그다지 많지 않으니 그에 관한 얘기가 들리지 않는 것이죠. 사실, 우리 귀에 거의 들어오지 않는 만행들은 얼마든지 있습니다. 예를 들어 동콩고에 대한 얘기를 우리는 얼마나 많이 듣고 있나요? 그곳이야말로 아마도 세계 최악의 참사가 벌어지고 있는 곳일 텐데요. 벌써 수백만의 사람들이 죽임을 당했습니다.

무엇이 보도될지 말지를 선택하는 것은 이곳의 특수한 이해관계와 관련이 있습니다. 그 일이 중요한지와는 전혀 상관이 없어요.

그렇게 보면, 사우디아라비아도 눈에 번히 보이는데 외면하고 있는 문제 중 하나겠지요. 그 나라의 실제 정책에 대해서 충분한 검토가 제대로 이루어지지 않고 있으니까요.

사우디아라비아는 폭력적이고 호전적인 국가입니다. 사우디아라비아의 예멘 폭격은 그 지역에 인도주의 측면에서 매우 심각한 위기를 가중시키고 있습니다. 그냥 폭격이 아니라 무차별 폭격을 가하고 있기 때문입니다.

힐러리 클린턴은 엄밀히 보아 급진주의자가 아님에도 불구하고 "사우디아라비아의 기부자들이 전세계 수니파 테러집단의 가장 중요한 자금원을 이

루고 있다"라고 했습니다.[9] 봉건성, 동성애혐오, 여성차별을 특징으로 하는 이런 정권이 어떻게 미국의 주요 동맹국이 되어버린 걸까요?

그런 상황을 설명하는 두 글자짜리 단어가 있지요. '석유.' 사우디아라비아는 세계의 주요 산유국입니다. 게다가 그들은 고분고분 말을 잘 듣죠. 사우디아라비아는 족벌이 운영하는 독재정 국가입니다. 1930년대에 그곳에서 상당량의 석유가 발견된 이래로 그 나라는 쭉 주요 동맹국이었습니다. 실제로 2차대전 동안에는 누가 사우디아라비아를 장악할 것인가를 놓고 영국과 미국 사이에 갈등이 일기도 했었죠. 전쟁 전까지는 영국이 그 지역의 주요 당사국이었지만, 미국이 그들을 제치고 사우디아라비아의 막대한 석유이권을 차지한 것입니다. 워싱턴은 여전히 사우디아라비아에서 지배력을 유지하고 있으며 그들에게 수백억 달러어치의 무기를 보내주고 있습니다.

힐러리 클린턴의 말이 옳습니다. 사실, 유럽의회 위원회도 본질적으로 동일한 결론을 내렸어요. 사우디의 자금지원이 급진적 지하드 운동의 주요 재원이라는 것이죠.[10] 그리고 사우디아라비아는 지극히 과격한 근본주의 국가이기도 합니다. 영국인들은 이 지역을 관리할 당시 세속적 민족주의보다는 급진적 이슬람을 지지하는 경향을 보였습니다. 그리고 미국인들도 이 지역을 넘겨받아서는 같은 패턴을 따랐지요.[11] 일리가 있어요. 급진적 이슬람은 세속적 민족주의보다는 훨씬 더 자연스럽게 동맹이 될 수 있는 존재였습니다. 세속적 민족주의는 그 정부가 자기 나라 국민을 위해 자원을 이용하려 할지도 모른다는 위험을 안고 있습니다. 급진적 이슬람은 그 나름의 종교적 광신이 있기는 하지만 본질적으로 제국주의 지배에 반하는 것은 아니죠. 사실, 제국주의 지배에 의존하는 경우도 자주 있습니다.

미국이 이스라엘과 맺고 있는, 국제관행상 전례가 없는 특별한 관계도 이렇게 보면 그 의미가 확실히 드러납니다. 미국과 이스라엘이 항상 적당히 가까운 관계를 유지하다가 그 기조가 통상의 수준을 월등히 넘어서는 것은 1967년이 되어서의 일입니다. 이스라엘이 미국과 사우디아라비아에 엄청나게 큰일 하나를 해준 해였죠. 당시 중요한 분쟁이 벌어졌습니다. 사우디아라비아와 이집트 간의 전쟁 말입니다. 그때 그들이 서로 싸우던 현장은 예멘이었으나 그 분쟁의 의미는 그 지역을 훌쩍 넘어서는 것이었습니다. 누가 아랍 이슬람세계의 지배자가 될 것인가? 이집트는 아랍 사회에서 세속적 민족주의의 중심이었고, 반면 사우디아라비아는 급진적 근본주의 이슬람의 중심이었습니다.

이스라엘이 그 문제에 종지부를 찍었습니다. 세속적 민족주의 국가인 이집트와 시리아를 박살내고 세속적 민족주의를 궤멸시킨 것입니다. 그 두 나라 정부가 특별히 매력적이었다는 얘기는 아니지만, 그 정부들은 세속적 민족주의자들에 의해 관리되고 있었죠. 그리고 미국과 이스라엘의 관계가 근본적으로 변해버린 것이 바로 그 시점입니다.

워싱턴에 있는 주요한 이스라엘 로비단체인 미국이스라엘공공문제위원회

(AIPAC)는 이란 핵협상을 "뼈아픈 패배"라고 평가해왔습니다.[12] 선생님도 그런 식으로 보시는지요?

이번 경우는 좀 특이합니다. AIPAC만 그 협상에 반대한 것이 아니었죠. 놀랍게도 공화당 의원 100%가 반대했고 그렇게 표를 던졌습니다. 이렇게 당의 노선에 전력을 다하는 태도는 정당에서는 흔히 볼 수 없는 것입니다. 하나의 예외가 있다면 구공산당 정도겠죠. 구공산당에서는 모두가 같은 노선을 따라야만 했습니다. 공화당이 더이상 정상적 의미에서의 정당이 아니게 되었다는 하나의 증거를 여기서 볼 수 있지 않을까요?

그럼 그들은 왜 이란 핵협상에 반대했을까요? 그들은 어느정도까지는, 그저 오바마가 당선된 이후 공화당이 취해온 기본 원칙에 충실하게 행동하고 있었다고 할 수 있습니다. 오바마와 함께 오바마 행정부의 업적으로 보일 만한 모든 것을 부숴버리자는 것이죠. 만약 이란 핵협상을 한 사람이 오바마가 아니었다면 그들은 아마 찬성했을 겁니다.

그들의 반대는 또한 공화당의 기반이 발달해온 방식과도 관련이 있습니다. 전에도 얘기했듯이, 그들은 아주 부유한 계층과 기업계의 이익에만 충실한 그들의 실제 정책에 근거해서는 표를 얻을 수 없습니다. 그래서 그들은 복음주의적 기독교도와 극단적 순혈주의자들, 그리고 지난 세대의 신자유주의 정책으로 상처 입은 사람들을 동원해왔습니다. 아닌 게 아니라 남성 노동자들의 실질임금이 1960년대 수준으로 후퇴했지요. 중위권 가계의 자산도 최근

몇 년에 걸쳐 실제로 감소해왔습니다.[13] 분노하고 낙심한 사람들이 넘쳐납니다.

이런 기반은 쉽게 동원됩니다. 특히 종교적 구성원들은 더 그렇습니다. 복음주의자들은 아마도 지금 공화당 기반의 대다수이거나 그게 아니더라도 대다수에 가까울 것입니다. 그들에게는 무슬림 침략자들에 맞서 이스라엘을 보호하는 것이 하나의 종교적 교의 같은 것입니다. 어쨌든 성서는 그들에게 그렇게 말하고 있으니까요. 그들에게는 그것에 관한 온갖 종말론적 이론이 있습니다.

바로 이 집단이 이란 핵협상으로 패배를 맛본 세력인데, 이 패배는 일시적인 것일 뿐입니다. 공화당은 실제로 의회 내 다수를, 과반을 넉넉히 넘는 숫자를 차지하고 있습니다. 오바마가 이란 핵협상을 밀어붙일 수 있었던 것은 그들 다수에 맞설 수 있는 거부권을 가지고 있었기 때문입니다. 물어볼 필요도 없이 공화당은 이 협상의 약정들을 훼손하려고 끊임없이 시도할 것입니다. 그리고 그들은 이란이 미국과의 합의에서 몸을 빼게 만들 수 있는 조치들—제재 강화나 다른 국가들에 대한 2차 제재—을 시행하는 데에 성공할지도 모릅니다. 가능한 얘기예요.

그러나 그것이 이 협상의 끝을 의미하지도 않고 그럴 필요도 없습니다. 잊지 마세요. 이것은 이란과 미국 사이의 협상이 아니라, 이란과 안전보장이사회 상임이사국 다섯 나라에 독일을 더한, 이른바 P5+1 사이의 협상입니다. 예를 들어 프랑스는 이란에 농산물 교역공관을 설치해놓았습니다.[14] 프랑스도 중국과 인도의 대열에 합류한 것이죠. 뒤의 두 나라는 지난 수년 동안 대금지불 대신 구상무역을 이용한다든지 하는 방식으로 미국의 제재조치를 우회하는 다양한 방법을 강구해왔거든요.

전세계가 거의 일치하여, 이란은 그 어떤 핵에너지 프로그램도 가질 수 없다는 미국의 입장에 반대하고 있습니다. 비동맹국가들도 이란의 핵 프로그램을 시작부터 강력하게 지지해왔습니다. 서구 사회에서는 무시당하고 있지만 사실 그들은 세계 인구의 대다수를 대표하고 있지요. 이 문제에 관해서는 미국이 완전히 고립되는 것으로 상황이 종결될 수도 있어요. 그렇게 된다고 해도 그리 특이한 경우라고 할 수는 없겠죠. 다른 많은 문제들에서도 그랬으니까요.

주요 신문 전면광고나 TV광고 등 이 협상에 반대하는 캠페인에 수백만 달러가 쓰였습니다. 하지만 성공하지는 못했죠.

의회를 설득해서 넉넉한 과반수를 얻는 것에는 성공했지요. 여론을 바꾸는 데에도 성공했고요. 여론조사를 훑어보면 처음에는 대중들이 이 협상에 우호적이었습니다. 몇달 동안 선전 캠페인이 진행되면서 지지가 줄어들었죠. 마지막으로 본 여론조사에는 의견이 50 대 50으로 갈렸거나 심지어는 반대의견이 약간 높은 것으로 나와 있었습니다.[15] 그러니 협상 반대세력이 그들 입장에 대한 대중의 지지를 얻는 데에 성공한 게 맞겠지요. 의회의 지지는 물론이고요. 대통령이 거부한 법안을 재가결하는 일은 성사시키지 못했지만, 그들은 지금 자기들이 실시하고 있는 ─ 제재조치 같은—여러 종류의 조치들을 이용해 이 협상을 확실히 훼손할 수 있는 시점에 도달해 있습니다. 그리고 그들은 꽤 공공연하게 이 점을 밝히고 있어요. 앞으로 뭘 할지도 드러내놓고 밝히지 않았습니까?

공화당 예비경선에서 오가는 얘기를 듣는 일은 고문이나 다름없지만, 그곳의 논쟁은 이렇게 진행됩니다. 내가 당선되면 바로 이란을 폭격할 것인가, 아니면—이게 더 온건한 입장인데—1차 각료회의까지 기다렸다가 그다음에 폭격할 것인가?[16] AIPAC과—AIPAC만이 아니라—그를 중심으로 한 연합세력 전체가 성공하지 못했다고 한다면 사태를 좀 호도하는 것이죠.

이번 이란 핵협상이 시작되던 시기에 텔아비브와 워싱턴의 관계가 사상 최고로 나빴다는 얘기, 현재 이스라엘과 미국 사이를 갈라놓는 중대한 불화가 있었다는 얘기가 돌고 있습니다. 어느정도 일리가 있는 얘기일까요?

거의 없다고 봐야죠. 사실 오바마는 역사상 가장 친이스라엘적인 대통령일 겁니다. 극단주의자들이 보기엔 그도 충분치 않겠지만요. 이 점은, 2008년 내가 그의 웹사이트에서 따온 말만 가지고도 지적했듯이, 그의 첫번째 선거 이전에도 명백했습니다.[17] 그의 정치적 이력은 아주 빈약한 편인데, 그가 상원의원으로서 했던 중요한 일 중 하나로, 자신의 진짜 업적으로 광고했던 것이 이스라엘의 레바논 침공과 관련된 일이었습니다. 그는 미국이 이스라엘의 레바논 침략을 방해할 만한 어떤 일도 해서는 안된다는, 더 나아가 그 침략에 반대하는 사람을 처벌해야 한다는 결의안을 공동 발의했습니다. 상당히 극단적인 의견이지요. 악랄한 침공이었는데 말입니다.

그리고 그는 대통령이 되어서도 같은 노선을 견지합니다. 예를 들어 2011년 2월 오바마는 이스라엘이 정착촌을 확장해서는 안된다는 미국 공식 정책의 채택을 촉구하는 결의안에 거부권을 행사했습니다.[18] 물론 여기서 확장은 이차적인 문제입니다. 진짜 문제는 정착촌 그 자체지요. 이 결의안은 확장 중단을 촉구했고 또한 정착촌의 불법성에도 주목했습니다. 그 문제를 모르는 사람은 없었어요. 그런데 오바마가 거부권을 행사한 거예요.

2015년 여름에는 훨씬 더 중요한 일이 벌어졌는데, 이 일은 거의 언급도 되지 않았습니다. 5년마다 핵확산금지조약(NPT) 참가국들은 평가회의를 갖습니다. NPT의 존속은 중동에 비핵지대를 확립하는 일이 제대로 진전되는지에 달려 있다고 보아야 합니다. 바로 중동 지역에 대량살상무기(WMD)에서 자유로운 지대를 구축하자고 강력 주장해왔던 아랍 국가들이 발의한 내용입니다.

이스라엘은 핵무기를 보유한 국가지만 NPT 서명국은 아니지요.

이스라엘과 파키스탄, 인도 — 모두 미국의 지지를 받는 핵보유국입니다만 — 는 서명국이 아닙니다. 5년마다 이 문제가 NPT 회의에 등장합니다. 2005년 회의 때 부시 행정부는 그냥 불참했습니다. 2010년에 오바마는 핵무기 없는 중동에 대한 논의를 아예 막아

섰고요. 2015년에도 같은 일을 되풀이했지요.[19] 미국이 이런저런 구실을 댔지만 진짜 동기는 이스라엘의 핵무기가 사찰과 감시를 받지 않도록 막으려는 데에 있음을 모두 알고 있었습니다. 상당히 심각한 상황입니다. 그런 태도는 중동 지역에 심각한 불안정성을 낳기도 하거니와, 거기서 그치지 않고 NPT 자체를 붕괴시킬지도 모르기 때문입니다.

이렇게 오바마의 입장은 그 지역에 대한 이스라엘의 군사적 지배를 아주 강력하게 옹호하는 태도를 보여줍니다. 이스라엘이 극우 쪽으로 치달으면서 그의 견해 중 일부는 현재 〔이스라엘에〕 적대적인 것으로 비치기도 합니다. 하지만 그런 것은 이스라엘에서 벌어진 일에 대한 논평 정도에 그친다고 봐야겠죠.

다른 주제로 넘어가보죠. 콜로라도와 워싱턴, 오리건, 캘리포니아 주에서 시행되는 마리화나의 부분적 비범죄화에 대해 어떻게 생각하십니까?

한참 전에 이루어졌어야 할 일입니다. 마약을 범죄로 처벌하는 것은 사회적 재앙이 되어왔지요. 징역형이 대대적으로 증가한 주요 원인입니다. 미국이라는 나라는 사람을 감옥에 처넣는 것에서는 세상 그 어디보다 훨씬 앞서 있습니다. 경찰력 행사에서부터 선고 관행에 이르기까지 모든 과정에서 확연히 보이듯 그 시스템에는 인종차별이 뿌리 깊게 배어 있습니다. 사람들이 감옥에서 풀려난 후에도 그로 인한 폐해는 막심합니다. 마약소지 전과가 있는 사람은, 그것이 비폭력 범죄임에도 불구하고, 공공주택에 입주한다든지 직장을 구한다든지 하는 일들을 할 수가 없습니다. 우리가 해야 할 유일하게 합리적인 일은 적어도 연성마약만이라도 비범죄화하는 것입니다.

담배를 생각해보세요. 담배는 마리화나보다, 심지어는 강성마약보다도 더 치명적입니다. 담배 소비가 점점 줄어들고는 있지만 그것도 계급에 따라 차이가 있지요. 그러니 이제 그 문제는 거의 계급 문제에 가까워졌습니다. 어느정도 기득권을 지닌 교육받은 사람들은 20, 30년 전에 비해 흡연 가능성이 현저히 낮습니다. 담배는 범죄로 처벌되지 않지요. 그 대신에 교육적인 방법을 통해 더 건강한 생활방식과 더 양호한 식습관 등등을 가져왔습니다. 담배 소비 감소도 그 일환이고요.

음주도 같은 범주에 넣으시겠습니까?

음주 역시 계급 문제에 아주 가깝습니다. 그것 또한 마약보다 훨씬 더 치명적이에요. 게다가 술과 담배가 지독하게 해로운 것은 그것을 소비하는 사람들에게만이 아니지 않습니까? 소비하지 않는 사람들 역시 큰 피해를 입거든요. 당신이 마리화나를 피운다고 해서 당신 이외의 다른 사람에게 해를 끼치지는 않지요. 하지만 술을 마시면 주위 사람들을 못살게 굴거나 폭력을 쓸지도 모릅니다. 술 때문에 음주를 하지도 않은 사람들이 사망하는 경우도 많이 생깁니다. 자동차 사고나 살인 같은 사건들 말입니다. 하지만 음주 역시 불법으로 처벌받지 않지요. 알코올 소비도 어느정도는 교육적 방법을 통해 제어되고 있는 것입니다.

프란치스꼬 교황의 환경에 관한 회칙 「찬미 받으소서(Laudato Si')」가 어느정도 반향을 불러일으켰습니다. 교황은 "기후변화는 심대한 함의를 갖는 지구적 문제다"라고 쓰고 "전례 없는 생태계 파괴와 그것이 우리 모두에게 몰고 올 심각한 결과"에 대해 경고했지요.[20] 화석연료에서 벗어나자는 운동이 있습니다. 그렇게 벗어나는 활동들이 제때 이루어지고 있는 걸까요?

그런 활동이 중요하긴 하지만 그것으로는 지금 꼭 해야 할 일의 근처에도 가지 못합니다. 지금껏 알려진 것보다 훨씬 더 큰 위협이 존재합니다. 과학 보고서들은 파괴의 속도가 지금도 이미 두려울 정도이며, 그 속도가 언제든 느닷없이 훨씬 더 급격하게, 비약적으로 빨라질 수 있다고 기술하고 있습니다. 그러지 않는다 할지라도, 그저 예측한 대로 정상적인 속도로 진행된다고 할지라도, 그리 멀지 않은 미래에 해수면 상승이 일어날 가능성이 높습니다. 이런 사태는 해안평야가 있는 방글라데시 같은 나라와 상당 지역이 물에 잠기게 될 보스턴 같은 도시에는 엄청나게 파괴적인 결과를 가져올 수 있습니다.

『가디언』의 기사에 따르면 "세계 최대의 석유회사 엑손모빌은 일찍이 1981년 기후변화에 대해 알고 있었다. 기후변화가 공공의 쟁점이 되기 7년 전부터이다. … 그럼에도 불구하고 이 회사는 기후변화를 부정하는 의견을 조장하기 위해" 이후 수십년 동안 "수백만 달러를 썼다"고 합니다.[21]

시장경제 사회에서는 그런 일이 일어남 직하지요. 기업은 자선 단체가 아닙니다. 그럴 수가 없어요. 그렇게 된다면 살아남지 못할 겁니다. 그들은 이윤과 시장지배에 전념합니다. 건강보험도 마찬가지입니다. 만약 그것을 사기업의 손에 넘겨주면 그 기업은 거기서 돈을 벌려고 노력하겠지요. 건강에는 관심을 두지 않을 겁니다.

그 말씀을 들으니 '카약티비스트' 시위가 벌어지던 시애틀에서 본 플래카드가 생각나는군요.[22] 시위자들은 석유 시추를 위해 북극으로 가려던 쉘사(社)의 굴착장비를 막으려 애썼습니다. 그들이 들고 있던 플래카드엔 "좋은 행성은 찾기 어렵다"라고 쓰여 있었습니다. 기후변화와 관련하여 개인이 할 수 있는 일은 뭐가 있을까요? 재활용 같은 일 이상의 무언가 말입니다.

재활용도 할 만한 가치가 있는 일입니다. 그 자체로도 가치가 있는데다 상징적 이유도 있으니까요. 시민불복종 운동과 비슷한 점이 있어요. 개별 행동 그 자체로는 목적을 이루지 못할 수 있으나 그 행동이 다른 사람들로 하여금 더 많은 행동을 하도록 고무하는 작용을 하지요. 그러나 궁극적으로는 개인의 활동을 넘어 집단행동으로 나아가야 합니다. 우리가 사는 세상에서 집단행동이란 국가들이 하는 행동을 의미합니다. 그래서 국민들이 국가가 그런 행동을 하도록 밀어붙일 필요가 있는 것이고요.

유엔이 그런 식의 변화를 가져올 수 있는 조직으로 기능하리라고 보십니까?

아니오. 유엔은 강대국들이 허용하는 선까지만 행동할 수 있을 뿐입니다. 독립적인 기관이 아니에요. 따라서 "유엔이 뭔가를 할 수 있을까?"라고 묻는 것은 사실 "미국이 뭔가가 이루어지도록 허용할 것인가?"라고 묻는 것과 다르지 않습니다.

폭스바겐은 자사에서 만든 차 수백만대에 배출가스 검사를 속여넘길 소프트웨어를 사용했다는 사실을 인정했습니다. 지엠은 자동차에 결함이 있는 점화 스위치를 달았다는 사실이 밝혀졌고요. 지엠사가 그 사실을 알고도 은폐하는 바람에 120명 이상의 사람이 사망하는 사태가 벌어졌지요. 그 피해자 중 한명, 열여섯살짜리 소녀의 어머니인 로라 크리스천(Laura Christian)은 "그 무엇으로도 내 딸을 되찾을 수는 없겠지만, 자동차회사 경영진이 기업의 이익만을 따지지 않고 대중들에게 책임을 지는 시스템을 갖출 필요가 있다"라고 말했습니다.[23]

자동차회사 경영진만이 아니지요. 거대 제약회사인 존슨앤드존슨도 처방에 틀린 표기를 한 것 때문에 수십억 달러의 벌금을 내게 될 것으로 보입니다.[24] 금융기관들도 대중들의 돈을 훔친 죄로 수십억 달러의 벌금을 물고 있고요. 그러나 그게 바로 자본주의의 본질입니다. 할 수 있는 한 많이 훔치려 한다는 것 말이지요. 거대한 이윤을 추구하는데, 이윤을 낼 방법 중 하나가 속이는 것이거든요. 그러다가 만약 들통이 나서 벌금을 물게 된다면, 글쎄요, 그건 단지 사업상 비용일 뿐인 것이죠.

그 사람들은 벌금을 내기는 합니다만 감옥에 가는 경우는 없습니다.

신자유주의적 태도와 정책이 확대됨에 따라 처벌받지 않고 빠져나가는 경우가 늘고 있지요. 과거에도 늘 그랬던 것은 아닙니다. 레이건 시절의 저축대출조합 스캔들*을 돌이켜보면, 그때는 꽤 많은 사람들이 감옥에 갔습니다. 그리 오래전 일도 아니에요.

버니 샌더스(Bernie Sanders)가 소득불평등과 약탈적 경제체제에 대해 줄곧 얘기해오고 있는데요, 선생님이 말씀하시는 바와 겹치는 부분이 많은 것 같더군요. 그의 앞날을 어떻게 전망하시는지요?

샌더스가 정치자금은 거의 기부받지 못하다시피 하면서 이렇게 많은 대중적 지지를 얻고 있는 걸 보면 흥미롭습니다. 그에겐 10억 달러 정도는 쾌척할 셸던 애덜슨(Sheldon Adelson) 같은 사람이 없는 게 확실하니까요.

그의 정책 중 이런저런 것에 의문을 제기할 사람도 있겠지만, 그가 중요한 쟁점들이 다수 대중의 관심을 받도록 만들고 있다는

● 링컨 저축대부협회(Lincoln Savings and Loan Association)의 운영자 찰스 키팅 (Charles Keating)이 수만명의 고객에게 부실채권을 팔거나 장부를 조작하는 등 불법행위를 하다가 1989년 결국 파산함으로써 미국 금융계와 정계에 큰 충격을 준 사건. 이 기업 부실을 구제하기 위해 들어간 공적 자금 26억 달러는 고스란히 정부의 손실로 돌아왔다.

점은 인정해야 한다고 봅니다. 어쩌면 민주당 주류가 약간 더 진보적인 방향을 향하도록 압박하고 있는 것일 수도 있겠죠.

그러나 그의 전망은 우리 같은 체제하에서는 상당히 제한적일 수밖에 없습니다. 금권정치에 가까운 돈 선거가 판치는 시스템이니까요. 샌더스가 이런 것을 뚫고 승리할 가능성은 희박합니다. 그러나 설령 무슨 기적과도 같이 그런 일이 일어난다고 해도, 그가 할 수 있는 일은 많지 않을 것입니다. 그에게는 정치적 조직이 없습니다. 자기를 밀어줄 의원들을 확보할 수 없겠죠. 관료사회도 장악하지 못할 겁니다. 주지사도, 주의회도, 그밖의 다른 것들도 갖추기 어려울 테고요. 정책을 세우는 데에 필요한 모든 것이 부족할 것입니다.

집중화된 사적 권력은 이 모든 지원체계를 든든히 갖춘 사람이라 하더라도 막아설 수 있을 정도로 막강합니다. 그러니 샌더스가 주요 정책을 하나라도 제대로 실행할 가능성은 아주 낮을 것입니다. 대규모 정치운동이 그의 뒤를 받쳐주지 않는다면 말입니다.

샌더스측 캠프의 진정한 희망은 예비경선이 끝난 후에도 ─ 그가 후보 지명을 받지는 못할 것이라고 예상됩니다만 ─ 그를 지지하는 대중운동이 살아남아서 성장하고 발전하리라는 것입니다. 그런 움직임이라면 중요한 의미를 지닐 수 있겠죠.

선생님 연구실로 걸어오는 길에 다른 MIT 교수와 얘기를 나눌 기회가 있었습니다. 제가 그분께 여쭸죠. "놈 촘스키에게 한가지만 묻는다면 어떤 질문을 하시겠습니까?" 이렇게 대답하시더군요. "그분께 물어봐주세요. 어떻게

그 일을 다 하느냐고요."

우리는 많은 특권을 누리고 사는 사람들입니다. MIT건 어디건 교수로 있는 사람들 말이에요. 먹고살 만하지요. 상당히 신분보장도 되고요. 교육을 통해 단련한 자기 나름의 재주도 있습니다. 대체로 자신의 일을 스스로 조정할 수 있는 몇 안되는 직업 중의 하나가 교수입니다. 일주일에 70시간 일하겠노라고 결정할 수도 있지만 그건 대개 자기가 선택한 70시간이지요. 지켜야 할 의무도 없지 않지만 많은 일이 스스로 선택한 일입니다. 이런 세상에서는 흔치 않은 경우지요. 그래요, 문제도 있고 앞길을 가로막는 일도 생깁니다. 이런저런 사정을 불평할 수도 있고요. 하지만 우리에게 주어진 기회는 대부분의 사람들이 갖고 있는 것에 비하면 정말 엄청난 것입니다.

최근에 선생님 고향인 노스필라델피아를 다시 찾아가보셨다지요. 보시기에 어떻던가요?

실은 아내 발레리아가 내가 자란 곳이 어떤지 보고 싶다고 했어요. 그리 많이 변하지는 않았더군요.

부모님이 선생님께 엄한 편이셨습니까?

엄하셨냐고요? 그분들이 중요하다 생각하는 것에만 엄하게 하셨어요. 예를 들어, 아버지는 우리에게 올바른 밥상머리 예절을 갖추라고 강조하셨습니다. 아이스크림은 일주일에 두개만 허용되었죠. 유대인 학교에 다니고 유대교 회당에 나가고, 뭐 그랬습니다. 특별히 엄격했다고는 할 수 없지만 그 나름의 규칙은 있었습니다.

동생분인 데이비드와는 어떻게 지내셨습니까?

어른들 세상에 대한 회의와 그 세상의 불합리함에 대한 인식이 자라게 된 것은 동생이 태어나고 몇달쯤 지나고부터였습니다. 어머니는 내게 남동생이 생기면 정말로 재미있을 거라고, 내게도 놀이친구가 생기는 거라고 얘기해주셨습니다. 그러다가 이 녀석이 등장했죠. 우는 것, 나를 방해하는 것, 어머니의 관심을 뺏어가는 것 말고는 할 줄 아는 게 없는 녀석이었습니다. 나는 내 방에서도 쫓겨나 아버지 서재의 소파에서 잠을 자야 했어요. 뭐가 좋다는 건지 알 수가 없었지요.

그러던 어느날 애틀랜틱시티의 해변으로 가족끼리 산책을 나갔다가 원숭이를 데리고 있는 오르간 연주자를 만났지요. 그 원숭이는 정말 굉장했어요. 온갖 놀라운 재주를 다 부리더군요. 그래서 어머니를 돌아보며 여쭤보았죠. "동생이랑 저 원숭이랑 바꾸면 안돼요?" 어머니는 이치에 맞는 대답은 내놓지 않고 그저 웃기만 하시더군요. 그때 어른들 세계가 얼마나 엉터리 같은지를 깨달았죠. 그렇게 맞바꾸는 게 당연할 것만 같았거든요.

물론, 그 동생과도 나중에는 여느 형제자매들처럼 잘 지냈습니다. 같이 놀기도 하고 그러면서요.

여러 해 전에 선생님은 장수하는 집안이 아니라서 오래 살지는 못할 것 같다고 말씀하신 적이 있습니다. 12월이면 여든일곱이 되시는데요. 지금껏 자연의 섭리를 어떻게 속이신 겁니까?

특별히 뭘 하지는 않았습니다. 운동도 하지 않았고 오래 살려면 해야 한다는 그 모든 것들도 해본 적이 없어요.

사람이 나이가 들다보면 아픈 데도 생기고 여러 한계도 생기기 마련인데요. 그런 것들을 어떻게 관리하시는지, 또 그러면서 어떻게 작업은 작업대로 여전히 유지하시는지 궁금합니다.

당연히 이런저런 잔병치레를 했지요. 그런데 그런 것들도 발레리아를 만나서 결혼한 후로는 잠잠해졌어요. 새로운 삶을 살게 되었다고나 할까요.

인터뷰를 하시다보면 꼭 나오는 질문들이 있죠. 선생님께 희망을 주는 것은 무엇입니까?

헌신하는 사람들, 투쟁하는 사람들입니다. 우리 같은 사람들과 달리, 종종 엄청난 역경을 뚫고 사람답게 살 수 있는 공간을 만들기 위해, 더 나은 세상을 만들기 위해 노력하는 사람들입니다. 그들이 내 희망의 원천이에요.

연대와 협력은 얼마나 중요한가요?

그것이 없으면 아무것도 없는 것이죠. 이 원자화된 사회에서 개인으로 할 수 있는 일은 아무것도 없는 것이나 마찬가지입니다. 예컨대, 자동차를 모는 대신에 자전거를 타는 식으로 혼자서 노력할 수는 있겠죠. 그러나 그것은 이쑤시개로 산을 깎으려 노력하는 것과 같아요. 만약 어떤 일이 일어난다면 그것은 서로간의 도움과 연대와 공동체, 진짜로 변화를 만들어보려는 사람들의 집단적 참여에 의해서일 것입니다. 과거에도 언제나 그랬으니 미래엔 다르리라 생각할 이유가 없지요.

8장

갈등의 뿌리

알렉산더 코번(Alexander Cockburn)이 생전에 빈정거린 적이 있습니다. 20세기 미국에 닥친 가장 큰 재앙 두가지가 모두 12월 7일에 일어났는데, 그중 하나는 일본이 진주만을 공격한 사건이고 나머지 하나는 필라델피아에서 선생님이 태어나신 것이라고요.

부인할 수가 없군요. 병원 기록에 버젓이 그렇게 나와 있으니, 맞는 말이겠지요.

어쨌든, 생신 축하드립니다. 방년 여든일곱이시네요.

내가 얘기한 적 있던가요, 사실 내 이름이 출생증명서에는 잘못되어 있다고? 무슨 이유에선가 내 출생증명서를 떼어볼 일이 있어서 시청에서 사본 한 부를 받았었지요. 당시 사무원이 내 이름이

에이브럼 놈(Avram Noam)일 리가 없다고 생각했던 모양입니다. 놈이 아니라 나오미일 거라 짐작하고 그렇게 써넣은 거죠. 그러고 나서는 에이브럼도 여자 이름이어야 할 것 같으니 그 위에 손글씨로 정정을 했더군요. '에이브레인'이라고요. 그래서 지금 내 출생증명서에는 '에이브레인 나오미 촘스키'로 이름이 올라 있답니다.

1966년에 하바드에서 강연하신 적이 있죠. 그다음 해 『뉴욕 리뷰 오브 북스』에 실린 강연 말입니다. '지식인의 책무'라는 그 유명한 강연으로 정치활동 면에서도 대중들의 주목을 한몸에 받게 되신 것 아닙니까?[1] 언어학 분야에서는 이미 확실한 위치를 차지하고 계셨지만요.

이전에도 정치 관련 글들을 쓴 적이 있습니다만, 주요 저널에 실려 몇몇 활동가 이상의 많은 이들이 읽기로는 그 글이 최초였지요.

지식인의 책무라는 주제를 놓고 현 세대에 관해서는 어떤 말씀을 하시겠습니까? 이전과 많이 달라졌을까요?

역사가 기록된 이래 달라진 적이 있었을까 싶습니다. "지식인의 책무"라는 표현에는 사실 석연치 않은 구석이 있습니다. 그렇게 의도된 것이기도 하고요. 사람들이 흔히 지식인은 이런 일을 할 것이라고 예상하는, 그런 책임이 있지요. 본질적으로 궁정의 아첨꾼 노릇을 하는 것 말입니다. 그러나 정직하고 정확하며 비판적이어야 할 도덕적 책임도 있습니다. 우리가 우리 국가, 우리 사회, 또는 그게 무엇이든 어떤 것의 일부이기에 같이 책임져야 할 범죄에 집중해야 한다는 겁니다.

세계적 차원에서 미국을 움직이는 동기에 관해 선생님은 "그 문제에 다가가는 유용한 방식은 … 국제관계에 관한 전문적 자료를 읽는 것이다"라고 하십니다. 그래야 "도저히 정책이라고 할 수 없는 것"을 이해할 수 있다고요.[2]

자, 기본적으로 국제관계에 대한 이론은 두가지가 있습니다. 그중 하나는 윌슨주의식의 이상주의고, 다른 하나는 현실주의지요. 그 둘을 자세히 들여다보면 '현실주의'도 그다지 현실적이지는 않습니다. 사실 그것은 국내 체제 내에 존재하는, 권력을 규정하는 요소와 의사결정 과정 같은 핵심 요인들을 무시하는 경향이 있습니다. 한편, 윌슨식 이상주의는 모든 제국주의 세력이 품고 있던 기본적인 환상을 되풀이하는 것에 불과합니다. 우리는 예외적이다, 우리가 실수를 할지는 모르지만 우리의 의도는 항상 선하다, 뭐 그런 환상들 말입니다. 그런 것이야말로 도저히 정책이라 부르지 못할 것이지요.

최근의 인터뷰에서 미국의 정책은 "지하드 테러를 아프가니스탄의 좁은 부족 범위에서 사실상 전세계로, 서아프리카에서 레반트를 거쳐 동남아시아에 이르기까지 퍼뜨리는 데에 성공했다"라고 하셨습니다.[3] 미국의 정책이 어떻게 그런 일을 한 걸까요?

누군가가 손에 쥔 방법이 폭력에서의 비교우위를 이용하는 것 뿐이라면, 그런 사람은 항상 상황을 악화시키는 법입니다. 군사 분석가인 앤드루 코번(Andrew Cockburn)은 그런 경우 우두머리를 하나 죽일 때마다 그것을 큰 승리로 여긴다고 지적합니다.[4] 그러나 실제로는 거의 변함없이 그 우두머리 자리에 더 젊고 더 유능하며 더 폭력적인 우두머리가 앉게 되는 일이 벌어집니다. 그런 일이 계속 반복되는 것이죠.

사실 우리는 지금 지하디스트 좋은 일을 해주고 있는 겁니다. 일례로, ISIS와 알카에다는 아주 공공연하게 이런 말을 했습니다. "제발 우리를 공격하러 와달라. 십자군을 보내 우리와 싸우게 하라. 그것이 우리의 모병책이 될 것이다. 머지않아 당신들은 전 무슬림 사회와 전쟁을 하게 될 것이다." 그들이 원하는 게 바로 이런 것입니다.

ISIS를 폭격해서 산산조각 낸다고 해보죠. 그다음은 어떻게 됩니까? 군대가 귀국하는 겁니까? 미국이 해외 기지를 폐쇄할까요?

아니죠. ISIS의 자리를 무언가 더 나쁜 세력이 차지할 테니까요. 나도 정확히 무엇인지는 모르지만, 다른 조직들이 있습니다. 우리 마음에 들건 아니건, 대부분의 수니파 사회에서 ISIS는 일종의 보호와 안전을 제공하는 존재로 여겨집니다. 그리고 그들은 어떤 기준에서 보면 상당히 효율적인 전체주의 체제를 운영하고 있는 것으로 보이고요. 사담 후세인 치하의 이라크와 비슷하지요. 그는 잔인한 독재자였습니다만, 사람들은 안전을 보장받았고 교육도 받을 수 있었습니다. 입을 닫고 정치 얘기를 꺼내지 않는 한 꽤 괜찮은 삶을 누릴 수 있었던 겁니다. 사실, 대체로 아랍 사회 내 다른 어떤 곳보다 더 나은 삶이었죠. 지금 그들에게 남은 것은 전쟁 말고는 없습니다. 이 문제의 뿌리를 해결하지 못하면 같은 원인으로부터 뭔가 더 나쁜 일이 계속 솟아날 것입니다.

정책 입안자들과 미국 국가체제 관리자들이 의식적으로 갈등과 혼란을 조장하는 겁니까?

아닙니다. 리비아를 예로 들어봅시다. 무아마르 카다피(Muammar Qaddafi)는 잔인하고 흉측한 인물이었지요. 그러나 그는 부족사회로부터 일정하게 기능하는 나라를 세우는 일을 해냈습니다. 반란이 일어나자 그는 상당히 가혹하게 진압했습니다. 사람들이 천명 가까이 희생된 것 같아요. 그러자 제국주의 강국 세 나라—프랑스와 미국, 영국—가 발포 중지와 민간인 보호, 협상과 외교적 노력을 촉구하는 안보리 결의안을 강행 통과시켰습니다.[5] 좋아요. 그럼 리비아 밖의 강국들이 어떻게 했지요?

그 결의안을 위반했습니다.

카다피는 발포 중지 요구를 받아들였습니다. 그러나 제국주의 강국들은 곧바로 그것을 위반하고 반군측에 공군력을 제공했지요. 그 결과 그 나라는 파괴되었고, 사상자 수가 급격하게 늘었으며, 난민들은 아프리카에서 유럽으로 내몰렸습니다. 그들이 이런 일을 계획했을까요? 아닙니다. 그냥 그 유명한 격언대로일 뿐입니다. "손에 쥔 게 망치밖에 없으면 모든 게 못처럼 보인다." 우리 손에 망치가 있는 겁니다. 그걸로 뭔가를 후려치는 것이야말로 우리가 정말 잘하는 일이죠.

어떤 사람들은 말합니다. "이곳 군수업체들이 올리는 이익을 보라. 그것이 더 많은 기지, 더 많은 개입의 근본적 이유가 아닌가?"라고요.

그것도 한가지 요인이지요. 그러나 원천적 요인은 아니라고 봅니다. 그 원천적 요인은 자기 세력 확장이 열강의 전통적 역할이었다는 사실에 있어요. 영국도, 프랑스와 미국도 각각 오랜 제국주의 지배의 역사를 가지고 있습니다. 그래서 그들은 자기한테 어울리는 일을 하는 겁니다. 그들은 자기들이 갖고 있는 비교우위를 활용합니다. 그런데 그것이 외교적 노력이나 개발, 자유, 또는 그 비슷한 것이 전혀 아닌 겁니다. 외교, 개발, 자유 등을 입에 올리긴 합니다만, 그들이 정말로 능란하게 쓰는 것은 무력입니다. 그래서 우리에게는 합동특수작전사령부(JSOC)가 있고 특수부대와 드론이 있고 군대도 있는 겁니다. 어디든 가서 박살을 낼 수 있도록 말입니다.

매 경우마다 외교적 대안이 있기는 했습니다. 그런 대안들이 제대로 작동했을지 아닐지는 알 수가 없지만요.

시리아의 고통과 고난을 덜어줄 무슨 대안이 없을까요?

시리아의 현 상황은 끔찍합니다. 시리아 내에 괜찮은 지역이 한 군데 있지요. 쿠르드족이 있는 로자바 지역입니다. 쿠르드족은 아주 제한된 무기를 가지고 자기 지역을 성공적으로 방어해왔고 지독한 조건하에서도 제대로 기능하는, 꽤 그럴듯한 흥미로운 사회를 만들어낸 것으로 보입니다. 이 지역을 빼면 시리아는 풍비박산 상태입니다. 서로 죽고 죽이는 악당들밖에 없는 형국이지요. 알아사드 정권은 잔인하고 폭력적이며, 대부분의 죽음은 그 정권이 행하는 잔혹행위에서 기인합니다.[6] 그다음으로는 ISIS가 있지요. 또한 중요 지하드 조직이자 알카에다의 한 분파인 알누스라 전선이 있고, 또 그들과 그리 다르지 않은 아흐라르 알샴이 있습니다. 이 두 조직은 거의 뒤섞여 있는 모양새고요.

데이비드 캐머런(David Cameron) 수상이 영국 의회에 나와 시리아 폭격을 촉구하는 것을 들었습니까? 그는 시리아에서 민주주의적 자유를 위해 싸우는 7만명의 사람들을 지원해야 한다고 말했습니다. 로버트 피스크는 다음날 기사에서 캐머런이 7만명이라고 한 것인지 아니면 70명이라고 한 것인지 반문했지요.[7] 시리아에 대해서 조금이라도 아는 통신원들은 모두 캐머런의 주장을 조롱했습니다. 자유의 투사들이라고는 찾아볼 수도 없다는 것이었죠.

해결책이 무엇이냐고요? 효과가 있을 가능성은 아주 희박하지만, 선택할 수 있는 방안은 오로지 하나입니다. 그것은 바로 시리아에서 싸우고 있는 모든 집단이 참여하는 일종의 협상입니다. 협상에는 전혀 관심이 없는 ISIS는 제외해야겠지요. 이것은 진짜 괴물들 사이의 협상을 추진하자는 얘기입니다. 그들 중 누구도 마음에 들지는 않지만, 이것만이 유일한 선택지예요. 살육과 파괴를 줄이고 싶다면 이 방법밖에는 없습니다. 어쩌면 그들이 폭력을 줄여줄 국지적인 발포 중지 협정을 이루어낼지도 모르고, 모종의 과도정부를 세울 계획을 마련할지도 모릅니다. 어쩌면 궁극적으로 선거에 이를 수도 있겠죠. 다시 말하지만, 이것은 쿠르드 지역의 문제와는 별개 사안입니다. 그 지역은 우리가 가능한 모든 방법을 동원하여 보호해야만 하는 곳이니까요.

미국은 최근까지 이 전략을 방해해왔습니다. 근거는 바샤르 알아사드 같은 괴물을 협상에 참여시킬 수 없다는 것이었죠. 그러나 그런 태도는 "그들이 서로를 죽이게 내버려두자"라고 말하는 것이나 마찬가지입니다. 알아사드에 대해 어떤 생각을 갖고 있든, 그는 순순히 자살할 사람이 아닙니다. 그러니 완전파괴에 달하기 전에 이 문제를 해결하길 원한다면 그도 협상의 일부가 될 수밖에 없는 것이죠.

그러나 지금 어떤 일이 진행되고 있나요? 앞서 얘기한 것 중 하나도 이루어지는 일이 없습니다. 시리아는 지금 생존 가능한 나라로서 운명이 다할 위기에 처해 있습니다. 군사적 해법을 찾을 수 있다는 것은 바보나 품을 생각이에요.

뿌찐(Vladimir Putin)이 시리아에 개입하도록 자극한 사정은 무엇인가요?

자세히는 알 수 없지만, 대체로 CIA가 유선유도 대전차미사일을 포함한 중화기를 지하드 구성원들에게 제공한 사실이 그를 자극했던 것으로 보입니다. 이런 것들이 시리아군에 엄청난 피해를 주고 있었지요. 알아사드를 지지하는 러시아로서는 그에 상응하여 실질적 개입을 하지 않을 수 없었겠죠. 이를 증명할 길은 없지만, 우리 손에 들어온 제한된 정보에 의하면 그렇게 보이는군요.

선생님은 최근 이스라엘의 한 대학을 대상으로 스카이프를 통해 강연하셨죠. 그 일로 몇몇 사람들의 심기를 불편하게 하신 것 같습니다. 그들은 무엇 때문에 반대했던 것인가요?

사실 그곳은 반리어 예루살렘 연구소였는데, 히브리대학 근처에 있는 연구기관이지요. 그 강연은 수십년 전 세상을 뜬 이스라엘의 철학자이자 논리학자 예호슈아 바르힐렐(Yehoshua Bar-Hillel)을 추모하는 강연이었습니다. 그는 내 옛 친구이기도 합니다. 여러 해 동안 알고 지냈지요. 그 대학에서 학생들을 가르치는 그의 딸 마야가 그의 탄생 100주년을 기념하여 추모행사를 마련했던 겁니다. 나는 그와 상당히 가까웠고 그의 아내와 아이들과도 젊었을 때부터 알았지요.

여러명의 팔레스타인 지식인들이, 그중에는 친구들도 있었는데, 내게 그 강연을 취소하라고 요청해왔습니다. 원칙적으로 모든 이스라엘 대학을 보이콧해야 한다고 믿기 때문이라는 것이었어요. 나는 그 의견에 동의하지 않습니다. 남아프리카공화국의 경우에도 그런 방침에 동의하지 않았던 것과 마찬가지로 말입니다. 표적이 명확한 보이콧을 한다면 — 예를 들어 남아공의 경우라면 인종차별적 고용관행에 반대한다든지 하는 — 그것은 일리가 있지요. 그러나, 예컨대 하워드 진이 케이프타운대학에 강연을 하러 갔을 때는 그 일에서 잘못된 점을 찾을 수 없었습니다. 그것이 남아공 사람들을 위해 좋은 일이라는 것이 내 생각이었고, 그들의 생각도 같았습니다. 여하튼, 나는 취소하지 않고 반리어 추모행사에 (화상회의를 통해) 강연하겠다고 결정을 내렸습니다. 맞아요, 그래서 그 일이 몇몇 사람들의 분노를 샀지요.

아이러니 같습니다. 지난번에 팔레스타인 대학에서의 강연을 위해 팔레스타인에 갔을 때에는 이스라엘이 막아섰었거든요. 이번에는 팔레스타인 지식인들의 항의를 받았네요.

미국 제국주의의 현황은 어떻습니까? 학계와 주류 민영방송에서는 이 용어를 거의 사용할 수가 없습니다. 오늘날 어디에서 제국주의의 모습을 보시나요?

우선, 학계에 관해서는 상황이 변하고 있다는 것을 말해둬야겠습니다. 주요 외교 학술지인 『외교사』에 미국 제국주의의 기원을 찾아 최초의 식민지 개척자들까지 거슬러올라가는 내용의 매우 흥미로운 논문이 실렸습니다. 그 글은 신대륙 정복이라는 사건이 사실상 제국주의적 정복이었다는 점을 지적했지요.[8] 건국의 아버

지들이 당시를 바라본 시각이 그러했다는 것입니다. 나중에는 그
런 시각이 자취를 감췄습니다만. 이 논문은 마치 1898년이 되어서
야 제국주의가 시작된 것처럼 미국 역사를 다루는 역사가들을 호
되게 비난하고 있습니다.

이렇게 학계는 제국주의 역사를 인정하기 시작하고 있으며, 우
리가 사실상 이 대륙의 토착주민들을 절멸시켜버렸다는 사실을
자기비판적 자세로 부각시키고 있기도 합니다. 우리가 그들과 맺
은 상상할 수 있는 모든 조약을 다 위반했다는 이야기 같은 것 말
이죠. 역사가 리처드 밴 올스틴(Richard Van Alstyne)이 "떠오르
는 미 제국"이라고 불렀던 것이 바로 이것입니다. 그리고 그것은
식민지 개척자들과 함께 시작되었고요.[9]

제국주의는 기본적으로 다른 나라에 대한 지배를 의미합니다.
형식은 여러가지 다른 모습을 취하기도 하지요. 원주민에 대한 노
골적인 통치 형태를 취할 수도 있습니다. 또 정착촌 식민주의의
형태를 취할 수도 있는데, 이것이야말로 최악의 부류로, 원주민을
몰아내고 그 자리를 차지하는 방식입니다. 경제적 지배 같은 다른
형태들도 있어요. 소위 자유무역협정이라는 것들을 한번 봅시다.
북미자유무역협정(NAFTA)이나 세계무역기구(WTO)의 우루과
이라운드, 아직 제안 단계에 있는 환태평양경제동반자협정(TPP)
같은 것 말입니다. 이런 것들은 명칭은 그렇게 붙었지만 무역과는
아무런 관련이 없습니다. 그것은 대체로 투자자권리협정이거든
요. 그것들은 다국적기업과 투자자 들에게 다른 나라의 자원과 정
책, 활동에 대한 실질적인 지배를 허락하는 수단입니다. 그것을 제

국주의 지배라고 부를 수도 있고 원한다면 다른 이름으로 부를 수도 있겠죠. 명확하게 규정된 용어는 아니니까요.

오늘날 미국의 지위가 과거에 비해 더 강해졌다고 보십니까, 아니면 더 약해졌다고 보십니까?

더 약해졌지요.

그렇게 말씀하시는 이유는요?

우선, 미국의 힘은 지난 70년간 계속 내리막길을 걸어왔습니다. 2차대전이 끝날 무렵 미국의 힘은 전례가 없는 정도였습니다. 모르긴 몰라도 그때 미국은 전세계 부와 총 방위력의 절반을 보유하고 있었을 겁니다. 미국을 뺀 다른 산업사회들은 초토화된 상태였고요. 당연히 그런 상태가 영원히 지속될 수는 없었습니다. 다른 산업사회들이 재건됨에 따라, 그리고 탈식민지화가 험난한 여정을 거치며 진행됨에 따라, 세계 내의 힘은 점차로 어느정도는 분산되었습니다. 그러나 미국은 그 힘이 기울었다고는 해도 여전히 다른 나라들보다 압도적으로 강하지요.

군사 부문에서는 특히 그렇지요. 경제 영역에서는 좀 덜하고요.

군사 부문에서는 대적할 나라가 없지요. 경제적으로는 상황이 좀 복잡합니다만, 미국은 여전히 지배적인 지위에 있습니다. 그밖의 주요 경제주체인 유럽도 강력하지만, 유럽은 자기파괴적인 경제정책을 통해 스스로를 붕괴시키기로 결정했습니다. 경기침체기에 긴축을 시행하는 것은 정말로 해로운 일인데 말입니다.

구매력 면에서 보면 중국이 세계에서 가장 큰 경제규모를 지닙니다. 그러나 다른 면으로 보면 그 나라는 여전히 취약한 사회이며 1인당 소득도 상당히 낮습니다. 한 사회의 다양한 요소를 측정하는 유엔 인간개발지수를 보면, 중국은 90위에 머뭅니다.[10] 게다가 그 나라는 국내적으로 커다란 문제점들을 안고 있으며 이 문제들은 향후 계속 가중되어갈 것입니다.

노동 문제라거나 소득불평등, 환경 문제 같은 것이죠.

맞습니다. 수많은 노동분규가 있고 해마다 수천건의 쟁의행위가 일어납니다. 인구구성상의 문제도 있어요. 대략 25세에서 40세 사이의, 대규모 노동력을 제공해줄 연령대가 인구상 최고점에 달한 시기가 있었지만 그 추세도 하향곡선을 그리고 있습니다. 유럽만큼은 아니지만 그 나름 심각한 상황이죠.

중국은 기본적으로 가난한 나라이면서 대규모 수출경제를 유지하고 있습니다. 외지인들이 그 경제의 큰 몫을 소유하고 있고요. 애플이 폭스콘에서 생산한 아이폰을 수출하면 그건 중국의 수출품이라 불리긴 하겠지만, 중국이 그로 인해 얻는 것은 그리 많지 않은 실정입니다.

그럼에도 불구하고 IMF는 중국 위안화를 국제통화로 지정했습니다. 미국의 달러 및 유로, 영국의 파운드, 일본의 엔과 같은 반열에 든 것인데요.[11]

중국은 넉넉한 자본을 가지고 있습니다. 수출을 통해 많은 자본을 축적해온 것이죠. 따라서 그들은 재정 면에서 상당히 풍족하고, 다른 나라들을 훌쩍 뛰어넘을 정도로 돈을 쓰지요. 중국인들은 중앙아시아에 많은 투자를 해왔습니다. 옛날의 실크로드 비슷한 것을 서서히 다시 세우는 중입니다. 그 길들 중 몇몇은 중앙아시아를 관통하고, 거기에는 그들이 개발한 파키스탄의 큰 항구까지 포함됩니다.

과다르 말씀이시군요.

맞아요. 중국이 중동과 해로를 통해 무역을 한다면 주로 미국과 그 동맹국들이 지배하는 지역을 통과할 수밖에 없습니다. 그래서 그들은 조용히 대안을 세워온 것이죠. 과다르 항구는, 제대로 작동한다면 동중국으로 직행하는 운송체계와 송유관에 연결될 것입니다. 말하자면 석유가 중국으로 흘러들어갈 길이 마련되는 겁니다.

중국은 또한 아프리카를 비롯한 다른 곳에도 막대한 투자를 하고 있습니다. 그러나 그들이 이렇게 재정적으로 거대한 힘을 발휘하고 있어도 경제적으로는 미국과 겨룰 상대가 되지 못한다고 봅니다.

하지만 중국의 고속철로는 하나의 모델 아닌가요?

그렇죠. 물론 철로 운영에서 미국이 특히 엉망인 면도 있고요. 이곳 미국에는 효율적인 대중운송수단에 대한 이데올로기적 저항이 있습니다. 공화당이 정권을 잡은 몇몇 주에서는 고속철로를 놓는 데에 연방정부가 거저 돈을 대주겠다고 해도 그것을 거부할 정도입니다. 웃기기도 할 뿐더러 경제에도 엄청난 손해를 가져오는 짓이지요. 그러나 어떤 사람들에게는 우리가 능률적이고 효과 좋은 공공서비스를 갖지 못하게 하는 일이 아주 중요한 모양입니다. 사적 자본에 의한 지배를 유지하고 싶은 것이죠. 우리가 제대로 된 건강보험체계를 갖지 못하는 것과 같은 이유일 겁니다.

일본이 무력사용을 허용하는 방향으로 자기 나라 헌법을 수정하려 하고 있습니다.[12] 이런 행동의 의미는 무엇일까요?

그것은 매우 중요한 문제입니다. 일본에는 이른바 평화헌법이라는 것이 있습니다. 미군정하에서 강요된 제9조에는, 일본은 제국주의적 시도를 모두 포기하여야 하고 남아 있는 군사력은 오로지 자기방어에만 쓸 뿐 해외에서의 군사행동에 가담해서는 안된다고 명시되어 있습니다. 1930, 40년대를 생각해보면 그렇게 한 이유도 이해가 됩니다. 그러나 지난 몇년간 일본 국가주의 세력 내에서는 이 9조를 둘러싼 갈등이 있었습니다. 아베 신조오(安倍晋

三) 총리의 정부는 헌법을 수정하기 위해 상당히 활발하게 움직여왔고요. 그들은 9조를 폐지하지는 않았지만 일본이 자국 영토 밖의 비방어적 행동을 더 적극적으로 하는 것을 허용하도록 그것을 재해석하고 있습니다.

일본은 미국에 엄청나게 많은 군사기지를 제공하고 있습니다. 그 대부분은 오끼나와에 있는데, 이곳은 일본 영토이기는 하나 사실상 식민지와 마찬가지인 곳입니다. 오끼나와 사람들은 군사기지를 원하지 않습니다. 그러나 일본 정부는 오끼나와 주민의, 심지어는 그들이 선출한 공직자들의 의사를 묵살해왔습니다. 미국은 이번에 또다른 기지를 세우려고 계획 중입니다만 이것 역시 현지인들의 저항을 불러일으키고 있습니다.[13]

중국의 관점에서 보면, 이 모든 것은 당연히 중국을 겨냥한 것입니다. 오끼나와도 사소한 문제가 아닌 거예요. 역사가 있습니다. 우리는 알고 싶어 하지 않을지 모르나 중국인들은 똑똑히 인식하고 있는 역사 말입니다. 예를 들어볼까요? 1962년, 니끼따 흐루쇼프(Nikita Khrushchyov)가 쿠바로 미사일을 보내기 여섯달 전, 케네디는 중국을 겨냥하는 대륙간미사일을 오끼나와에 보냈습니다. 당시 인도와 중국 사이에는 소규모 국지전이 진행 중이었죠. 그리고 중국은 러시아와도 분쟁 중이었습니다. 아주 팽팽한 순간이었어요. 그래서 케네디가 그 미사일들을 오끼나와로 보낸 겁니다.[14] 물론 우리는 그런 얘기는 하지 않지요. 쿠바에 러시아 미사일이 왔었다는 얘기만 하고 오끼나와에, 터키에, 또다른 어떤 곳에 미국이 미사일을 보낸 사실에 대해서는 입을 닫고 있어요.

중국은 미국의 지배를 받는 적대적 국가들에 배치된 공격용 미사일에 둘러싸여 있습니다. 그리고 그런 무기들이 점점 늘어나고 있는 실정이지요. 사실상 미국의 군사기지로 기능하고 있는 한국의 제주도에 있는 것을 포함해서 말입니다. 이는 남중국해를 둘러싼 중국과의 대치상황을 잘 보여주는 하나의 단면입니다. 중국 역시도 다른 나라들의 영유권을 침해하는 인공섬들을 건설하는 등 공격적인 조치를 취하고 있습니다.

미국 정부가 '봉쇄' 전략을 다시 들고나오는 건가요?

다시 들고나온다니요. 끝난 적도 없었던 걸요.

선생님은 항상 평온하고 침착한 모습을 보여주시지만, 언젠가 제게 사람들 앞에서 말씀하실 때면 속이 울렁거리는 경우도 종종 있다고 하셨죠. 그렇게 평정심을 유지하시는 모습은 어디서 나온 겁니까?

아버지에게서 물려받았을지도 모르지요. 자제심이 강한 분이셨거든요. 항상 침착한 모습을 유지하셨어요. 아마 그분으로부터 온 걸까요? 모를 일이죠.

모친인 엘시는 교사셨지요. 그분이 정치적으로 활발하게 활동하셨다는 얘기를 어디선가 읽은 적이 있습니다. 맞나요?

시오니즘 문화, 히브리와 유대 문화계에서 활동하셨습니다. 하다사 여성조직에서 지식인으로서 주도적인 인물에 드실 겁니다. 정치활동도 그 조직에서 하셨죠. 어머니 쪽 집안도 정치적으로 아주 적극적이었습니다. 그들은 뉴욕에 살던 노동계급으로 대개는 실업 상태였고, 공산당을 비롯한 여러 정파에 가담하기도 했습니다.

이모님 소피의 남편인 밀턴 크라우스(Milton Kraus)도 그러셨죠?

그렇습니다. 실제로 소피 이모와 이모부는 시위에서 처음 만난 것 같아요. 소피 이모는 아마 공산당과 가까웠을지도 모르겠습니다. 확실치는 않지만요. 그러나 밀턴 이모부는 아니었어요. 그분은 그 정파에서 떨어져나와 혼자서 훨씬 왼쪽으로 가버리셨지요.

그분, 법적으로는 시각장애인 아니셨던가요?

그랬죠. 하지만 어느정도 운신도 가능했고, 애를 먹긴 했지만 책도 읽으실 수 있었어요. 사실, 독서를 많이 하셨답니다.

그리고 72번가와 브로드웨이가 만나는 지점에 있던, 이제 전설이 된 그 신문판매점을 운영하셨죠.

그분에게는 신체적 기형도 있었습니다. 곱사등에 키도 작았죠. 신문판매점도 그래서 하시게 된 겁니다. 뉴딜 장애인 지원책의 일환이었죠.

선생님은 나이 들어가면서 이스라엘에 대한 비판 논조가 더더욱 뚜렷해지셨는데, 그때문에 부모님과 얘기 나누실 때 어색하거나 어려움을 느끼신 적은 없었나요?

두분이 썩 마음에 들어하셨던 것은 아닙니다. 그 문제에 대해 아버지와 서신도 나누고 토론도 하곤 했어요. 어머니는 반대하시지 않아서 별 얘기를 할 필요가 없었지만, 아버지는 다르셨습니다. 내 의견에 동의를 안하셨던 것은 아니에요. 어느정도 동의는 하실 수 있시만 내가 얘기하는 방식이 마음에 들지 않는다는 말씀이셨습니다. 딱 부러지게 그렇게 말씀하신 것은 아니었지만요. 오래된 유대 풍습이 있답니다. 어떤 주제는 이방인 앞에서는 들먹이는 게 아니라는.

선생님의 책 『중동에 평화가?』는 1974년에 출간되었습니다. 모친은 돌아가신 후였지만 부친은 아직 생존해 계실 때였는데요.[15] 책이 나오고 나서 그것을 읽으셨던가요?

미리 몇장(章)을 보내드렸더랬지요. 몇몇장은 1960년대에 처음 쓴 것이라 그전에 보셨고요.

많은 가정에서 어머니는 더 자애로운 역할을, 아버지는 더 엄격한 역할을 맡곤 합니다. 선생님 댁에서도 그런 식이었을까요?

꼭 그렇지는 않았습니다. 아버지는 대개 일에 매여 있으시긴 했지만, 내 경우 어머니보다는 아버지와 인간적인 관계를 더 많이 가졌어요. 내가 아홉살, 열살이었을 때 우리는 히브리어 논문이나 에세이, 시 등을 읽으며 금요일 저녁 두어 시간을 같이 보내곤 했습니다.

선생님의 어린 시절 친한 친구분으로 밥 티터스(Bob Teeters)라고 있지요? 그 친구분 어머니와 선생님 부친에 관한 재미있는 일화가 있다고요.

나는 대략 두살쯤 되었을 때부터 학교에 다니기 시작했어요. 우리 부모님은 모두 히브리 학교 교사였기 때문에 오후에도 일을 하셨죠. 내가 유아일 때는 가정부인가, 나를 데리러 올 사람이 따로 있었어요. 하지만 내가 대여섯살쯤 되자, 그러니까 아마 1학년 때부터일 텐데, 오후에는 밥의 집에서 지내기 시작했습니다. 밥의 어머니가 우리를 돌봐주셨고요. 밥은 나와 같은 반이었고 학교 바로 건너편에 살고 있었지요. 우리 부모님은 히브리 학교가 끝나는 6시 30분쯤에 나를 데리러 오시곤 했습니다. 8학년이 될 때까지 계속 그렇게 하다가 그는 그대로 고등학교에 진학했고 나는 나대로 진학했지요. 그뒤론 거의 서로를 본 적이 없어요.

밥의 부모님과 우리 부모님은 막역하게 지내시긴 했지만 따로 오고 가고 하는 정도는 아니었습니다. 같이 저녁식사를 한다거나 한 적도 없었고요. 그런데 여러 해가 지나서 밥의 아버지가 돌아가시고 우리 어머니도 돌아가시고, 어쩌다보니 그의 어머니와 우리 아버지가 함께 어울리고 결국은 결혼을 하시게 된 겁니다. 그분은 중서부 출신의 기독교인이었고 상당히 반유대주의 감정을 가지고 있었습니다. 우리 가족만은 예외로 해주었지만, 대체로는 유대인을 좋아하시지 않았어요. 유대교로 개종을 하시긴 했는데 그 역시 그분이 좋아서 하신 것은 아니고 아버지가 고집하셨기 때문이었습니다. 복잡한 얘기죠. 하지만 두분은 함께 행복하게 사셨습니다.

생일행사로 뭐 계획하신 것이 있습니까?

그건 개인적인 일인데요. 말하지 않는 걸로 하지요.

인간 촘스키에 대해 관심을 갖고 있는 사람들이 있습니다.

그럴 수도 있죠. 하지만 나는 공적 생활과 나 개인의 삶 사이에 항상 선을 분명히 그어왔습니다.

9장

더 나은
사회를
향하여

2015년 사람들이 가장 많이 찾아본 단어로 '사회주의'가 올랐습니다. 또 여러 여론조사에서 18세에서 29세 사이 연령대의 청년들이 사회주의에 호의적인 시각을 가지고 있다는 결과가 나오기도 했고요.[1] 이런 상황을 놀랍게 여기시나요?

놀랍다기보다는 어떤 상황인지 아직 잘 모르겠다고 해야 할 것 같군요. 문제는 그들이 사회주의라는 말을 어떤 뜻으로 쓰느냐는 데에 있습니다. 내 짐작으로, 그들이 사회주의라 할 때는 사회민주주의 비슷한 어떤 것을 의미하는 것 같습니다. 이는 본질적으로는 뉴딜식 복지국가 자본주의인 것이고요. 만약 이런 짐작이 맞는다면 그것은 그리 놀랄 일이 아닙니다. 지난 몇년간의 여론조사를 보면 이것이 대다수 국민들이 전반적으로 지향하는 목표에 부합하는 것임을 알 수 있으니까요.

선생님은 수십년간 다양한 투쟁과 활동에 몸담아오셨습니다. 그런 경험 중에서 오늘날 교훈이 될 만하다고 느끼시는 게 있을까요?

거의 모든 활동이 다 그렇다고 봐야죠. 빈민조직화를 한번 볼까요? 그런 활동은 민권운동에서 배울 것이 아주 많습니다. 노동운동으로부터도 마찬가지고요. 종류를 불문하고 모든 조직화에는 몇몇 공통 요소가 있습니다. 몇가지 조건을 충족하는 쟁점을 찾아야 한다는 얘기입니다. 첫째, 사람들이 그 문제에 관심을 갖고 있어야 합니다. 둘째, 그 문제가 해결 가능해야 하고요. 그리고 셋째로 사람들에게 그것이 해결 가능하다는 것을 납득시킬 수 있어야 합니다. 왜냐하면 조직화를 하는 데에서 주된 장애물 중의 하나가 '시청이랑 어떻게 싸우냐?'라는 의식이기 때문입니다. 따라서 시청과 제대로 싸울 수 있다는 것을 보여줄 필요가 있는 것이죠. 조직화에 성공하는 경우에 일이 되어가는 전형적인 방식을 보면, 우선 이 정도는 이룰 수 있겠다고 사람들이 인식하는 작은 문제를 찾아서, 그것을 이룰 수 있는지를 확인하고, 그렇게 성공이 가능하다는 의식을 고취한 후, 다음 문제로 나아가는 식입니다.

얼마 전에 전해들은 실례를 얘기해보죠. 보스턴 남부의 노동계급 이민자 사회에서 활동하는 단체에 대한 것입니다. 처음에 그들은 우선 절망감을 극복하려는 의도로 아주 단순한 일부터 시작했습니다. 여성들이 조직을 갖추어 아이들의 등굣길에 신호등을 설치하도록 시를 움직이려 한 것입니다. 그들은 그 문제에 힘을 쏟아 지역 관료들을 압박했고, 원하던 것을 얻어냈습니다. 그렇게 그들은 함께 뭉치면 뭔가를 이루어낼 수 있다는 것을 깨닫게 된 것이죠. 그리고 다음 활동에 돌입했고요. 이런 식으로 조직이 시작되는 것입니다. 이런 게 조직화와 실천활동입니다.

라틴아메리카에 대해 얘기해볼까요? 역사적으로 미국이 좌지우지해온 지역이지요. 1999년 우고 차베스(Hugo Chavez)가 베네수엘라 대통령으로 선출되었습니다. 니꼴라스 마두로(Nicolás Maduro)가 그의 뒤를 이었고요. 그곳에서 벌어진 일에 대해 어떻게 평가하시는지요?

베네수엘라에서 벌어진 일은 우선, 라틴아메리카에서 전반적으로 벌어지고 있는 일의 극단적 사례입니다. 아주 비극적이기도 하고요. 차베스 자신은 중대하고 긍정적인 변화를 가져오려고 노력했지만 그 일을 행하는 방식에 근본적인 결함이 있었습니다. 먼저, 그것은 하향식이었죠. 바닥으로부터 올라온 것이 아니었다는 얘기입니다. 대중적 운동을 조직하려는 노력이 다소 있기는 했지만 그것이 얼마나 성공했는지를 알아내기는 아주 어렵습니다. 적어도 나는 아직 알아낼 수가 없었어요.

그뒤로 상당한 정도의 부패와 무능이 뒤따랐고 이것이 그의 노력을 심각하게 훼손했습니다. 어느 정도였는지 알 길도 없습니다. 결국 유일한 자원인 석유에 대한 경제의존도를 실질적으로 감소시키지도 못했죠. 사실은 베네수엘라는 더더욱 석유에 의존하게 되었는지도 모릅니다. 베네수엘라는 마음만 먹으면 풍부한 농업

경제, 생산적인 산업경제를 일으킬 수도 있었건만, 그 대신에 그 나라의 경제는 압도적으로 석유수출에 의존하고 있습니다.

사실, 내 생각에는 차베스 자신도 이 점을 알고 있었을 것 같습니다. 유엔에서 한 중요한 연설에서 그는 베네수엘라가 화석연료 수출국임을 지적하면서도 생산자와 소비자가 힘을 합쳐 세계가 화석연료에서 벗어날 방법을 강구하도록 노력해야 한다고 말했습니다. 화석연료가 그만큼 파괴적이기 때문이라는 얘기였지요. 자기 나라 경제가 화석연료 생산에 의존하고 있는 사람이 일반적으로 취할 입장은 아니었습니다. 그 회의에서 조지 W. 부시를 "악마"라고 부른 탓에 차베스는 널리 비웃음을 샀지요. 하지만 화석연료에 대한 그의 언급이 보도된 경우는 보지 못했습니다.[2]

위에서 주도해 내려오는 방식, 산업다각화를 향한 시도의 실패, 부패, 무능, 이 모든 것이 한데 결합해 베네수엘라 경제의 붕괴를 가져온 것입니다.

베네수엘라의 이런 사정은 현재 라틴아메리카 전반에서 일어나고 있는 일에 비추어볼 때 각별히 중요한 의미를 지닙니다. 라틴아메리카는 잠재력이 풍부한 지역이고, 부유하고 선진적일 수 있는 나라들도 여럿 있습니다. 브라질은 100년 남짓 전에는 "남쪽의 거인"이라 여겨졌습니다. 북쪽의 거인과 어깨를 나란히 할 존재로서 말입니다. 이들 나라는 풍부한 자원을 가지고 있고 외부의 위협을 겪지도 않지요. 그들에게는 발전할 기회가 얼마든지 있는 것입니다.

그러나 그런 발전은 일어나지 않았어요. 주요 원인은 내적인 것

입니다. 이 나라들은 전형적으로 소수의 유럽화된, 대부분은 백인
인 엘리트층이 지배해왔습니다. 이들은 막대한 부를 소유하고 있
으며 문화적, 경제적으로 유럽에 연결되어 있습니다. 이런 엘리트
들이 자기 나라에 대해 책임감 있는 태도를 취하지 않으니 당연히
끔찍한 빈곤과 억압이 뒤따르는 것이지요. 이런 패턴을 타파하려
는 시도가 없지 않았으나, 그런 시도들은 무참히 짓밟혀왔습니다.

하지만 어림잡아 최근 15년 동안 몇몇 나라에서 이런 문제들을
마음먹고 다루려는 시도가 대두했습니다. 브라질, 베네수엘라, 볼
리비아, 에콰도르, 우루과이, 아르헨티나 등지에서 말입니다. 이런
시도들은 "분홍색 물결"이라 불리며 나라마다 다양한 형태의 성
공을 맛보기도 했습니다. 그러나 어느정도 힘을 손에 쥐면 돈궤에
손을 대고 엘리트처럼 살고 싶은 유혹도 아주 강해지게 마련입니
다. 이런 행태가 좌파 정부들을 하나씩 차례로 무너뜨렸습니다. 베
네수엘라가 대표적인 예입니다. 브라질도 그렇고요. 노동자당에
는 브라질뿐만 아니라 라틴아메리카 전체를 변화시킬 만한 진짜
기회가 있었습니다. 그들이 이룬 일도 없지 않았지요. 하지만 또한
그들은 그 기회를 상당히 날려버리기도 했습니다.

따라서 지금까지의 내 느낌은, 손에 잡히는 수확도 있었으나 그
를 뒤따른 퇴행이 그런 수확을 상당히 퇴색시켜버렸다는 것입니
다. 현재의 문제가 해결된다면 미래에 다시 전진할 기반을 다질
수도 있겠지요. 그러나 그런 일이 일어날지는 불확실하군요.

2003년 브라질에서는 노동자당의 루이스 이나시우 '룰라' 다시우바(Luiz

Inácio 'Lula' da Silva)가 대통령으로 선출되었습니다. 2011년 그의 자리를 물려받은 것이 그의 측근 지우마 호세프(Dilma Rousseff)였고요. 부패 스캔들, 특히 국가 소유 석유회사인 페트로브라스를 둘러싼 스캔들 때문에 그녀의 지지율이 폭락했지요. 불과 몇년 전만 하더라도 브라질은 미국의 지배에 대안을 제시할 것이라던 이른바 브릭스(BRICS) 경제권——브라질과 러시아, 인도, 중국, 남아프리카공화국——의 하나로 각광받고 있었는데 말입니다.

그렇습니다. 사실, 브라질은 여러 면으로 세계에서 가장 존중받는 나라 중의 하나였습니다. 룰라 자신이 아주 각별한 존경을 받았죠. 나 역시 그를 존경했음을 말해두어야겠습니다. 세계 지도자들 중에서도 그는 상당히 명예로운 인물이라고 생각합니다. 그에게 가해진 부패 혐의는 뜻밖이고 약간은 미심쩍기도 합니다. 어디까지가 모종의 우익 쿠데타이고 어디까지가 사실인지 알 수가 없습니다. 공표된 혐의사실도 그다지 설득력이 크지 않고요. 어떻게 될지는 두고 보면 알겠죠. 현 시점에서는 사실관계가 명확하지 않은 것 같으니까요. 그러나 부패가 매우 심각하다는 것만은 사실입니다.

브라질과 베네수엘라 간에는 유사점들이 있습니다. 브라질도 더 다각화된 경제로 나아갈 수 있는 기회를 제대로 활용하지 못했습니다. 사실, 그 반대 방향으로 움직였죠. 브라질은 중국의 급속한 성장과 콩, 철 같은 브라질산 원자재에 대한 중국의 엄청난 수요로 일시적인 이익을 얻었습니다. 물론 그런 것에 의존하는 데에는 댓가가 따릅니다. 그것은 값싼 중국 제품들을 수입한다는 얘기이며, 그런 일은 자국의 제조업 역량을 무너뜨리기 때문입니다. 결과적으로 브라질 경제는 산업다각화를 이루는 대신에 자원기반경제 상태로 남게 되었습니다. 아르헨티나와 페루도 같은 일을 겪었지요. 그것은 발전 가능한 경제개발 양식이 아닙니다.

미국혁명이 끝나고 만약 미국이 그같은 길을 걸었더라면 우리는 아직도 농작물과 생선, 모피를 수출하고 있을지도 모릅니다. 사실 애덤 스미스 같은 당대 최고 경제학자들이 미국을 위해 내려준 처방이 바로 그런 것이었습니다. 그들은 오늘날 IMF와 신자유주의 경제개발 전문가들이 제3세계를 향해 던지는 주장과 동일한 주장들을 했던 셈입니다. 미국은 그 경제학자들의 조언을 따르지 않았습니다. 녹립국이었으니까요.

2006년 볼리비아에서는 에보 모랄레스(Evo Morales)가 토착민으로서는 최초로 라틴아메리카 국가의 대통령으로 선출되었습니다. 2016년에는 대통령 4선에 도전했으나 실패했는데요.

그것은 부분적으로는 까우디요●를 거부하는 정서 때문이었습니다. 영구토록 권좌에 앉아 있는 강력한 지도자 체제로 돌아가지

● caudillo, 주로 라틴아메리카에서 강한 개성과 막강한 군사적, 정치적 힘을 가지고 장기 통치 또는 독재를 하는 지도자를 일컫는 말. 다수 라틴아메리카 국가들에서 반식민 독립투쟁을 통해 국가적 영웅으로 부상한 인물이 독립 후 일종의 '국부'나 '총통'에 맞먹는 까우디요의 지위를 차지했고 이후로 이런 관행이 자리 잡은 것으로 이해된다.

는 말자는 것이었겠죠. 모랄레스는 자신의 패배를 인정함으로써 명예를 지켰습니다. 볼리비아 역시 내가 앞에서 말한 것과 동일한 성취와 문제점을 동시에 안고 있다고 봅니다.

인도로 넘어가서, 현재 집권하고 있는 힌두민족주의 정당인 인도인민당(BJP)과 그 지도자 나렌드라 모디(Narendra Modi) 총리에 대해 얘기해볼까요? 『가디언』의 기사에 따르면, "현 정부에 대해 언론 자유를 억압하고 비판세력을 체계적으로 위협하는 극단적 민족주의자들을 부추기고 있다는 비난이 거듭 제기되어"왔다고 합니다. 자와할랄네루대학의 학생들이 "반국가"행위와 폭동을 일으켰다는 이유로 체포, 기소되었다는 소식도 들리고요.[3] 도대체 그곳에서 무슨 일이 벌어지고 있는 건가요?

학생들은 카슈미르에서 벌어진 인도의 잔인하고 가혹한 탄압에 반대하여 카슈미르의 자유를 요구했습니다. 여러 범죄로 기소되어 결국은 처형된 활동가를 지지하기도 했지요.

아프잘 구루(Afzal Guru) 말씀이군요.[4]

그렇습니다. 학생들은 그에게 씌워진 혐의가 타당했는지 의문을 제기했습니다. 그 시위를 진압하기 위해 경찰력이 동원되었지요. 그들은 학생 지도자를 체포하고 교수들을 연행하여 혹독하게 심문했습니다.[5]

비슷한 일들이 다른 대학들에서도 벌어져왔죠. 그리고 그런 일이 일어나는 데에는 힌두민족주의 세력이 폭력과 탄압을 더해가고 있다는 사실이 배경으로 자리 잡고 있습니다. 예를 들자면 소 한마리를 훔쳤다는 주장이 있다고 무슬림을 살해하는 일도 있었답니다.[6] 온 나라에서 그같은 일들이 계속되는 겁니다.

힌두민족주의는 다른 형태의 극단적 민족주의와 마찬가지로 무시무시한 현상입니다. 우리가 지금 전세계적으로 목도하고 있는 바, 전체주의적 민족주의와 종교적 극단주의를 향한 추세의 또다른 예이기 때문입니다.

인도가 미국, 이스라엘과 군사적 연대를 점차 키워나가고 있는 것에 대해 얘기해주실 수 있을까요?

그건 정말 큰 변화죠. 자와할랄 네루(Jawaharlal Nehru) 시절 인도는 비동맹국가들의 핵심이었습니다. 군사적으로는 오히려 러시아와 더 가까웠죠. 그러나 최근에 와서는 갈수록 미국의 세력권 내로 이동해왔습니다. 그것은 이스라엘과도 더 가까운 관계를 맺게 되었다는 의미이기도 하고요.

이런 변동의 주요 원인은 세 나라가 공통으로 가지고 있는 반이슬람 정서입니다. 이스라엘에서는 당연히 무슬림만이 아니라 아랍 전체를 위협이라고 봅니다. 인도는 힌두교가 지배하는 사회에 다수의 무슬림 주민을 품고 있는 나라이고요. 그리고 미국은 일반 국민들 사이에도 반이슬람 정서가 널리 퍼져 있고 테러와의 전쟁이라는 이름으로 무슬림을 향해 공격을 가하는 나라가 아닙니까?

미국은 실제로 인도의 핵무기 개발을 지원해왔습니다. 이스라엘과 파키스탄에도 마찬가지로 지원을 했지요. 이들 세 나라는 NPT에 서명하지 않은 국가들입니다. NPT 조항에 따르면 미국은 NPT에 서명하지 않은 나라에는 핵과 관련된 도움을 제공할 수 없도록 되어 있습니다. 그러나 아들 부시 대통령 정권하의 미국은 그 모든 걸 무릅쓰고 인도의 핵개발 지원을 추진했습니다.[7] 미국 정부는 단지 인도의 민간 핵시설을 지원하기 위해서라고 주장하지만 그건 다 헛소리예요. 왜냐하면, 우선 그 원조가 민간 용도에서 군사적 용도로 전용될 수 있기 때문이고, 그다음으로는 그런 원조로 인해 인도가 핵무기에 더 많은 노력을 기울일 여력을 갖게 되기 때문입니다. 부시 행정부는 또한 다른 나라들의 팔을 비트는 데에도 성공해서 핵공급국 그룹●이 본질적으로는 인도의 핵무력 구축이나 다름없는 일에 동조하게 만들었습니다.

이제 미국과 인도 사이의 핵동맹은 꽤 단단해졌습니다. 이와 동시에 미국은 인도의 주적인 파키스탄에도 지원을 보내고 있는데, 파키스탄에는 중국 역시 지원을 보내고 있죠. 중국과 파키스탄은 이른바 반테러리즘에 대한 관심을 공유하고 있습니다. 중국 서부의 무슬림 지역인 위구르 지방에는 게릴라를 비롯하여 여러 활동이 벌어지고 있는데, 중국은 이들을 아주 가혹하게 탄압하고 있거든요. 그런 단체들은 파키스탄의 탈레반과 연결되어 있죠. 따라서

● Nuclear Suppliers Group, 이미 핵개발 기술을 보유한 국가들이 핵물질 수출과 전용을 관리함으로써 핵확산을 방지하기 위한 목적으로 1974년 설립한 다자간 기구.

두 나라 정부는 일종의 협업관계인 셈입니다.

중국이 파키스탄에 보내는 원조는 실제로 발전적 성격을 띨 가능성이 있습니다. 그리고 이런 일은 압도적으로 군사 분야에 치중된 미국의 원조와는 달리 긍정적일 수 있지요. 중국이 유라시아를 관통해 서서히 구축해가고 있는 사회기반시설은 이제 곧 멀리 유럽까지 닿게 될 터인데, 세계정세상 아주 중요한 발전입니다. 유라시아 장악은 오랫동안 세계적 강대국이 되는 데에 결정적인 부분이라 여겨져왔고 때로는 세계적 강대국의 핵심 요소라고까지 생각되었기 때문입니다.

점점 더 독재적이고 권위주의적인 방향으로 흘러가는 나라 중에 터키도 있습니다. 신문사가 경찰 수색을 당하고 기자들과 학계 인사들이 위협을 받고 체포되기도 합니다. 에르도안 터키 대통령이 최근 선생님의 성함을 거론하며 실제로 터키에 한번 와보시라고 초청했는데요.[8] 그 배경에 어떤 일이 있었던 겁니까? 그래서 터키에 다녀오셨나요?

안 갔습니다. 배경 설명을 먼저 할까요? 앙카라에서 폭탄테러가 벌어져 많은 사망자를 냈죠. 아마 ─ 터키가 암암리에, 게다가 여러 방식으로 지원하고 있는 ─ ISIS의 짓이었을 겁니다. 그러나 에르도안은 이 사건의 책임을 쿠르드족에게 물었습니다.[9] 그 결과 쿠르드족에 대한 대대적인 탄압이 시작되었고요. 터키 동남부에 여러 달째 강력한 통행금지령이 시행 중이어서 그곳에 사는 수만 명의 사람들이 고생하고 있습니다. 매우 혹독하고 잔인한 통행금

지령입니다.[10] 사람들은 집에서 나설 수도 없어요. 건물 위에는 저격병들과 중화기가 배치되어 있습니다. 사망자도 많이 발생했습니다. 때로는 집 안에 있는 시신을 치우지 못해 그냥 부패하도록 내버려두는 경우도 생깁니다.

터키는 일종의 통로를 제공해왔습니다. 이를 통해 지하드 전사들이 시리아 내의 소위 이슬람국가로 이동할 수 있지요. ISIS로부터의 석유수출도 그렇게 이루어지고요. 어떤 이는 터키 쪽에 ISIS 전사들을 위한 병원까지 있다고 주장합니다. 그 말이 사실인지 아닌지는 모르겠지만, 이런 보도를 한 기자가 그 직후 구속되었죠.[11] 그 일로 시위가 일어났고 천여명의 터키 학계 인사들이 연명해 구속에 반대하는 청원서도 제출했습니다.[12] 나도 거기에 연명한 국제인사 중 한명이었고요. 그리고 에르도안이 이에 대응하여 학계 인사들을 질타하며 그들에게 심각한 타격을 주었습니다. 터키의 명예에 끔찍한 손상을 입혔다며 나를 개인적으로 비난한 것도 그때 일입니다. 그는 내게 터키로 건너와서 실상이 어떤지 한번 보지 않겠느냐고 말했습니다. 그에 대한 의견을 달라기에 대답으로 몇줄 쓰긴 했습니다만,[13] 그것으로 끝난 일입니다.

북부 시리아에서 쿠르드족이 대부분을 차지하고 있는 로자바라는 지역은 2006년 세상을 떠난 미국의 작가이자 사상가 머리 북친(Murray Bookchin)의 저작에서 영감을 받고 있는 것처럼 보입니다.[14] 그곳에선 어떤 일이 일어나고 있는 걸까요?

아주 명확하지는 않습니다. 우선 돌아가는 사정이 끔찍합니다. 시리아는 산산조각 나고 있는 중이고 상황이 아주 무시무시합니다. 쿠르드족과 알아사드 정권 사이에 휴전 비슷한 상태가 유지되면서 요즘 들어서는 그다지 서로를 공격하지 않는 것처럼 보이기는 하지만, 교전이 끊이지 않지요.

쿠르드족은 어쩌면 주민들을 ISIS의 만행에서 보호해주는 주요한 지상군일지도 모릅니다. 압둘라 오잘란(Abdullah Öcalan)이 그들의 지도자지요. 그는 원래 강경한 스탈린주의자였으나, 감옥에 있는 동안 눈에 띄게 ― 적어도 그의 저작을 통해서 보이는 바로는 ― 태도를 바꾸어 북친에게서 일종의 공동체주의적, 아나키즘석인 접근을 받아들였습니다. 쿠르드족 단체들은 터키와 이라크 북부에 자리 잡은 PKK나 시리아 내 쿠르드 지역 로자바에 있는 쿠르드족이나 할 것 없이, 이런 사상에 영향을 받은 것으로 보입니다. 어느 정도로 이런 사상이 실현되고 있는지는 말하기 어렵습니다. 그럼에도 자치적 공동사회를 지향하는 프로그램뿐만 아니라 여성의 권리나 참여에 대한 강조가 새롭게 이루어지고 있다는 데에는 모두가 동의하는 바지요. 지금 같은 상황에서는 상당히 주목할 만한 일이겠습니다.

선거가 다시 한번 최대 관심사로 떠올랐습니다. 미국에서는 왜 다른 나라에서 하듯이 사람들이 일하지 않는 주말에 선거를 치르지 않는 걸까요? 시대에 한참 뒤떨어진 것처럼 보이는 선거인단제도를 폐지하는 것에 대한 생각은 어떠십니까? 또 사람들이 처음 등록한 곳 말고 현재 거주하는 곳에서 투표하도록 허용하는 것은 어떨까요?

미국의 선거와 다른 자본주의적 민주사회에서 이뤄지는 선거 사이에는 실로 중요한 차이점들이 있습니다. 무엇보다, 이곳 미국의 선거는 끝나는 법이 없어요. 하나의 선거가 끝나자마자 다음 선거로 돌입하죠. 집무실에 첫발을 들여놓는 날부터 다음 선거운동을 위한 모금을 시작한다는 얘기입니다. 당연히 이런 사정이 정책 결정에도 영향을 미칩니다. 다른 나라들을 보면, 짧은 선거운동 기간 동안 토론을 좀 벌이다가 사람들이 투표를 하고 끝내거든요.

미국 정치에서 돈이 하는 역할은 다른 서구 국가들에 비해 월등히 큽니다. '돈은 곧 목소리'라는 쟁점에 대한 버클리 대 밸레오 판결부터 시작해서 시민연합 사건 판결 등등까지, 여러 건의 대법원 판결 이후 돈의 역할이 두드러지게 증가하기도 했지요. 그러나 그 기원은 훨씬 오래된 것입니다. 운동자금 모금을 보면 정책 결정을 쉽게 예측할 수 있다는 꽤 믿을 만한 증거도 있습니다.[15]

여기에다 극심한 게리맨더링도 있지요. 대개는 공화당에 의한 것이지만 상대 당도 다르지 않습니다. 또 사람들이 투표장에 못 가게 막으려는 공화당의 노력도 만만치 않습니다. 그들이 이렇게 하는 데에는 그럴 만한 이유가 있지요. 가장 취약한 계층 사람들은 공화당에 투표할 가능성이 낮기 때문입니다. 그래서 공화당이 일요일 투표를 원치 않는 겁니다. 일요일에 투표를 하면 흑인 교회에서 사람들을 투표소로 데려가는 일이 벌어질지도 모르니까요. 그들은 또 많은 가난한 사람들에게, 특히 흑인들에게는 없는 특정 신분증명서를 투표의 필수요건으로 내걸기를 원합니다. 이런 것들은 모두 소수의 지지를 받으면서도 권력을 유지하고자 하는 노력인 것입니다.

가장 충격적인 예는 아마도 하원일 겁니다. 하원은 공화당이 소수 표를 얻으면서도 난공불락으로 지키고 있다시피 하기 때문이지요. 2014년 선거에서도 일반투표에서는 민주당이 앞섰으나 결국은 공화당이 다수 의석을 차지했습니다.[16]

그들이 하원을 차지한 것은 게리맨더링 때문이었지요.

게리맨더링 때문만은 아닙니다. 인구구성 역시 한몫하지요. 민주당 성향 유권자들은 주로 도시에 사는 반면 공화당 성향 유권자들은 지방에 흩어져 있습니다. 그것은 곧 의석수가 몇개밖에 안되는 지역에 민주당의 표가 심하게 몰려 있다는 얘기입니다. 그렇다고 게리맨더링의 심각성을 부인하자는 것은 아니지만요. 그리고 대법원이 그동안 인종주의와 투표권 박탈의 오랜 역사를 지닌 주에서 소수자들의 표를 보호해온 투표권법*을 내팽개쳐버린 이후로 상황은 더 악화되었습니다.[17] 내 생각에는, 이 모든 것을 합친 정황이 단순히 선거인단 문제보다 훨씬 더 중요한 것 같습니다. 물론 선거인단제도에도 잘못된 점이 많지요. 그러나 이런 다른 요

---

* Voting Rights Act, 투표과정에서 벌어지는 각종 인종차별행위 금지를 명문화한 법안으로 1965년부터 시행되었다.

인들에 비교해보면 그것은 부차적인 것이라 할 수 있습니다.

미국에는 특이하게도 계급 기반 정당이 존재하지 않습니다. 지역 기반 정당들과 그때그때 임의로 합치는 연합만이 있지요. 사실, 여러 면에서 지금의 정당체제에는 남북전쟁의 잔영이 그대로 남아 있습니다. 2012년 선거에서 공화당, 민주당이 이긴 주들의 모습을 한번 보세요. 이름만 바뀌었지 남부연합 대 북부연방 지형과 거의 같습니다. 브랜다이스대학이 최근 발표한 연구를 보니, 그리먼 옛날도 아닌 시절의 KKK단 활동과 현재의 공화당 표 사이에 상당히 명확한 상호연관성이 있음을 실제로 밝혀냈더군요.[18]

또 미국에서는 기권율도 매우 높습니다. 최고의 정치학 전문가 중 한 사람인 월터 딘 버넘(Walter Dean Burnham)이 1960년대에 어떤 사람들이 투표를 하지 않는지에 대해 흥미로운 연구를 실시한 적이 있지요.[19] 미국에서 투표하지 않는 사람들, 그들을 사회경제적으로 분석해보면 유럽 국가에서 사회민주주의 정당이나 노동자 기반 정당에 투표하는 사람들과 상당히 유사하다는 사실이 드러납니다. 그런 정당들이 이곳에는 아예 존재도 하지 않으니 그에 상응하는 사람들이 투표를 하지 않는겁니다.

이렇게 다양한 요인들이 있습니다. 표에 비례하는 대표를 충분히 세우지 못한다는 점은 큰 영향을 미칩니다. 승자독식 체제 때문에 미국에서는 독립적인 정당이 발전할 수 없으니까요. 독립적인 정당이 서서히 성장해서 시간을 거치며 어쩌면 지배정당으로 변모해갈 수 있는 기회가 없는 것입니다.

그러나 우리의 정치체제에 긍정적인 면도 없지 않습니다. 예를 들자면 언론 자유는 다른 어느 곳에 비해서도 월등하게 잘 보호받고 있지요. 심각한 문제점들이 있지만, 모 아니면 도라는 식의 얘기는 아닌 겁니다.

신께서 우리가 투표하기를 원하셨다면 우리에게 제대로 된 후보자를 주셨을 거라는 농담을 아마 들어보셨겠지요.

이해는 갑니다만, 그건 좀 심하게 냉소적인 것 같군요. 후보자들 사이에 차이점이 실재하거든요. 때로는 중요한 차이점이 있고요. 게다가, 정당 간판만이 중요한 것도 아닙니다. 예컨대 나 자신도 공화당에 표를 준 적이 있습니다. 1960년대에는 주선거에서 공화당이 가장 강력하게 반전을 내세우는 측이었거든요.

그러나 최근 들어서는 민주당이 온건한 중도정당 자리를 차지한 반면 공화당은 완전히 오른쪽으로 치달아버렸습니다. 그리고 이 두 당은 어떤 문제에 관해서는 대단히 중요한 차이점들을 보여줍니다. 물론 선거과정 중 어느 편도 가장 중요한 두가지 문제 — 생명과 인류를 위협하는 — 에 대해서는 거의 논의하지 않지만요. 그중 하나는 지구온난화, 나머지 하나는 군국주의화입니다. 이 주제에 관한 한 두 정당 사이에 중요한 차이점은 없습니다.

전세계에서 온 활동가들과 함께하신 하바드 트레이드 유니언 프로그램 토론회 자리에서 누군가가 선생님께 미래에 희망을 가질 만한 징후에 대해 질문했지요.[20] 선생님의 대답을 듣고 저는 정말 깜짝 놀랐습니다. 이집트를

언급하시더라고요. 이집트에서 『가디언』 통신원으로 일한 적 있는 잭 셴커(Jack Shenker)의 책을 인용하시면서 말입니다.[21] 이집트는 지금 지옥 같은 상황을 겪고 있지 않습니까?

그렇습니다. 그래서 셴커의 책을 읽었을 때 나 자신의 판단을 신뢰하기 어려웠습니다. 이집트에 대해서는 아는 바가 많지 않으니까요. 그러나 어쨌든 그 책을 친구들에게 보냈습니다. 그들 중 몇몇은 이집트에 대해 정말로 아는 것도 많고 매우 훌륭한 분석가인데, 그들도 셴커가 상당히 정확히 보고 있다고 생각하더군요. 그는 시시(Abdulfattāḥ Sīsī) 독재정권이 이집트를 재앙으로 몰아가고 있지만 그럼에도 불구하고 활발한 실천활동과 이른바 '아랍의 봄'의 성과가 상당 부분 남아 있음을 발견했다고 합니다. 특히 그가 꼼꼼히 살펴본 노동운동 분야는 더욱 그러하다고 했지요. 나는 그것이 관심을 끌 만한 징후라고 생각합니다.

『뉴욕타임즈』에는 이집트의 엘리트들, 부유한 학생들, 독재로 혜택을 입어온 사람들이 한숨을 쉬고 있다는 기사가 실렸습니다.[22] 그들의 심기가 매우 불편하다는군요. 벤츠 한대를 구하기 위해 한달씩이나 기다려야 하고, 원하는 차종을 구하지 못할 수도 있다는 것이죠. 대체로, 권력자들의 편에 서서 얻던 혜택은 점점 손에 넣기 어려워지는 것으로 보입니다. 이런 사정이 정권을 지지하는 엘리트층 내부에 불만을 낳고 있고요. 그리고 이 정권은 경제적 위기에 빠져 있기도 합니다. 사우디아라비아가 현재 시시 정권에 대주고 있는 자금은 이전에 비하면 턱도 없이 부족한 형편이니까요.

가자에 있는 언론인 친구 한 사람이 상당히 정기적으로 내게 전화를 합니다. 그는 이집트 국경인 라파 지역 근처에 사는데, 전화를 하다보면 폭격 소리가 들립니다. 그는 늘 그 소리를 들으며 산다고 하더군요. 이집트는 시나이에서 일어난 베두인족의 반란도 제대로 진압하지 못했습니다. 그쪽으로도 상당히 큰 힘이 소모되고 있죠. 게다가 200명가량의 사망자를 낸 러시아 항공기 격추 사건까지 있지 않았습니까? 그 사건으로 이집트가 크게 기대고 있는 관광산업이 큰 타격을 입었습니다.[23]

이집트 정권이 겪고 있는 어려움이 이와 같습니다. 만약 셍커의 말이 맞는다면, 필시 그렇겠지만, 수년간 더 민주적인 사회를 만들기 위해 이집트인들이 기울여온 수많은 노력들처럼 또 한번 그렇게 자라날 수 있는 싹이 여전히 남아 있는 셈입니다.

선생님이 저서 『인간이란 어떤 존재인가』에서 제기하신 질문 중 두가지에 대해 여쭙고 싶습니다. 제대로 된 사회란 어떤 모습일까요? 또 무엇으로 우리의 기본적인 욕구와 권리를 충족할 수 있을까요?[24]

나는 이상적인 사회가 어떤지를 그려낼 만큼 그렇게 똑똑한 사람은 아닙니다. 그 정도로 똑똑한 사람이 누가 있겠나 싶은 생각도 듭니다만, 훨씬 더 나은 사회의 모습에 대해 토론해볼 수는 있겠지요. 내 생각에 그런 사회는 무엇보다, 세상에 대한 지식을 갖추고 참여하는 대중들의 손에 여러 결정이 맡겨져 있는 사회일 것입니다. 합리적이고 이성적인 선택을 하기 위한 필수조건이 바로 그것입니다. 제도 면에서는, 공장은 노동자들이 소유하고 관리하도록, 지역사회는 그 지역사회의 지배를 받고 다른 기관들은 대중의 지배를 받도록 하자는 얘기가 되겠지요. 자발적 연합체들의 상호작용이 더 폭넓은 의사결정을 이끌 것이고, 그 연합체의 대의원들은 아래로부터의 직접적인 지배를 받으면서 언제든 즉각 해임될 수 있는 사람들일 것입니다.

또한 나라 사이를 갈라놓는 경계선들도 서서히 사라져가겠지요. 이런 일은 충분히 상상해볼 만합니다. 유럽에서는 이미 어느정도 이루어진 일이니까요. 크게 보아, 상호원조와 상호지원, 이윤보다는 사용을 위한 생산, 인류의 생존에 대한 관심 등을 기반으로 한 세계적 차원의 체제가 점차 확고하게 자리 잡아가리라는 뜻입니다. 이런 일들이 모두 더 나은 사회를 향하는 방향이라고 생각되는군요. 전부 실현 가능한 일이기도 하고요.

"주변에 바싹 마른 불쏘시개들이 널려 있다. 불이 한번 붙으면 활활 타오를 것이다." 최근 저에게 이렇게 말씀하셨죠.[25] 마른 불쏘시개라니, 어디서 그런 것을 보십니까?

온 천지에 널려 있습니다. 온 나라 안에, 전세계에 억압과 폭력, 지배, 계급제도, 부당한 권위에 대한 우려가 엄청나게 쌓여 있습니다. 버니 샌더스의 예를 봅시다. 그가 제안한 정책들은 오랫동안 대중의 지지를 받아온 것들입니다. 때로는 대다수의 지지를 받기도 했고요. 우리가 가진 기능장애의 체제에서는 대중의 의견이 정치의 장에 분명히 전달될 수가 없었습니다. 그러나 샌더스가 그런 일을 해내자마자, 대중들이 그에게 대대적인 지지를 보냈지요. 이것이 바로 마른 불쏘시개가 많음을 보여주는 것 아니겠습니까?

10장

선거와
투표

대통령 선거에 대해 얘기해볼까요? 기억하고 계신 첫 선거는요?

1936년 선거가 기억나는군요. 여덟살 때였죠. 학교에서도 선거 얘기를 많이들 하곤 했습니다. 실제로 반 친구 하나와 크게 말다툼을 벌였던 기억도 있어요. 그애는 앨프 랜든(Alf Landon)과 프랭크 녹스(Frank Knox) 편을 들었고 제일 좋아하는 선거구호가 "랜든 녹스 아웃 루스벨트"●였어요. 우리 쪽은 당연히 100% 루스벨트 편이었고요.

몇년 전 내 나이 또래의 오랜 친구 한명과 우리 집 주치의에 대해 얘기하던 중이었습니다. 우리 가족 주치의의 이름이 생각나지

● 글로 써놓으면 후보자들의 이름을 연결한 'Landon Knox Out Roosevelt'이지만 발음하면 'Landon knocks out Roosevelt,' 즉 '랜든이 루스벨트를 날려버린다' 라는 말로 들린다.

않는 거예요. '루스벨트'라는 이름만 머릿속에 맴돌았죠. 나중에야 그랬던 이유가 이해되었습니다. 내 남동생이 감기에 걸릴 때마다 어머니는 그애가 죽어간다고 지레짐작하고 의사를 부르곤 했습니다. 의사들이 집으로 왕진을 오던 시절이었는데, 주치의 선생님이 집 안으로 걸어들어오는 순간 분위기가 완전히 바뀌곤 했습니다. 그에게는 낮고 부드러운 음성과 권위 있는 태도가 있었습니다. 모든 게 잘 통제되고 있다, 전부 괜찮을 것이다 하는 느낌이었습니다. 어머니도 곧 기분이 나아졌고요.

루스벨트는 라디오로 「노변정담」을 내보냈었죠. 금요일 저녁 시간이었던 것 같은데요. 우리 어머니는 온갖 일에 몹시 예민하신 편이었습니다. 물론 히틀러에, 전쟁에, 그렇게 과민해질 만한 일이 많기는 했어요. 그런데 루스벨트가 그 특유의 조용하고 진지한 목소리로 말을 하기 시작하면, 그 순간 모든 것이 진정되곤 했습니다. 꼭 그 의사 선생님이 오셨을 때처럼 말입니다. 바로 그런 이유로 우리 주치의 선생을 회상할 때 루스벨트가 떠올랐던 겁니다. 그 선생님의 실제 이름이 뭔지는 아직도 기억이 나지 않네요.

오늘날처럼 독설과 대거리, 적의, 분노가 많았던 정치적 시기가 생각나십니까?

악독하고 신랄한 인신공격이라면 이 나라 초기의 몇몇 선거에서 벌어진 것도 상당히 놀랍죠. 그러나 오늘날 우리가 보는 것에는 비교도 할 수 없습니다. 현재의 선거운동은 완전히 충격적입니다. 부분적으로 그 이유는 지금 인류가 직면한 중요한 쟁점들이 논의조차 되지 못한다는 데에 있습니다. 공화당 예비경선에서는 거의 모든 후보들이 하나같이 인류가 발생시킨 기후온난화를 부인했습니다. 압도적으로 명백한 사실이 눈앞에 있는데도 그냥 부인해버린 것이죠. 단 한 사람, 존 케이식(John Kasich)만 예외였어요. 그는 온난화가 일어나고 있다는 것은 인정하면서도 그에 대해 아무것도 하면 안된다고 말했습니다. 사실 이게 훨씬 더 나쁜 입장이지요.[1]

핵전쟁에 대해서도 역시, 논의가 없다시피 합니다. 여기저기서 한두마디씩 거드는 정도고, 그나마도 대개는 러시아의 침략이라는 프레임 안에서 우리가 어떻게 그에 대응할까 하는 얘기뿐입니다. 이런 일이 세계사에서 가장 강력한 나라—상대적인 기준으로 볼 때 교육수준도 높고 특권을 누리고 있는 나라—에서 벌어지고 있다는 사실이 그저 믿기 어려울 따름이지요. 그렇게 어마어마한 중요성을 띤 문제를 완전히 부인하는 것에 대해 어떻게 평해야 할지 도저히 알 길이 없습니다.

이런 부인은 추상적인 차원에만 머물지 않고 실질적으로 영향을 미치기도 합니다. 예를 들어 제21차 유엔기후변화협약당사국총회(COP21), 즉 빠리기후협정은, 마땅히 그래야 할 수준만큼 강력하지는 않았지만 적어도 올바른 방향으로 내딛는 첫걸음이었습니다. 아마도 미래에 더 많은 행동을 취할 기반이 될지도 모를 일이었습니다. 그러나 정상회담은 검증 가능한 목표를 지닌 조약을 도출하지 못했습니다. 비공식적인 협약이 다였죠. 이유는 아주 명백했습니다. 그런 조약 같은 것은 공화당이 장악한 의회를 통과할 수 없었던 것입니다. 이렇게 우리나라에는 "가능한 한 가장 빠른 속도로 벼랑을 향해 질주하자"라고 말하는 것과 다름없는 정치조직이 있는 겁니다.

도널드 트럼프(Donald Trump)가 진보적 평론가들로부터 온갖 것에 대해 욕을 먹고 있지만 거기에서 가장 중요한 것은 빠져 있습니다. 바로 기후 관련 정책들입니다. 그는 더 많은 화석연료를, 더 많은 석탄발전소를 요구하고 있으며, 환경보호청의 규제를 철폐하려, 가능하면 환경보호청 자체를 제거하려 하고 있습니다. 또 그는 빠리 합의를 폐기하고 개발도상국에 주던 지원을 그들이 기후변화에 대응하고 있다는 이유로 중단하려 합니다. 그건 정말로 "벼랑으로 질주하자"라고 말하는 겁니다. 매우 심각한 일이죠. 그리고 그 벼랑은 멀리 있지도 않습니다. 우리는 이미 빠리협정에서 제안한 한계점, 섭씨 1.5도의 기온 상승이라는 한계점에 가까이 와 있습니다. 이미 지나버린 것이 아니라면 말이죠.

트럼프가 무슨 말을 하기에 일군의 사람들은 거기에 호응하는 걸까요? 일반적인 설명은 보수 좋은 블루칼라 일자리가 다 사라져서 그 결과 러스트벨트˙와 분노한 노동자들만 남았다는 것인데요.

˙ rust belt, 미국 제조업의 호황을 구가한 중심지였으나 제조업이 사양화되면서 쇠락한 지역. 펜실베이니아, 오하이오 등 미국 북동부와 중서부 일부 지역을 가리킨다.

그런 설명도 확실히 일리가 있습니다. 실제로 백인 노동계급은 버림받은 상태였다고 할 수 있으니까요. 민주당은 40년 전에 백인 노동자들을 포기했습니다. 그들에게 제공해주는 것이 아무것도 없지요. 공화당은 그보다 더 주는 것이 없습니다. 아니, 트럼프를 포함한 공화당은 오히려 한방 먹이고 있는 것이라 봐야겠죠. 건강보험체계가 마음에 안 들어? 좋아, 그럼 더 나쁘게 만들어주지. 이런 식입니다. 트럼프가 내놓은 예산안은, 실제로는 폴 라이언의 예산안이지만요, 노동자들에게는 재앙입니다. 군사비는 늘리고 부자들의 세금은 줄였어요. 어느정도나마 건설적이던 정부 부문 중 이제 하나도 남은 것이 없는 셈입니다.

그러나 공화당에는 마치 그들이 노동자들을 위해 일하는 듯 들리게 만드는 수사학적 표현방식이 있습니다. "우리는 당신 편이다"라는 미사여구 말입니다. 그 말은 사실이 아니죠. 그러나 백인 노동계급이 모두를 자신의 적이라고 느끼고 있다는 것은 엄연한 사실입니다. 어느 쪽 정당도 그들에게 뭔가를 제공해준 적이 없었던 것이죠.

또 트럼프 지지자들을 자세히 주의 깊게 분석해본 결과, 그들과 권위주의 성향—가부장, 권위주의, 인종주의, 국수주의 성향 등—사이에 밀접한 상호연관이 있음이 드러났습니다.[2] 이 또한 중요한 의미가 있는 현상입니다.

백인 노동계급이 진짜로 극히 화가 나 있고, 또 당연히 그럴 만하다는 의견을 무시할 생각은 없습니다. 그들은 허허벌판에 내던져진 존재였습니다. 실질임금은 거의 1960년대 수준이며, 그것도 최근의 경기침체 이후로는 실제로 감소해왔습니다.[3] 그러는 동안 한쪽으로는 어마어마한 부가 눈에 확연히 보이도록 아주 소수에게 집중되어왔지요. 그들이 화를 내지 않을 이유가 있겠습니까? 트럼프가 제시하는 해법은 문제를 더 악화시킬 테지만, 그건 별개의 일인 것이고요.

'파시스트'라는 용어는 너무 되는대로 입에 오르내리는 까닭에 사용하기가 꺼려집니다만, 그래도 지금 우리 주변에는 파시즘의 기미가 감도는 듯합니다. 트럼프의 선거운동에 파시즘적 경향이 있다는 생각에 신빙성이 있다고 보십니까?

트럼프의 캠페인이 심상치 않기는 하지만, 트럼프를 파시스트라고 부르는 것은 사실을 호도할 가능성이 아주 높습니다. 그에게 너무 많은 의미를 부여하는 것이죠. 그에게 무슨 이데올로기 같은 것이 있으리라고는 생각되지 않습니다. "내가 원하는 걸 우선 줘봐. 그러면 어떻게든 너에게 뭔가를 해주지. 미국을 다시 위대하게 만들 거야"라는 것 말고는 별다른 게 특별히 없어 보입니다. 한 예로, 토론 중 ISIS 문제를 어떻게 할 것이냐는 질문을 받았을 때 그가 내놓은 대답을 보죠. 글쎄, 우선 미국을 다시 위대하게 만들 것이다, 그리고 장군들을 불러낼 것이고, 그러면 그들이 나에게 계획을 내놓을 것이다, 나도 내 나름의 계획이 있으니 어느 쪽 계획이 최선인지 결정한 다음 그대로 밀고 나가 그들을 쓸어버리겠다, 그러나 그보다 먼저 미국을 다시 위대하게 만들 것이다, 뭐 이런 식이 아니었습니까?[4] 무슨 뜻으로 그런 말을 한 것이든, 그것이 파시즘은 아니죠. 그 수준도 못됩니다. 그것을 포괄할 만한 그럴듯한 정치적 범주가 없어요.

"미국을 다시 위대하게"라는 그 슬로건은 상상 속의 과거, 결코 실재한 적이 없었던 미국에 대한 향수를 파고드는 면이 있는데요.

완전히 상상 속의 과거라고는 할 수 없지요. 미국이 국제무대에서 오늘날보다 훨씬 더 강한 영향력을 지닌 때가 있었습니다. 앞에서도 말했다시피, 2차대전 직후 미국에는 압도적인 힘이 있었어요. 유엔도 미국의 손안에 있는 하나의 연장, 러시아를 치는 공성 망치였지요. 그 시절이 끝난 겁니다.

아니면 IMF의 예를 보죠. IMF는 미국 재무부가 운영하는 것이나 마찬가지 아닙니까? IMF는 유럽 문제에 대해서는 유럽인들에게 맡기면서도, 유럽을 제외한 나머지 세계에 관해서는 미국의 지배도구로 기능했습니다. 그런 사정도 1990년대 말 아시아 금융위기 이후 근본적인 변화를 겪어왔죠. 그때 아시아 국가들이 IMF의 차관을 받아들이기를 거부하면서부터 말입니다. 그리고 이제 21세기에 들어서는 라틴아메리카 국가들까지도 IMF를 몰아내왔어요. 그 나라들은 IMF의 차관도, 거기에 따른 제반 조건도 받아들이지 않습니다. 이것은 정말 근본적인 방향전환입니다. 세계적으로 미국의 힘이 기울고 있다는 또다른 징후고요. 신문 헤드라인에 나올 만한 이야기는 아닙니다만, 의미는 자못 크다고 할 수 있습니다. 세계를 지배하는 미국의 힘이 기울어왔다는 것 말입니다.

그러나 다른 한편으로 미국의 기업들을 보면, 세계에 대한 그들의 소유권은 여전히 견고한 상태를 유지해왔습니다. 아이폰을 보세요. 애플은 대만에 폭스콘이라는 기업을 두고 있고 그 폭스콘은 중국에서 대규모 조립공장을 운영하며 중국 노동자들을 고용해 처참한 조건으로 그들을 부립니다. 아이폰을 통해 중국이 얻는 부가가치는 아주 미미합니다. 거의 모든 이윤은 애플과 그 자회사로 귀속됩니다. 이는 중국 GDP의 상당 부분이 실제로는 애플을 비롯한 다른 미국 기업들의 소유라는 뜻입니다. 세계를 주무르는 미국의 힘은 기울었을지 모르나 미국 기업의 힘은 여전히 막강한 것입니다.

물론, 이런 향수가 어떤 진실성을 갖는 다른 면도 있습니다. 1950, 60년대 미국은 역사상 최고의 성장률을 경험했습니다. 커다란 혼란과 갈등 같은 것이 있었지만, 그럼에도 불구하고 그때는 이 나라가 성장, 발전하고 있다는 느낌이 있었지요. 젊은이들, 대학생들이 "나는 꽤 괜찮은 미래를 누리게 될 것"이라고 말할 수 있는 시대였던 겁니다. 그런 시절 역시 사라졌다고 봐야겠죠. 그 대신 희망 없음, 쇠락의 정서만 남았습니다. 우리가 이미 정점을 찍었고 현 세대는 그 부모들보다 더 나은 삶을 누리지 못할 것이라는 인식이지요. 그런 식의 정서가 아주 널리 퍼져 있습니다. 그리고 거기에는 일말의 진실이 있어요. 그러니 "미국을 다시 위대하게 만들자"라는 얘기가 완전히 공허한 것만은 아닌 것이죠.

『캔자스는 도대체 왜 그러지?』를 쓴 토머스 프랭크(Thomas Frank)가 ─ 그는 이 책에서 노동계급 사람들이 어째서 실제로는 자기 자신의 경제적 이익에 반하는 투표를 하는지 설명했지요 ─ 최근 저에게 다음번에는 "듣기 좋은 말을 하는" 트럼프, "사람들의 성미를 돋우지 않을" 트럼프가 나올까 걱정이라는 얘기를 하더군요.[5] 불길한 전망이라면서요.

그런 사람이 벌써 있지 않나요? 이름은 폴 라이언이고요. 나는 그가 트럼프보다 더 위험하다고 생각합니다. 왜냐하면 그는 숫자와 회계자료를 갖춘 진지하고 신중한 인물로 다가오니까요. 그러나 그의 프로그램은 얼핏 보기에도 치명적입니다. 그리고, 맞아요, 그가 대통령에 출마할지도 모르죠. 다른 한편으로 트럼프 재임 4년은 우리를 기후변화의 임계점으로 데려갈 수 있고, 그때가 오면 다른 사안들은 서류 속의 문제로 묻히게 될 것입니다. 이런 말이 종말론적으로 들릴 테지만, 오늘날의 실제 진행상황과 트럼프의 정책을 보면, 트럼프가 그 정책들을 실행할 것이라 가정했을 때 그 상황과 정책이 아주 위험한 조합이라는 것을 알 수 있지요.

신시내티에서 열린 미국 재향군인회 전국총회에서 힐러리 클린턴이 한 발언을 보니, 판에 박힌 수사가 흘러넘칠 뿐만 아니라 "예외적" "예외주의"라는 말을 거듭 반복해서 사용하더군요. 미국은 "없어서는 안될 국가"라는 말도 했습니다.[6] 힐러리 클린턴에 대한 선생님의 생각은 어떠십니까?

그런 용어를 사용하지 않는 사람이 누가 있나요? 자유주의 민주당식 수사의 기본 중 기본인 걸요. 거기서 벗어나는 경우는 아예 없습니다. "없어서는 안될 국가"라는 표현은 매들린 올브라이트(Madeleine Albright)와 빌 클린턴에게서 나온 것입니다.[7] 자유주의 학술지라 불리는 것들을 좀 보세요. 서맨사 파워(Samantha Power)는 『뉴욕 리뷰 오브 북스』에 쓴 글에서 헨리 키신저가 흔히 사용하던 수사를 호의적으로 인용하는 것으로 시작합니다.[8] 하지만 키신저의 말도 완전히 옳은 것만은 아니라고 하는데, 그 이유는 우리가 전세계에서 좋은 일을 하기 위해 펼치는 놀라운 노력에 다른 나라들이 적극적으로 협력하도록 이끌어내는 일이 우리에게 얼마나 중요한지를 그가 간과하고 있기 때문이라는 겁니다. 어디를 보나 이런 말들이 넘쳐납니다.

일례로 '침략'이라는 말을 한번 볼까요? 블라지미르 뿌찐의 끄림반도 점령이나 우크라이나 동부에서 그가 벌이는 행동을 침략이라 부르기에 주저하는 사람은 아무도 없습니다. 그것은 따져볼 필요도 없이 침략인 것이지요. 그러나 미국의 이라크 침공에 그 용어가 사용되는 것을 들어본 적이 있습니까? 한번이라도? 주류 식자층 중 누구라도 그 표현을 사용할 수 있는 사람이 있을까요? 사실상 불가능하지요.

끄림반도 문제를 다시 살펴봅시다. 이 문제에 대해 어떤 생각을 가지고 있든——그 점령이 불법행위인 것은 사실이지요——러시아가 끄림반도를 제 것이라 주장할 수 없다면 마찬가지로 미국도 관따나모만(灣)을 우리 것이라 주장하지 못하는 것 아니겠습니까? 아니, 우리에게는 그럴 자격이 더 없지요. 그곳은 우리가 한 세기 전에 총부리를 들이대고 빼앗은 지역입니다. 역사적으로도 미국과 아무 관련이 없고요. 그뒤 쿠바가 미국으로부터 독립을 쟁취하고 즉시 반환을 요구했지만 우리는 거부했지요.

이런 일은 절대로 정당화될 수 없습니다. 미국이 관따나모만을 쥐고 있는 것은 오로지 쿠바의 발전을 가로막고 무너뜨리기 위해서입니다. 그곳이 주요 항구니까요. 그곳은 또한 지금까지 쿠바땅에서 벌어진 것 중 최악의 인권유린이 자행되고 있는 현장입니다. 사실, 이 대륙을 통틀어 최악이지요. 아마 콜롬비아만 예외일 테고요. 이것도 침략인가, 물어볼 필요도 없지 않을까요?

기초적인 사실을 직면하지 못한다는 특징은 논평과 토론에 관여하는 자유주의적이고 입바른 소리 하는 지식인 그룹의 거의 누구에게나 적용됩니다. 클린턴의 말을 빌려와 사용하는 수사도 바로 그런 배경에서 나오는 것이지요.

최근의 갤럽 조사에서 응답자의 4분의 3이 넘는 사람들이 미국은 "잘못된 길에" 들어섰다고 말했습니다.[9] 트럼프도 클린턴도 모두 심하게 인기가 없죠. 그들은 믿을 수 없고 부정직한 사람이라고 평가받습니다.[10] 이전 대통령 선거전에서도 이런 모습을 보신 적이 있습니까?

전에 보지 못하던 현상이긴 하지요. 그러나 이런 현상은 훨씬 더 넓은 맥락에서 벌어지는 어떤 일의 한가지 예입니다. 지금까지 수십년에 걸쳐 다수의 핵심 기관들에 대한 여론이 매우 부정적으로 흘러왔습니다. 의회 지지율이 문자 그대로 한자릿수로 떨어지는 일이 때로 벌어졌습니다.[11] 은행도 미움을 받고 기업도 미움을 받지요. 연방준비은행도, 사람들이 그에 대해 아는 것이 없음에도 불구하고 미움을 받습니다. 정부도 당연히 미움의 대상이고요. 그나마 꾸준히 꽤 높은 평가를 받고 있는 거의 유일한 기관은 군부입니다. 그 나름의 다른 이유가 있어서겠지요.

내 생각에, 후보들에 대한 이런 염증은 사회에 만연한 불안감, 모든 일이 잘못 돌아가고 있다는 정서의 반영인 듯합니다. 그리고 그런 정서가 자라온 지도 꽤 여러 해가 되었지요. 벌써 수십년 전에도 70% 전후의 인구가, 정부가 국민을 위해 일하기보다는 "자기들만 챙기는 몇몇 덩치 큰 이해당사자들"에 의해 운영되고 있다고 믿는다는 설문조사 결과가 있었습니다.[12]

미국을 다시 위대하게 만들겠다는 트럼프식 수사가 호소의 대상으로 점찍은 것이 바로 이런 정서입니다. 모든 게 다 잘못 돌아간다, 세상 모두가 우리를 못살게 군다, 아무도 우리 얘기를 들어주지 않는다. 트럼프는 뿌찐이 오바마보다 더 강한 지도자라고, 뿌찐은 자기가 원하는 것을 얻는데 우리는 그러지 못하기 때문이라고 한 발언 때문에 현재 거센 비난을 받고 있습니다.[13] 그러나 사람들이 지금 갖고 있는 느낌이 바로 그런 것입니다. 중동에 있는 사람들은 왜 다들 우리가 원하는 대로 움직이지 않지? 중국은 왜 우리가 원하는 것과 반대로 남중국해에 기지를 세우는 거지?

보세요, 이 모든 것은 세계가 우리 소유라는 것을 전제로 한 얘기입니다. 남중국해는 우리 미국의 호수여야만 하고 러시아 국경에 있는 국가들은 우리 지배하에 있어야 한다는 것이죠. 당연하게도, 우리는 멕시코에 러시아 병력이 주둔하거나 캘리포니아 연안에 중국 항공모함이 떠다니는 것도 결코 용납하지 못할 것입니다. 세계가 당연히 우리 것인 줄 알았는데, 사람들이 말을 듣지 않는 겁니다. 왜지? 무슨 일이 벌어지고 있는 거지? 우리가 미국을 다시 위대하게 만들어야 해. 이 모든 것이 우리가 잘못된 방향으로 나아가고 있다는 정서의 일부입니다.

그와 동시에 부모들 입장에서는 자기가 젊은 시절 꿈꾸었던 것과 같은 미래가 자기 아이들에게는 없다는 것이 눈에 보입니다. 사실 미국 내 사회적 이동은, 호레이쇼 앨저● 신화와는 달리, 다른 선진사회에 비해 상당히 낮은 편입니다.[14]

그리고 물론 엄청난 빈곤도 존재합니다. 보스턴 주위를 한번 둘러보세요. 다 허물어져가는 모양새예요. 1950년대 초 유럽에 처음 갔을 때가 기억납니다. 당시 유럽은 아직 전후 복구가 진행 중이던 시기였지요. 미국에 다시 돌아오니 유럽에 비해 마치 무슨 낙원으로 돌아온 것 같은 느낌이었습니다. 지금은 그 정반대가 되었어요. 가난한 나라, 이를테면 포르투갈 같은 나라에 갔다 왔다 칩시다. 꼭 난파선으로 돌아오는 것 같을 겁니다. 사회기반시설이 무너지고 있어요. 도로가 제대로 기능하지 못하고 교량들은 무너져 내리는데다가 건강보험제도도 없고, 학교는 쇠락하고 있고요.

● Horatio Alger(1832~99), 1800년대 후반 미국에서 최고의 인기를 누린 작가. 1867년 잡지에 연재해 선풍적인 인기를 거둔 소설 『누더기 딕(*Ragged Dick*)』을 필두로 가난한 배경에서 정직, 근면, 희망을 지켜 부와 명예를 얻는 소년들의 이야기를 연이어 발표했다.

일찍이 1950년대에 존 케네스 갤브레이스(John Kenneth Galbraith)가 "사적 풍요와 공적 누추함"에 대해 쓴 적이 있지요.[15] 그러나 지금은 그보다 훨씬 더 극적입니다. 극소수 구성원을 위한 사적 풍요는 하늘 높은 줄 모르고 치솟았고, 공적 누추함은 눈길이 닿는 거의 모든 곳에서 찾을 수 있습니다. 그런 것이 사람들 눈에도 보이는 겁니다. 학자금 융자의 부담을 지고 좋은 기회는 찾지 못하는 자기 아이들이 눈에 들어오는 거예요. 외국인들, 이민자들, 자기보다 못한 사람들을 탓하기는 쉽습니다. 그것이 트럼프의 노선이고 그는 언제나 그런 식으로 호도하지요. 그러나 그 배경에 존재하는 현상은 엄연한 것입니다.

학생들의 부채가 현재 1.3조 달러에 달합니다.[16] 콜로라도주 볼더의 젊은이 둘과 얘기를 해보았는데, 어떤 사람은 4만 달러의 빚을 지고 있고 다른 사람은 10만 달러의 빚을 지고 있다더군요.

게다가 학자금 채무는 그것을 떨어버릴 수 없도록 설계되어 있습니다. 사업체가 하는 방식으로 파산을 선언할 수도 없습니다. 트럼프는 그런 식으로 거듭 파산을 선언하고 새로 시작했는데 말이에요. 학자금 채무는 끝까지 따라다닙니다. 그 빚을 변제하도록 정부가 사회복지수당까지도 압류할 수 있어요. 그러니 영원한 짐이지요. 또 아주 강력하게 행동을 제한하는 힘이 되기도 하고요. 결국은 당신이 선택할 수 있는 것이 줄어든다는 의미입니다.

1960년대에는 전반적으로 이런 정서가 있었습니다. 그러니까,

한 1, 2년 정도 일터나 학교를 떠나 활동가가 되었다가 다시 돌아가 원래 인생을 계속해야지 하는 생각 말입니다. 그것이 바뀐 거예요. 이제 당신은 덫에 걸렸어요. 돌아가려 해도 그럴 수 없을 겁니다. 과거에 가능했던 선택이 이젠 불가능해진 것이죠. 힘 앞에 무릎을 꿇을 수밖에요.

민주당 예비경선에서 버니 샌더스가 패배한 직후 그 결과로 결성된 '우리 혁명' 조직에 대해서는 어떻게 생각하십니까?

나 개인적으로는, 그가 그 '혁명'이라는 단어는 쓰지 않았으면 싶습니다. 그가 제안하는 것은 온건하게 개량적인 발의들이니까요. 그런 것이 나쁘다는 게 아닙니다. 온건하게 개량적인 발의를 이용할 수는 있지요. 그러나 뭔가 극적인 변화가 일어날 것 같은 환상을 사람들에게 주지는 말자는 얘기입니다. 샌더스의 제안은 나도 호의적으로 보고 있는데, 기본적으로 뉴딜 자유주의의 변주입니다. 드와이트 아이젠하워(Dwight Eisenhower) 같은 사람이라면 그의 제안에 놀라지 않았을 것입니다. 아이젠하워 자신이 뉴딜을 받아들이지 않는 사람은 누구든 미국 정치판에 있을 사람이 아니라는 유명한 말을 남기지 않았습니까?[17] 그렇게 오래전 아이젠하워도 그랬는데 오히려 오늘날의 상황에서는 샌더스가 이렇게 극단적인 위치에 있는 것으로 보인다는 사실이 의미심장하지요. 그가 하는 제안은 자본주의적 권위주의의 기본 체제에 도전한다거나 의문을 제기하는 것이 아닙니다. 그런 것은 논의조차 되지 않아요. 그가 제안하는 것은 앞으로 더 잘하기 위해 좋은 기초를 닦자는 것인데, 그게 혁명은 아니죠.

샌더스의 선거운동에서 파생되어 진행 중인 대중운동이 이제 여럿이 되었습니다. '완전히 새로운 의회' 모임도 그중 하나로, 상당히 그럴듯해 보입니다. 그들 역시 당연히 개량주의적이지만 그게 잘못이라고 할 수는 없는 일이죠.

차악에 표를 주는 투표나 전략적 투표라고 불리는 것에 대해 하실 말씀이 있으신지요? "내 양심에 따라 투표하고 싶다"라고 말하는 사람들에게는 어떻게 응답하십니까? 아니면 역으로, "좋아, 한번 해보자고. 나는 트럼프한테 표를 줄 거야. 그래야 시스템이 무너지고 혁명이 가속화될 테니까"라고 말하는 사람들에게는요?

차악에 투표하는 것은 기초적인 합리성과 도덕성이라고 불려야 합니다. 스윙 스테이트●에 사는 사람이라면 그에게는 몇가지 선택지가 있지요. 그중 하나는 진심으로 트럼프가 더 낫다고 생각해서 그에게 투표하는 것입니다. 여기에는 전략적이고 말고 할 게 없으니 그걸로 된 것이죠. 또다른 가능성은 클린턴이 진정 더 낫다고 생각하거나 트럼프를 극히 위험한 인물로 보기 때문에 클린턴에게 표를 주는 것입니다. 세번째 선택으로 기권하거나 다른 인

● swing state, 공화당 또는 민주당 중 어느 한쪽으로 치우치지 않고 선거 때마다 결과가 달라지는 주.

물, 이를테면 질 스타인(Jill Stein)에게 투표하는 방법도 있습니다. 그런데 스타인을 찍는 것은 사실상 기권하는 것이나 마찬가지 결과를 가져옵니다. 이건 기본 산수예요. 클린턴 쪽에 표 하나를 덜 주면 트럼프가 더 쉽게 이기도록 만들어주는 것이니까요. 이게 다 결국은 숫자 문제이지 않습니까? 자기 양심에 따라 질 스타인에게 투표하겠다고 생각하는 사람이 있다면 그는 사실 "내 양심은 트럼프를 더 좋아한다"라고 말하는 셈입니다.

크게 보아 차악에 투표하는 행위도 마찬가지입니다. 양심에 따라 투표하는 사람에게는, 세상에 어떤 일이 일어날지에 대해 관심이 있는가, 아니면 정말로 자기 감정에만 신경을 쓰는가 하는 질문을 던져야 합니다. 자신의 감정에만 신경 쓰는 사람이라면 그에게 양심이 있다고 볼 수는 없는 겁니다. 도덕적 행위자라고 할 수도 없고요. 그러니 이제 양심 타령은 그만하도록 하지요. 만약 다른 사람들에게 미칠 영향에 신경이 쓰인다면, 그렇다면 이렇게 자문해야 합니다. 이번 선거에서 트럼프를 이길 가능성이 있는 유일한 인물에게서 한 표를 빼내면 그 결과는 어떻게 될 것인가? 다시 말하지만, 이건 간단한 산수입니다. 합리적 사고의 기본 중 기본이지요.

솔직히 이 모든 논의는 한 5분 정도 시간을 들인 다음 끝내는 게 맞다고 봅니다. 그거면 충분하지요. 곰곰이 생각해보면 사실은 명확합니다. 그다음엔 정말 중요한 일을 하는 겁니다. 사회적 실천활동, 조직화, 대중운동 말입니다. 사람들이 힘을 쏟아야 할 일은 바로 여기에 있습니다. 아마 낮은 단계의 선거활동을 할 수도 있고

학교 이사회에 들어가거나 환경운동을 하는 등의 일을 할 수도 있 겠죠. 바로 이런 것들이 우리가 시간을 들여야 할 일들입니다.

이런 식의 얘기를 해야 한다는 사실 자체가, 좌파가 얼마나 선 전체제에 매여 있는지를 보여주는 하나의 징표입니다. 우리에게 는 4년에 한번 열리는 현란한 구경거리에 사람들의 주의와 정력을 집중시키려 하는 선전체제가 있습니다. 거기에 함몰되어서는 곤 란합니다. 대통령 선거가 중요하지 않다는 얘기가 아닙니다. 다만 그것이 주가 될 수는 없다는 것이죠.

'한판 붙어보자' — 갈등을 고조시켜보자 — 는 생각에 관해서 말하자면, 이미 그런 일은 겪어보지 않았습니까? 1932년의 독일 공산당이 한 예겠죠.

당시 사람들이 히틀러를 찍었지요?

그들은 사회민주당과 나치 사이에는 차이가 없다, 그러니 그냥 나치를 끌어올리자, 그러면 혁명이 일어날 것이다라고 했습니다. 그래요, 정말로 혁명이 일어났지요. 그러나 그들이 말하던 그런 혁 명은 아니었습니다.

미국은 어딜 보아도 혁명적 상황에 처해 있다고 할 수 없습니 다. 만약 이 나라가 그 단계에 도달하기를 원한다면 그를 위한 대 중적 기반을 닦아야만 할 것입니다. '혁명'이라는 것을 진지하게 고려하고 있다면, 자본주의 체제를 완전히 폐지해버리고 싶다면, 우선 할 일은 지금의 체제 내에서 가능한 선택지들을 끝까지 밀어붙이는 것입니다. 만약 대중이 그보다 더 앞으로 나아가는 데 동의한다면, 그리고 체제의 저항이 너무 강하다면, 그때는 혁명을 맞게 되겠죠. 그러나 그전에는 어느 작은 분파가 "은행들 유리창을 부수러 나가자"라고 한다 해도 그런 식으로는 불가능한 얘기지요.

브렉시트 투표를 한 영국, 우익 정당이 득세해가는 유럽 상황에 대해서 어떻게 생각하십니까?

무엇보다, 브렉시트가 실행될지 여부가 별로 확실해 보이지 않습니다. 여러가지 조정이 이루어질 가능성이 여전히 남아 있어요. 따라서 영국이 문자 그대로 유럽연합을 떠나는 것이 완전히 정해진 결론은 아니라고 봅니다. 어떤 면으로는 떠나는 것일 수도, 다른 면에서 보면 아닐 수도 있는 것이죠.

영국에는, 그 나라 좌파들을 포함해서, 브렉시트가 유럽연합의 반동적 정책에서 벗어날 기회가 될 것이라는 정서가 있습니다. 하지만 그것은 오판입니다. 우선, 영국은 그런 정책들의 발의자였습니다. 그러니 유럽연합이 영국에 그런 정책을 강요한 게 아닌 것이죠. 지금까지 영국은 그것을 지원하고 촉진해왔습니다. 거기에다, 마거릿 새처에서 토니 블레어(Tony Blair)를 거쳐 데이비드 캐머런에 이르기까지 여태껏 영국땅에서 벌어진 일은 유럽연합의 영향 때문이 아니었습니다. 내재적인 것이었지요. 따라서 유럽연합과 브뤼셀의 관료정치에서 떨어져나오는 것은 결코 그들의 문제에 대한 만병통치약이 아닙니다. 사실은 그 문제들을 더 악화시킬 가능성도 농후합니다. 영국은 더 약화될 것이고, 현재보다 훨씬 더 미국의 영향력에 종속되겠죠.

우익 정당들의 부상은 무서운 현상입니다. 2016년 오스트리아에서는 거의 네오나치 인사나 다름없는 노르베르트 호퍼(Norbert Hofer)가 대통령이 될 뻔했습니다.[18] 그 원인의 큰 부분은 반이민자 정서에 있습니다. 덴마크에서도 역시 금발과 파란 눈이 아닌 극소수 주민들을 향한 반이민자, 반무슬림 정서를 만날 수 있어요.

유럽은 항상 미국보다 훨씬 더 인종주의적이었습니다. 내 생각으론 그래요. 인종주의가 미국만큼 두드러지지 않았던 이유는 인구구성이 상당히 동질적이었기 때문입니다. 그러나 그 동질성이 아주 약간만이라도 변화하기 시작하는 순간 인종주의가 고개를 드는 겁니다.

예를 들어, 프랑스를 보세요. 그곳의 북아프리카 출신 사람들은 끔찍한 조건 속에서 살고 있습니다. 그들은 비율로는 전체 인구의 아주 작은 부분만을 차지하지요. 그러나 프랑스 내 수감자 중 60~70% 정도는 무슬림이고 대부분은 북아프리카 출신입니다.[19]

대체로 우익 정당들의 부상은 사회민주당을 비롯한 중도정당들이 극도로 파괴적인 경제, 사회 정책들을 기꺼이 감내하려고 한 결과입니다. 유럽연합집행위원회, IMF, 유럽중앙은행, 이 '트로이카'가 강요하는 긴축정책은 지극히 해로운 것이었습니다. 그리고 그것들이 복지국가를 무너뜨리기 위해 의도적으로 설계된 것이라는 믿을 만한 증거도 있고요.[20] 앞에서 말했다시피, 긴축의 목적은 경제발전이 아닙니다. 사실 긴축은 경제발전에 해가 되지요. 그것의 목표는 복지국가 프로그램을 폐기하는 데에 있습니다. 연금, 적정한 노동조건, 노동권에 대한 규정 등등 말입니다.

그럼 선생님은 우익의 반격도 그 결과 중 하나라고 보시는군요.

맞습니다. 그러나 그 기원은 중도정당과 중도좌파 정당이 그런 정책들을 받아들이려 한 것에까지 거슬러올라가야겠지요.

11장

위기와
조직화

2016년 11월 8일 두가지 중요한 사건이 일어났습니다. 그중 하나는 당연히 미국의 대통령 선거고요. 같은 주 후반에 『슈피겔』은 "세계의 종말"이라는 표제가 달린 특집기사를 실었습니다. 트럼프를 지구를 삼키려고 입을 쩍 벌린 채 돌진하는 유성으로 묘사한 그림이 함께 실렸지요.[1] 어떤 식으로든 거의 보도된 적이 없는 두번째 사건에 대해 얘기해주시겠습니까?

그 두번째 사건은 내가 미국 선거보다 훨씬 더 중요하다고 믿는 것으로, 모로코의 마라케시에서 있었던 약 200개 국가들의 회담이었습니다. 제22차 유엔기후변화협약당사국총회(COP22)라 불리는 이 회담은 2015년 12월 빠리기후협정(COP21)의 후속 회담이었지요. 2015년 협정은 기후변화에 대한 몇몇 말뿐인 언급만 남기고 그것을 문서화하지도 못한 채 끝나고 말았거든요. 마라케시 회담은 여러 나라들이 지켜야 할 특정한 조치들, 이 대단히 긴급한 문제에 실제로 대처할 수 있는 방책들을 확정하려는 의도로 개최되었습니다.

11월 7일에는 회의가 정상적으로 열렸습니다. 다음날인 11월 8일엔 세계기상기구(WMO)가 인류세라 불리는 시대, 즉 인간이 근본적으로 환경을 변화시키고 있는 지질학 시대의 현 상황에 대해 보고했습니다.[2] 상당히 암담한 보고였어요. 그에 따르면 북극의 얼음이 정상 수준에 비해 30%가량 줄어든 사실이 발견되었고, 이는 곧 지구가 태양 광선을 반사하지 못하고 더 많이 흡수한다는 것을 의미하며, 그로 인해 지구온난화가 증폭된다는 것이었습니다. 또 그 보고에서는 COP21이 지구 온도 상승을 섭씨 1.5도 선에서 막기로 목표를 정했던 사실을, 그러나 우리가 이미 그 한계점에 다가가고 있다는 사실을 지적했습니다. 약간만 더 기온이 올라도 그때는 상한을 벗어나게 되겠죠. 그리고 그것보다 조금 더 높아지면 그때는 돌이킬 수 없는 사태가 벌어질 것입니다. 이런 얘기가 오간 것이 11월 8일이었습니다.[3]

그다음에 회의는 정회에 들어갔고, 그동안 모두는 미국 대선의 결과를 지켜보았습니다. 11월 9일에는 회담이 사실상 무산되었습니다. 그곳에 모인 대표들의 마음속에 떠오른 유일한 질문은, 세계에서 가장 중요한 나라가 발을 뺄 것 같은 지금 이 기획이 과연 존속 가능하겠는가 하는 것이었죠. 회담은 그렇게 끝이 났고 이번에도 역시 말뿐인 몇가지 약속을 빼고는 이룬 게 별로 없었습니다.[4]

상당히 충격적인 광경이었습니다. 여기 거의 200개에 달하는 나라들이, 사실상 전세계가 모여서 온전한 생존을 향한 길로 이끌어

줄 리더만을 바라고 있었습니다. 그들이 누구를 바라보고 있었는
지 아십니까? 중국이에요. 바로 중국이, 바라건대 어떻게든 문명
사회를 자멸에서 건져줄 리더인 겁니다. 반대쪽에는 이 모든 것을
다 망쳐버리지 않을까 심히 걱정되는 한 나라가 있습니다. 자유세
계의 리더가 되어야 마땅한, 인류 역사상 가장 강력한 국가 말입
니다. 정말 특이한 광경이었습니다. 그에 대한 언급이 없다는 사실
도 그에 못지않게 특이했고요. 마라케시에서 벌어진 일은 상당히
극적이었고, 아마 그 일이 세계의 종말에 관한 『슈피겔』의 표제를
정당한 것으로 보이게 해줄지도 모르죠. 그들이 의도한 의미대로
는 아니라 하더라도 말입니다.

수천만의 방글라데시 사람들이 해수면 상승과 혹독한 날씨 때문에 기후
난민이 될 것 같습니다. 방글라데시 최고의 기후과학자 아티크 라만(Atiq
Rahman)은 말합니다. "이 이주민들에게 이 모든 온실가스를 배출하고 있는
나라들로 이주할 권리가 허용되어야 한다. 수백만의 사람들이 미국으로 갈
수 있게 되어야 한다"라고요.[5]

　『뉴욕타임즈』지면 한귀퉁이에 그의 논평이 실렸지요. 그것이
헤드라인이 되었어야 했습니다. 이른바 이주민 위기라는 것에 대
해 아주 의미심장한 무언가를 예증하는 것이었으니까요. 사실, 프
란치스꼬 교황이 이 상황을 훌륭하게 표현한 바 있습니다. 이주민
들은 이 위기의 원인이 아니라 이 위기의 희생자라고 했지요.[6]
　예를 들어 8천명 정도의 불쌍한 희생자들이 부유하고 힘있는,

인구 800만의 오스트리아 같은 나라로 들어간다고 해서 왜 우리는 그것을 위기라고 여기는 걸까요? 다른 나라들 — 훨씬 형편이 좋지 않은 나라들 — 도 난민을 받아들이고 있습니다. 레바논은 인구의 40%가량이 이런저런 범죄에서 피신해온 난민들로 구성되어 있습니다. 최근에는 특히 이라크와 시리아로부터 온 사람들이 많았죠.[7] 이곳에 있는 일부 난민들의 역사는 1948년 이스라엘 수립 당시 팔레스타인인들의 추방까지 거슬러올라갑니다. 레바논, 자기는 난민을 발생시킨 적도 없는 레바논도 이렇게 하고 있는 겁니다.

요르단 역시 엄청난 수의 난민을 수용해왔습니다. 또 시리아도 내전에 휘말리기 전까지는 수많은 난민을 받아들였고요. 그러나 부유한 국가들은, 난민을 흡수할 능력이 있을 뿐만 아니라 그들이 피해 나올 수밖에 없는 조건을 만든 심각한 책임까지 있음에도 불구하고, 그들을 받아들이기를 거부합니다. 유럽에서 이 문제에 관해 어느정도 봐줄 만한 기록을 지닌 유일한 나라는 앙겔라 메르켈(Angela Merkel)의 독일입니다. 독일은 지금까지 80만명가량을 받아들였지요.[8]

독일을 제외하면 유럽과 미국은 지금 어딘가 다른 나라를 매수하여 난민들이 그들 근처에 오지 못하도록 막으려 시도하고 있습니다. 유럽은 시리아의 참화에서, 이라크와 아프가니스탄에서 도망쳐온 난민들을 터키가 관리하도록 거래하려고 시도했지요. 수백만의 삶이 걸린 문제인데 말입니다. 에르도안은 내 입장에서 특별히 마음에 드는 인물은 아닙니다만, 그가 유럽의 위선에 대해 얘기할 때에는 반박하기가 상당히 어렵습니다.[9]

미국도 정확히 똑같은 일을 하고 있습니다. 중앙아메리카 북부, 레이건주의식 만행의 직격탄을 맞은 세 나라 — 엘살바도르와 과테말라와 온두라스 — 로부터 사람들이 피신해올 때, 우리 미국은 그들이 우리 국경선에 다가오지 않도록 멕시코가 그들을 막아줄 것을 기대합니다. 그건 멕시코가 할 일이라는 것이죠.

이 지역에서 난민이 도망쳐나오지 않는 나라가 하나 있다는 것이 흥미롭습니다. 니카라과 얘기입니다. 이유가 뭘까요? 니카라과는 미국 정부가 나서서 망쳐버린 꼴이 되지 않은 나라 중 하나입니다. 니카라과에서도 미국이 테러행위를, 정부에 대한 공격을 실행하긴 했지요. 그러나 앞서 말한 다른 세 나라에서는 바로 정부가 미국의 지지를 받는 테러세력인 겁니다. 1985년 여름에 마나과에서 예수회 대학 총장이자 중앙아메리카의 지도적 교회 인사인 세사르 헤레스(Cesar Jerez)와 함께했던 일이 기억나는군요. 그는 과테말라와 엘살바도르를 빠져나올 수밖에 없었고 이후 니카라과에 몸을 의탁하고 있었습니다. 어느날 저녁 길을 걷다가 경찰에게 무슨 얘기를 하러 걸음을 멈춘 적이 있었죠. 헤레스는 이 지역에 경찰을 만났을 때 공포에 휩싸일 필요가 없는 나라가 하나 있으니 그것이 니카라과라고 지적하더군요.

이제, 기후변화의 영향을 한번 예상해봅시다. 수천만의 사람들이 방글라데시에서 빠져나오게 될 것입니다. 그들은 어디로 가게 될까요? 그리고 이것은 기후난민 이야기의 시작에 불과합니다. 히말라야의 빙하가 녹고 있습니다. 인도와 파키스탄의 상수원인 곳이지요. 벌써부터 인도에는 깨끗한 식수를 구할 수 없는 사람들이

7,500만에 달한다는 보고가 있습니다.[10] 이 숫자가 증가하면 어떤 일이 벌어지겠습니까? 매우 그럴듯한 시나리오 중 하나는 인도와 파키스탄 사이에 점점 줄어들어가는, 양국 모두가 의존하고 있는 상수원을 놓고 분쟁이 발생하리라는 것입니다. 이 두 나라는 핵무기 보유국입니다. 지금도 그들은 전쟁 상태에 있는 것이나 마찬가지고요. 여기에 물전쟁이 일어난다면? 사태는 매우 급속하게 핵전쟁으로 비화해 중대한 상호 핵공격이 벌어질 것이고, 그러면 과학자들이 지난 수십년 동안 경고해온 일이 초래되겠죠. 핵겨울과 전세계적인 기아 말입니다. 그럴 경우 사실상 우리 모두는 끝장난 것이라 보아야 할 것입니다. 생존을 위협하는 두가지 주요 위험이 그렇게 한 점에 모이기 시작하는 겁니다.

다시 말하지만, 신문에는 그에 대한 얘기가 거의 실리지 않습니다. 여기저기 단평들만 흩어져 있을 뿐이죠. 우리 목전까지 다가온 일인데도 모두들 트럼프의 트위터에만 관심을 쏟고 있어요.

어떤 일이 벌어질지 묘사할 말을 찾기가 어렵습니다.

정말 그래요. 나도 무슨 말로 표현할지 모르겠습니다.

트럼프 선거 전날 밤 어떤 이들은 조 힐°의 충고를 거론했습니다. "애도하지

• Joe Hill(1879~1915), 스웨덴 태생의 가요 작사가이자 노동운동가. 석연치 않은 강도살인 사건에 연루되어 유죄 판결을 받고 사형당함으로써 미국 급진 노동운동의 순교자이자 영웅이 되었다. 본문에 인용된 발언은 처형 직전 동료 노동운

말고 조직하라."

그게 올바른 처방이지요. 그리고 우리는 진짜 기회가 있다는 것을 인식해야만 합니다. 지난 선거의 일반투표 결과만 한번 보면 됩니다. 클린턴이 2,700만표 차이로 이겼지요. 더 의미있는 일은, 젊은 층에서는 그가 아주 큰 표차로 이겼다는 것입니다. 그리고 이보다 훨씬 더 의미있는 사실도 있었어요. 예비경선 당시 젊은 층에서는 샌더스가 훨씬 더 큰 표차로 이겼다는 것 말입니다. 만약 이 힘을 조직화하고 동원할 수만 있다면 그것이 미래에 대한 희망이 될 것입니다. 그리고 그런 일이 실제로 가능하고요.

트럼프에 대항하여 조직화하는 방법으로는 어떤 것이 있겠습니까?

무엇보다도 먼저, 트럼프가 발의한 몇가지는 지지를 받아 마땅할 것 같습니다. 물론 그가 제안한 것과는 다른 방식의 지지겠지만요. 그의 주요 의제 중 하나가 미국 내 기간시설 개발이지요. 그야말로 비참한 꼴을 하고 있는 사회기반시설 말입니다. 그러니 무너져가는 다리, 도로, 상수도, 에너지 체계를 다시 건설합시다. 그건 좋아요. 이것은 지지해줘야 할 정책입니다.

그러나 우리는 이것이 실제로는 오바마의 정책이었다는 사실, 그리고 그것이 공화당의 무차별 공격으로 좌초되었다는 사실을

동가에게 보낸 전보 내용의 일부다.

잊어서는 안됩니다. 오바마가 취임했을 때 공화당 지도부는 상당히 노골적으로 자기들의 전술을 드러냈습니다. 어떤 일도 이루어지지 않도록 단속하겠다, 그러면 어떻게든 권력을 되찾아올 수 있을 것이다 하는 것이었죠.[11] 이제 그들이 권력을 쥐었으니 의회가 이 정책을 막아설 이유가 없게 되었습니다. 아니면, 아직도 그럴 이유가 좀 남아 있지만 주된 이유, 즉 나라를 통치 불가능하게 만들려는 이유는 사라진 것이든가요.

하지만 원래 오바마가 제시한 기간시설 제안과 트럼프의 그것 사이에는 중요한 차이가 두가지 있습니다. 첫째, 오바마의 제안이 실행되었다면 그때는 재정지출이 없어도 되었을 것입니다. 트럼프의 제안은 폴 라이언에게서 받아들인 재정정책의 맥락에서 진행되고 있습니다. 내가 보기에 폴 라이언은 미국 정치에서 가장 위험한 인물입니다. 그의 정책은 부자와 기업 부문에 대한 급격한 감세를 수반하면서도 새로운 재원은 없고, 게다가 트럼프가 우리의 "고갈된" 군사체제라고 부르는 것, 사실은 이미 세계 어떤 나라보다도 천만년이나 앞서 있는 것에 대한 엄청난 보강을 포함합니다.[12] 중산층에 대한 지원 얘기도 좀 있기는 하지만 어디까지나 주변적인 것에 지나지 않고요.

이런 정책들에 들어가는 비용은, 다양한 추계에 따르면, 상당히 높습니다. 그러면 앞으로 어떤 일이 일어날까요? 충분히 예측할 수 있습니다. 2002년 부시가 일단 쓰고 나중엔 빌려쓰는 프로그램을 개시했을 때 딕 체니(Dick Cheney)가 재무장관 폴 오닐(Paul O'Neill)에게 했던 발언을 상기해보세요. 그는 "적자는 문제가 되지 않는다는 것을 로널드 레이건이 우리에게 보여줬다"라고 했습니다.[13] 대중의 지지를 얻기 위해 공화당이 만들고 그다음에는 다른 누군가에게, 가능하다면 민주당에 그 탓을 돌리는 그런 적자를 의미했던 것이지요. 민주당이 권력을 잡으면 적자는 공포소설이 됩니다. 도저히 용납할 수 없다는 겁니다. 그러나 공화당이 권력을 잡을 때에는, 언뜻 기록만 보아도 — 아이젠하워는 달랐지만 이후로는 전부 — 엄청난 적자를 용인하고 그 뒤처리는 다른 누군가가 하도록 내버려둘 수 있습니다. 이것이 첫번째 차이점입니다.

두번째 차이점은, 적어도 지금까지만 보면 트럼프가 설명해온 것은 정부의 부양책이 아니라 납세자들이 사기업에 제공하는 보조금이라는 점입니다. 사기업들이 기간시설을 다시 지어서 나중에 그것을 소유하고 그로부터 이윤을 얻을 수 있도록 말이죠. 일이 이대로 진행된다면 우리가 보게 될 것은 낙후한 상수도 재건이나 태양광 패널 설치가 아닐 것입니다. 유료도로 같은 것을 얻게 되겠죠. 그것이 이 나라에 필요한 종류의 기간시설 개발이 아님에도, 오로지 사적 권력과 이윤에 몰두하는 공화당, 특히 트럼프에게는 딱 어울립니다. 그외의 국민들에게 혜택이 돌아간다는 얘기는 그저 수사에 불과합니다. 사람들을 끌어들이기 위해 포퓰리즘의 수사를 이용하고 그와 동시에 보기 좋게 한방 먹이는 거죠.

사실 금융엘리트들은 현 상황에 상당히 흡족해하고 있습니다. 트럼프가 자기가 했던 선거공약과 정확히 반대되는 일을 하고 있기 때문입니다. 그는 자기가 공격했던 금융기관 — 골드만삭스, JP모건 등 — 의 핵심을 백악관으로 불러들이고 있습니다. 주식시장은 기업계가 지금 벌어지는 일을 아주 잘 알고 있다는 사실을 보여줍니다. 선거 후 거의 곧바로 에너지기업과 은행, 군수업체 들의 주식이 고공행진을 했지요. 가장 놀라웠던 것은 세계에서 가장 큰 민영 석탄생산업체인 피바디 에너지의 예로, 이 회사는 실제로 당시 파산절차를 밟던 중이었어요. 그런데 그 주식가치가 느닷없이 50% 정도까지 뛰더니 후에는 더 올라갔지요.[14]

시장의 이런 급등은 트럼프의 실제 정책이 어떨지에 대한 기업계의 예상을 반영하는 것입니다. 은행 쪽의 급등은 금융규제 철폐를 의미합니다. 이것은 곧 다음번 금융위기의 토대가 될 것이고, 그때가 되면 또다시 납세자들이 모두를 구제해야만 하는 사태가 벌어질 것입니다. 에너지기업 쪽의 급등은 환경파괴를 의미합니다. 군수업체들에 좋은 소식이 무얼 의미하는지는 말할 필요도 없겠지요. 우리 앞에 놓인 전조가 이런 것들입니다.

그러나 이 모든 것은 억제되고 조절되거나 역전될 수도, 다른 방향으로 유도될 수도 있습니다. 예를 들어 트럼프에게 표를 준 백인 남성 노동계급 사람들을 봅시다. 그들 중 상당수가 2008년에는 오바마를 찍은 사람들이었습니다. 그들이 오바마에게 표를 줬을 때에는 그들 나름의 이유가 있었지요. 그의 선거구호가 "희망과 변화" 아니었습니까? 이 사람들이 그에게 표를 준 것은 변화를 원했기 때문이었습니다. 충분한 이유와 진심이 담긴 행동이었습니다. 대규모 금융위기가 터지기 바로 전해인 2007년 미국의 비관리직 노동자들은 1979년보다 더 낮은 임금을 받고 있었습니다.[15] 그러니 변화를 요구하는 목소리가 높은 것도 당연했지요. 물론 희망도 마찬가지고요.

그런데 그들은 그 어떤 희망도 얻지 못했습니다. 또 그 어떤 변화도 얻지 못했습니다. 그래서 이번엔 똑같은 약속을 하는 사기꾼에게 표를 준 것입니다. 그러나 이것이야말로 실질적인 희망과 변화를 위한 의미있고 진정한 프로그램을 제시할 기회입니다. 지금 상황 덕분에, 예컨대 트럼프에게 표를 준 사람들과 샌더스에게 표를 준 사람들 다수가 한데 모일 수도 있게 되었거든요. 이런 기회를 붙잡아 계속 밀어붙이는 일이 가능할 겁니다.

이른바 '기그 경제'*라는 것에 대해 얘기해볼까요? 병가라든가 1, 2주의 유급휴가 같은 어느정도 혜택이 따르는 고정적 정규직이 사라지는 현상 말입니다. 그런 일자리는 이제 먼 기억 속의 일이 되고 있습니다. 임시직과 온디맨드** 고용이 발전하면서요. 노동자들도 이제 독립계약자가 되었다고 흐뭇해해야 할 텐데요. 대학 내에서도 이런 현상을 자주 접하실 것이라고 짐작이 됩니다. 거기에도 이제 겸임교수와 조교 들이 정말 많지 않습니까?

신자유주의 시대에 일어난 일들 중 하나가 대학에 점점 더 비즈니스 모델이 강요되었다는 것입니다. 당신이 말한 바와 같은 정책들이 적용되었다는 뜻이죠. 신분보장이 안되고 열악한 노동조건

---

* gig economy, 산업현장에서 전통적인 정규직보다 필요에 따라 쓸 수 있는 유동적인 계약직을 선호하는 경제현상을 가리킨다.

** on-demand, 소비자의 수요를 즉각 반영하여 모바일이나 인터넷을 통해 서비스나 물품을 제공하는 시스템을 일컫는다.

과 심각한 저임금에 시달리는 임시직 노동자들을 고용하는 것 말입니다. 정년이 보장되는 교수진에게는 직업안정성이 있지만, 겸임교수나 조교 들은 언제든지 해고될 수 있습니다. 이는 노동하는 사람들에게도 손실이고 학생들에게도 손실이지만, 최종 수지에는 좋은 일이겠지요.

이런 노동자들은 '독립계약자'라 불립니다만, 당연히 실상은 그렇지 않습니다. 결과적으로 노동자들을 서로 고립시키고 각자가 변덕스러운 자신의 상황에만 정신을 쏟도록 만들 뿐입니다. 그들은 신분보장을 받을 수 없으니 계획을 세울 수도 없지요. 이것은 곧 그들이 조직을 만들거나 제대로 기능하는 민주적 사회의 일원으로 행동하기 어려우리라는 의미입니다. 집중된 권력에는 이보다 더 좋은 일이 있을 수 없을 겁니다. 엘리트들은 제 기능을 하는 민주적 사회를 원치 않아요. 사람들이 겁을 먹고 기가 죽어 무기력하게 다음 봉급을 걱정하며 지내는 사회가 그들이 원하는 사회입니다.

관련된 현상으로 우버나 리프트 같은 개인 승용차 서비스는 어떻습니까? 어떤 사람들은 그런 것이 아주 편리하다고 생각하지만, 그것이 택시운전사의 생계에는 실질적 위협이기도 하지요.

확실히 그렇습니다. 택시운전사들은 열심히 일해온 사람들입니다. 그들 중에는 택시 영업허가증을 따기 위해 큰돈을 쓴 사람들도 많고요. 그건 그들에게 일생을 건 투자입니다. 그것이 파트타임으로 운전하는 사람들에 의해 침식당하고 빼앗기고 있는 겁니다. 파트타임 운전사들도 이해가 가요. 그들에게도 그 일이 필요한 거죠. 그러나 한편으로는 조직화되고 때로는 노조에 속하기도 했던, 이전에는 어느정도의 안정과 혜택을 제공해주는 삶을 영위해왔던 노동자들의 우려도 충분히 이해할 만합니다.

대선 운동기간 중 중산층에 대해서는 많은 관심이 집중되었지만 빈곤층에 대한 언급은, 버니 샌더스를 뺀 후보들에게서는 사실상 없다시피 했습니다. 메디케이드, 헤드스타트[•], 정부 학자금 지원, 식량배급표 등을 비롯한 다수의 빈곤퇴치 프로그램에 대한 감축이 제안되어 있는 상태에서 빈곤층은 다시 한번 궁지에 몰리게 될 터인데요. 그들은 정치적으로 왜 그렇게 주변으로 밀려나 있는 것일까요?

그들에게는 권력도, 조직도, 동원할 자원도 없기 때문이지요. 이 민자들, 비혼모들, 그들은 오로지 생존을 위해 애쓰고 있습니다. 그리고 그들 중 다수는 소수민족이 그러하듯 섬처럼 고립되어 있어요. 이런 사람들이 조직을 갖추고 행동하는 것은 극히 어렵기 때문에 그들을 쉽게 무시하고 넘어가는 겁니다.

알리 혹실드(Arlie Hochschild)가 진행한 흥미로운 연구가 있습니다. 그녀는 5년 동안 루이지애나의 티파티 본거지에서 살면서

[•] Head Start, 1964년 존슨 대통령이 '빈곤과의 전쟁'을 선포한 이후 그 기획의 일환으로 시행되기 시작한, 저소득 가정 아동의 취학준비를 지원하는 유아교육 프로그램이다.

그곳 사람들의 시각을 이해해보려 시도했습니다.[16] 그녀가 커다란 역설이라고 묘사했던 문제, 토머스 프랭크를 비롯한 이들이 얘기해온 문제의 해답을 찾고 싶었던 것이죠. 왜 사람들은 자기들을 파괴하려고 안달이 난 정치인들에게 표를 주는가? 그곳 사람들은 강어귀에 살며 낚시와 사냥을 하고 푸르른 환경에서 근사한 삶을 누리던 기억을 가지고 있습니다. 지금은 그 모든 것이 석유화학공장에 의해 파괴되고 있지요. 이제 거기엔 '발암지구'•가 있습니다. 사람들은 화가 나 있고요. 하지만 그들은 그런 파괴를 가중시킬 계획을 하는 후보에게 표를 줍니다.

혹실드는 흥미로운 비유를 제시합니다. 그녀의 책에 나오는 사람들은 자기들이 줄에 서 있다고 생각한다는 것입니다. 자기들은 평생 열심히 일해왔고 해야 할 일도 전부 다 했다는 것이죠. 교회에 나갔고 성경 공부도 했으며 가정을 꾸려 남편은 직장에 나가고 아내는 집에 남아 아이들을 돌보고, 그 모든 걸 다 했다고요. 자신들의 부모가 그러했듯이 자신들도 올바르게 살았고, 줄을 서서 천천히 앞으로 나아가고 있었다는 겁니다. 그런 게 바로 미국의 꿈이겠지요. 그런데 어느날 갑자기 그 줄이 멈추더니 이제 자기가 25년 전이나 30년 전, 또는 그보다 훨씬 더 전에 있던 자리로 밀려나 있더라는 겁니다.

그들 앞에는 몇몇 사람들이 천리만리 앞으로 달려가고 있죠. 그

• cancer alley, 루이지애나주 배턴루지에서 뉴올리언즈에 이르는 미시시피강 유역. 수많은 공장들이 밀집해 있고 다수의 암환자가 집중적으로 발생하여 이런 별칭이 붙었다.

러나 그들의 마음에 걸리는 것은 그 사람들이 아닙니다. 왜냐하면 미국의 꿈의 본질은 가치가 있는 사람이라면 이익을 얻는 것이 당연하다는 것이니까요. 정말 그들의 마음에 걸리는 것은 그들 뒤에 있는 사람들입니다. 열심히 일해본 적도, 제대로 옳은 일을 해본 적도 없는 "가치 없는" 사람들 말입니다. 그런데 난데없이 연방정부가 나타나더니 그 사람들을 데려다가 줄 앞자리에 끼워넣는다는 겁니다.

이런 얘기는 허구의 신화입니다. 그러나 이런 신화 속에는 충분한 진실의 파편들이 흩뿌려져 있어서 그럴듯하게 보이게끔 만들 수 있는 법이지요. '복지여왕'이라는 말을 기억합니까? 리무진을 타고 복시국에 가서 당신이 받을 돈을 훔쳐간다고 지목되던 사람들 말입니다. 지금은 이민자들이 특혜를 받는다고 지적됩니다. 아프리카계 미국인, 라틴계 같은 각양각색의 떨거지들과 함께요. '일해서 버는 자' 대 '받기만 하는 자'의 구도입니다. 그리고 이 떨거지들을 열심히 일하는 착실하고 건전한 사람들 앞에 세운다고 연방정부가 욕을 먹고 있는 겁니다.

그래서 그들은 연방정부를 증오합니다. 그들이 사는 곳은 석유화학공장이 일으키는 오염으로 피폐해져가고 있습니다. 그러나 그들 눈에 비친 환경보호청은 정장 차림으로 그곳에 내려와 그들에게 낚시질은 허용되지 않는다고 말하면서 정작 그런 공장들에 대해서는 어떤 조치도 취하지 않는 녀석일 뿐입니다. 그리고 이 모든 생각은 종교적 믿음, 백인우월주의 요소, 가부장적 태도 등과 잘 맞아떨어집니다. 어느정도 일리 있는 내적 논리를 지닌 셈이죠.

물론, 더 넓은 맥락에서 보면 자기파괴적인 길이지만요.

그러나 이곳 역시 변할 수 있습니다. 조직을 만들 기회도 있고요.

저는 최근에 1892년 오마하에서 결성된 포퓰리스트당의 정강을 들여다보고 있습니다. 철로와 증기선 노선의 국유화, 전화와 전보 체계의 국유화를 요구했더군요.[17] 선생님은 오늘날 포퓰리즘이라 불리는 것의 성격을 어떻게 규정하시겠습니까?

그것이야말로 최초의 포퓰리즘 운동이었습니다. 급진적 농민들의 운동으로, 텍사스에서 시작되어 캔자스를 거쳐 중서부 전역으로 퍼져나갔죠. 그 시기 농업사회는 국가자본주의적 산업화가 우세해짐에 따라 점점 주변으로 밀려나고 있었습니다. 북부의 자금, 은행가, 상인 들이 농민들의 숨통을 조여오고 있었고, 그들은 고도로 착취적인 체제 내에서 일하도록 강요받았습니다. 이들은 자유로운 사람이라면 그 누구로부터도 명령받지 않아야 한다는 개인주의적 공화주의 관념을 고수하는 사람들이었습니다. 따라서 임금노동이란 노예 상태와 크게 다르지 않은 것으로 여겨졌지요. 원한다면 벗어날 수 있는 일시적인 상태이기는 하지만 어쨌든 그것도 속박의 한 형태였으니까요.

그런 배경이 급진적 포퓰리즘 운동을 불러왔고, 이 운동은 당시 부상하던 조직화된 산업노동자계급과 연대하려 노력했습니다. 이 포퓰리스트들은 진압당했습니다. 때로는 강압적인 방식이 동원되었죠. 그러나 그들의 운동은 미국 역사상 가장 민주적인 운동이었습니다. 나중에는 인종주의와 외국인혐오, 반유대주의로 변질되었지만, 그 시작은 대단히 진보적이었습니다. 20세기 초의 진보적 운동을 형성하는 데에 일조하기도 했고요.

오늘날 포퓰리즘이라 불리는 것은 이것과 사뭇 다릅니다. 확립된 제도에 대한 반대를 뜻하는 이것은 온갖 형태를 취할 수 있습니다. 매우 좌파적이거나 진보적일 수도 있고, 아니면 네오나치즘일 수도 있고요.

키스톤 XL 송유관 건설에 반대하는 스탠딩록 수(Standing Rock Sioux)족의 저항을 보고 어떤 기분이셨습니까?

깊은 감명을 받았습니다. 트럼프 행정부가 벌써부터 기존 송유관 건설계획을 승인할 것이라고 말했지만 말입니다.[18]

그럼에도 이 나라 안에서 가장 억압받던 소수자들, 아메리카 원주민을 둘러싸고 광범위한 동맹이 결집했습니다.

맞습니다. 여러 쟁점이 응집된 것이지요. 원주민 인권, 거듭 파기된 협약들, 지역적 환경영향, 식수권 등 말입니다. 거기에다 더 의미가 큰 쟁점도 있습니다. 석유가 땅속에 그대로 머물러야 한다는 것이지요. 〔그러나〕 불행하게도 그럴 가능성은 없어 보이는데, 설사 송유관 노선이 재조정된다고 할지라도 석유가 땅속에 머물게 되지는 않을 것 같군요.

12장

트럼프의
집권

미디어가 끝도 없이 보도하는 트럼프의 어릿광대짓과, 그만큼 주목을 받지는 못하지만 그가 시행하려고 애쓰는 실제 정책 사이의 차이에 대해 말씀하신 적이 있지요. 그에게 어떤 일관된 경제적, 정치적, 국제적 정책 목표가 있다고 생각하십니까? 트럼프가 취임 후 몇달 동안 이루어낸 것이 있다면 무엇일까요?

　양동작전이 진행 중입니다. 어쩌면 계획적인 것일 수도 있고, 어쩌면 중앙무대에 선 인물과 커튼 뒤에서 작업하는 자들이 지닌 성향의 자연스러운 결과일 수도 있겠지만요.

　한쪽에서 트럼프의 기행은 모든 관심이 그에게 쏠리도록 만듭니다. 방법은 별로 중요하지 않아요. 수백만의 불법이민자들이 클린턴에게 표를 줘서 애처롭고 보잘것없는 남자에게서 위대한 승리를 빼앗아가려 한다던 공격을 누가 기억이나 하겠습니까?[1] 아니면 오바마가 트럼프 타워를 도청했다던 비난은요?[2] 그런 주장들 자체는 별로 중요하지 않습니다. 뒤쪽에서 벌어지고 있는 일에서 관심을 딴 데로 돌릴 수만 있다면 그것으로 충분합니다. 조명이 비치지 않는 그곳에서는 공화당 내 가장 악랄한 일파가 그들의 진정한 지지자들을 살찌우기 위해 준비된 정책들을 주도면밀하게 진척시키고 있으니까요. 사적 권력과 부를 지닌 자들, 애덤 스미스의 표현을 빌리면 "인류의 주인"인 자들을 위해서 말입니다.

이런 정책들은 무고한 일반 국민들에게 손해를 끼치고 미래 세대에게 타격을 주겠지만, 그런 건 공화당이 신경 쓸 바가 못되지요. 그들은 이미 여러 해에 걸쳐 마찬가지로 파괴적인 법안들을 밀어붙이려 시도해오고 있습니다. 예를 들어, 폴 라이언은 자신들의 지지기반에 대한 복무와는 별개로, 사실상 연방정부를 해체하고자 하는 자신의 이상을 공공연히 밝혀온 지 오래되었지요. 그런 그도 과거에는 평론가들이 골머리를 썩도록 자신의 제안을 온통 통계자료로 포장한 적이 있었습니다. 그러나 이제 모든 관심이 트럼프가 직전에 보여준 미친 짓에 집중되는 동안, 라이언 일당과 행정부서는 노동자들의 권리를 무너뜨리고 소비자보호를 못쓰게 만들고 농촌사회를 심각하게 훼손하는 법안과 행정명령을 날치기로 통과시키고 있습니다. 그들은 자신들의 지지자들을 더욱 살찌우기 위해 의료보장 프로그램에 들어가는 세금을 비난하면서 그 프로그램을 파괴하려 하고, 도드-프랭크법*을 형해화하고자 합니

---

* 정식 명칭은 '월스트리트 개혁 및 소비자 보호법(Dodd-Frank Wall Street

다. 이 법이야말로 신자유주의 시기에 성장한 약탈적 금융시스템에 반드시 필요한 제재를 가하는 것이었는데 말이죠.[3]

이것은 새로 권력을 거머쥔 공화당이 철퇴를 휘두르는 방식의 한가지 예일 뿐입니다. 사실, 공화당은 더이상 전통적인 의미에서의 정당이 아닙니다. 보수적 정치분석가인 토머스 맨(Thomas Mann)과 노먼 온스틴(Norman Ornstein)은 이것을 "과격한 반란"이라는 더 정확한 말로 묘사했습니다. 통상의 의회정치를 포기한 행태라는 얘기였죠.[4]

이런 일들 중 많은 부분은 은밀하게, 비공개 회의를 통해, 가능한 한 대중의 주목을 끌지 않으면서 진행되고 있습니다. 공화당의 다른 정책들은 더 공개적입니다. 이를테면, 빠리기후협정에서 탈퇴하여 결국 미국을 인류의 앞날에 드리운 환경재앙에 맞서려는 국제적 노력에 참여하길 거부하는 불량국가로 고립시키는 일 같은 것 말입니다. 훨씬 더 나쁜 것은 그들이 화석연료 사용을, 가장 위험한 것까지 망라하여 극대화하려고 힘을 쏟고 있다는 사실입니다. 규제를 철폐하고, 온전한 생존을 위해 곧 필수적인 것이 될 대체 에너지원에 대한 연구개발 지원을 급격하게 삭감하면서 말입니다.

그런 정책들 뒤에 있는 동기는 다면적입니다. 어떤 정책들은 단순히 자기들 지지자에게 봉사하려는 것입니다. 또 어떤 정책들은

Reform and Consumer Protection Act)'. 2007년 서브프라임 대출 사태로 촉발된 금융위기와 경기침체를 계기로 월스트리트의 금융자본에 대한 규제를 강화하기 위해 2010년에 제정되었다.

"인류의 주인"과는 별 상관이 없으나 공화당이 한데 그러모은 조각조각의 유권자 블록●들을 붙들어놓으려는 의도로 계획된 것이고요. 공화당의 정책이 너무나 오른쪽으로 치우쳐버리는 바람에 그들의 실제 제안들은 유권자들의 마음을 끌 수 없었을 테니까요. 예를 들어, 가족계획에 대한 지원을 폐기하는 것은 지지자들을 위한 일이 아닙니다. 사실 그들 대부분은 가족계획을 지지할 만한 사람들이지요. 그러나 그런 지원을 끊는 것은 복음주의적 기독교층에는 호소력을 지닙니다. 이들은 자기들이 결과적으로는 원치 않는 임신이 더 늘어나도록 주장하고 있으며 따라서 유해한, 심지어는 치명적인 조건에서 낙태에 의존하는 빈도를 증가시키고 있다는 사실에 눈감고 있는 유권자들이지요.

이 모든 피해에 대해 명목상으로만 책임자 자리에 있는 사기꾼을, 그의 기이한 약속을, 아니면 그가 고삐를 풀어준 의회의 힘을 탓하기만 할 수는 없습니다. 트럼프 치하에서 벌어지는 가장 위험한 일들 중 일부는 오바마의 발의안에 그 기원을 둡니다. 당연히 공화당 의회의 압력하에 통과된 발의안이지만요.

이 가운데 가장 위험한 것은 보도된 적도 거의 없습니다. 2017년 3월에 출간된 『핵과학자 회보』에 매우 중요한 연구가 실렸는데요, 여기에서는 오바마의 핵무기 현대화 프로그램이 "현존하는 미국 탄두미사일 화력의 살상력을 대략 3배에 달할 정도로" 상승시켰

● voting bloc, 특정 사안에 대한 관심을 공유하며 그 사안에 대한 입장에 따라 선거에서 몰표를 행사하는 유권자집단을 가리킨다.

고 "또한 이것은 핵무장국가가 기습 선제타격으로 적국을 무장해제함으로써 핵전쟁에서 싸워 이길 능력을 갖고자 계획할 때 우리 눈앞에 펼쳐지리라 예상되는 사태를 그대로 연출한다"라고 폭로합니다.[5] 분석가들이 지적하듯이 이 새로운 능력은 인류의 생존이 달려 있는 전략적 안전성을 붕괴시킵니다. 지난 시절 재앙의 문턱까지 갔던 사태와 지도자들의 무분별한 행동에 대한 모골이 송연해지는 기록은 우리의 생존이 얼마나 아슬아슬한 것인지를 잘 보여줍니다. 그런데 이제 이런 프로그램이 트럼프 치하에서 실행되고 있는 겁니다. 환경재앙의 위험과 더불어, 이런 식의 진전은 다른 모든 것에 어두운 그림자를 드리웁니다. 게다가 이에 대한 논의는 거의 없고 중앙무대 쇼맨의 공연이 모든 관심을 끌어당기고 있는 실정이지요.

자기와 자기 심복들이 어떤 일을 꾸미고 있는가를 트럼프가 알고 있는지 여부는 확실치 않습니다. 어쩌면 그는 앞뒤가 완전히 똑같은 사람일지도 모르죠. 자기 자신이 유일한 이데올로기인, 무지하고 신경질적인 과대망상증 환자 말입니다. 그러나 공화당 조직의 극단주의 진영이 지배하는 가운데 무슨 일이 벌어지고 있는지는 너무나 분명합니다.

민주당측에 어떤 고무적인 활동이 있다고 보십니까? 아니면 이제 제3정당에 대해 생각해볼 시점이 된 걸까요?

생각해볼 일이 많습니다. 2016년 선거에서 가장 두드러진 특징은 버니 샌더스의 선거운동이었습니다. 한 세기가 넘는 미국 정치사가 세워놓은 패턴을 무너뜨린 예였죠. 상당한 규모의 정치학 연구들이 선거란 대체로 매수되는 것이라는 사실을 설득력 있게 입증해왔습니다. 선거자금 모금만으로도 대통령 선거뿐만 아니라 의원 선거까지 당선가능성을 예측할 수 있는 아주 훌륭한 지표가 된다는 것입니다. 그것은 또한 선출직 관료들의 결정도 예측하게 해줍니다. 이에 상응하여, 상당한 다수의 유권자들 — 소득수준 하위에 있는 사람들 — 은 그들의 대표가 그들의 호불호를 등한시한다는 점에서 사실상 공민권을 박탈당하는 신세가 됩니다. 이런 면으로 볼 때 든든한 미디어를 등에 업은 억만장자 TV 스타의 승리는 별로 놀랄 일이 아닙니다. 주요 케이블 채널인 루퍼트 머독(Rupert Murdoch)의 폭스TV와 대단한 영향력을 지닌 우익 토크 라디오의 직접적인 지원도 있었고, 그밖에도 트럼프의 기행과 쏟아져들어오는 광고 수입에 정신이 팔린 다른 미디어들의 간접적인, 그러나 아낌없는 지원도 있었으니까요.

반면, 샌더스의 선거운동은 통상적인 모델에서 확연하게 벗어난 것이었습니다. 샌더스는 거의 알려지지 않은 인물이었지요. 그는 주요 자금원들로부터 사실상 그 어떤 후원도 받지 못했고, 미디어로부터는 무시나 조롱을 당했으며, "사회주의자"라는 그 무시무시한 딱지를 스스로에게 붙였습니다. 그러나 그는 지금 현재 다른 사람들을 너끈히 따돌리고 전국에서 가장 인기 있는 정치계 인사가 되었죠.[6]

그 의미를 최소한으로 잡더라도, 샌더스 선거운동의 성공은 쏠

모없는 양당제의 틀 내에서도, 거기서 벗어나려는 노력을 막는 그 모든 제도적 장애물에도 불구하고 여러 선택지를 추구할 수 있다는 것을 보여줍니다. 오바마 재임기에 민주당은 지역적, 전국적 차원에서 붕괴를 겪었습니다. 민주당은 이미 여러 해 전에 노동계급을 크게 저버린 바 있고, 클린턴의 무역정책과 재정정책이 미국의 제조업과 그것이 제공하는 꽤 안정적인 고용을 무너뜨리면서 상황은 더욱 악화되었습니다.

진보적인 정책 제안이 모자란 것이 아닙니다. 로버트 폴린(Robert Pollin)이 그의 책 『세계경제를 녹색으로』에서 개진한 기획은 매우 그럴듯한 하나의 접근법입니다.[7] 노동자 자율경영에 기초하여 진정한 민주주의를 건설하는 일에 관한 가 앨퍼로비츠(Gar Alperovitz)의 작업도 또 하나의 그런 예고요.[8] 이러한 접근법들, 그와 관련된 구상들을 실질적으로 이행하는 방안이 다양하게 모양을 갖추어가고 있습니다. 샌더스 선거운동의 부산물로 생겨난 조직들을 포함하여 많은 대중조직들이 그들이 이용할 수 있는 여러 기회를 활용하고자 적극적으로 힘을 쏟고 있습니다.

이와 동시에 기존의 양당제 틀 역시, 아무리 유서 깊다고 해도 바위에 새겨진 것이 절대 아니랍니다. 최근 몇년간 산업민주주의 내에서 전통적인 정치제도가 지속적으로 사양길을 걸어왔다는 것은 비밀이 아닙니다. 이른바 '포퓰리즘'의 영향하에서 말입니다. 이 포퓰리즘이라는 용어는 다소 느슨하게 제반 제도에 대한 불만과 분노, 경멸의 물결을 일컫는 데에 사용됩니다. 이런 경향은 몇몇 소수의 손아귀에 엄청나게 부가 집중되면서 대다수 사람들이

침체에 빠지는 결과를 가져온 과거 세대의 신자유주의적 공세에 동반하여 생긴 것이지요.

경제권력이 집중되면 그 자연스러운 결과로 제대로 기능하는 민주주의는 침식을 겪습니다. 집중된 경제권력은 익숙한 수단들에 의해, 그뿐만 아니라 더 깊고 더 원천적인 이유로 인해 곧장 정치권력으로 이전되고요. 의사결정 과정이 공공부문에서 '시장'으로 넘어가는 것이 개인의 자유에 이바지한다고 짐짓 공식적 입장을 내세우지만 현실은 다릅니다. 민주주의가 제 기능을 하는 동안은 유권자들에게 어느정도 발언권이 있는 공적 제도로부터, 유권자들에게 전혀 발언권이 없는 사적인 폭군들 — 경제를 지배하는 기업들 — 의 영역으로 힘이 넘어가는 것이기 때문입니다. 유럽에는 민주주의의 위협을 분쇄하는 훨씬 더 직접적인 방법이 있습니다. 선출되지 않은 권력 트로이카 — IMF와 유럽중앙은행, 유럽연합집행위원회 — 의 손에 중차대한 결정을 맡기는 것이지요. 그들은 북쪽의 은행들과 채권자집단에는 마음을 쓰지만 유권자들은 거들떠보지도 않습니다.

이 정책들은 사회가 더이상 존속하지 않도록 하는 데에 전념하고 있습니다. 마거릿 새처가 자기가 이해한 대로의 세계, 아니 더 정확하게 말하자면 자기가 만들어내고자 희망했던 세계를 묘사할 때 사용한 그 유명한 말처럼, 사회는 없고 오직 개인만이 존재하는 세계 말입니다. 이것은 맑스가 프랑스의 압제에 대해, 사회를 "감자들을 모아놓은 포대," 즉 제대로 기능할 수 없는 무정형의 대중으로 만들어놓은 그 압제에 대해 신랄하게 비판할 때 사용했던 말을 새처가 부지불식간에 자기식으로 바꾸어 말한 것이었습니다.[9] 현대의 경우에는 ─ 적어도 서구에서는 ─ 그 압제자가 전제군주는 아닙니다. 바로 집중화된 사적 권력이 압제자이지요.

중도적 통치기구가 붕괴했음은 선거에서도 명백히 드러납니다. 2017년 중반의 프랑스 대선도 그랬고 그보다 몇달 먼저 치러진 미국 대선도 그랬죠. 미국에서는 대중적 힘을 동원한 두명의 후보가 샌더스와 트럼프였습니다. 물론 트럼프는 날로 번성하는 '늪지' 속에 구체제의 가장 악랄한 요소들이 요지부동의 권력을 유지할 것이라고 서둘러 보장함으로써 자기가 내세우던 '포퓰리즘'의 사기성을 지체 없이 드러냈지만요.

이런 과정은 오랜 기간 다양한 유권자 블록을 활용해온, 서로 경쟁하는 두 분파를 갖춘 일당사업 방식이라는 공고한 미국식 체제의 붕괴를 불러올지도 모릅니다. 진정한 '인민의 정당'이 부상할 기회를 제공해줄 수도 있고요. 유권자 블록이 실질적인 지지층이 되고 그 지도적 가치가 존중받아 마땅한 그런 정당 말입니다.

취임 후 트럼프의 첫 방문지가 사우디아라비아였습니다. 거기에 어떤 중요성이 있을까요? 또 더 넓은 차원에서 중동 정치에는 어떤 의미를 지닐까요? 이란을 향한 트럼프의 적의에 대해서는 어떻게 생각하십니까?

사우디아라비아는 트럼프가 제 집처럼 편히 여길 만한 곳이죠. (여성인권 면에서도 악명이 높지만 다른 영역에서도 마찬가지로) 지독하게 억압적인 잔혹한 독재에다가 (현재는 미국에 추월당했지만) 굴지의 석유생산국이고 또 돈도 아주 많고요. 이번 방문으로 트럼프는 ─ 지지자들에게 큰 기쁨을 안겨준 ─ 엄청난 무기구매 약속과 그밖에 사우디가 줄 선물에 대한 막연한 언질을 받아냈습니다. 그 결과 중 하나로 사우디에 있는 트럼프의 친구들에게는 청신호가 떨어졌지요. 예멘에서 벌어지는 수치스러운 그들의 잔학행위를 더욱 강화할 수 있고, 사우디의 지배에 지나치게 독자적인 기미를 보여온 카타르에 본때를 보여줄 수 있게 된 겁니다. 이 문제에서는 이란이 하나의 변수입니다. 카타르는 이란과 천연가스 유정을 공유하면서 이란과 무역 및 문화 방면에서 관계를 맺고 있습니다. 사우디와 철저하게 반동적인 그 연합세력은 이를 탐탁지 않게 여기고 있지요.

이란은 오랫동안 미국 지도자들과 미국 미디어의 논평에서 특별히 위험한, 아마도 지구상에서 가장 위험한 나라라는 평가를 받아왔습니다. 트럼프 훨씬 이전에 시작된 일이지요. 공식 외교원칙 차원에서는 이란이 이중의 위협입니다. 이란은 테러리즘의 주요 지원국인데다가, 이란의 핵 프로그램은 전세계는 아니라 하더라도 이스라엘에는 실존적 위협을 제기하니까요. 그게 그렇게나 위험했기에 오바마가 이란의 핵무기로부터 유럽을 보호하기 위해 러시아 국경선 근처에 첨단 방공시스템을 설치해야 했던 것입니다. 그런데 사실 그러한 이란의 핵무기는 존재하지도 않거니와, 어떤 경우든 이란 지도자들이 그 댓가로 즉시 잿더미가 될 욕망에 사로잡히지 않는 한 감히 그것을 사용할 리가 없지요.

이런 것이 공식적인 외교원칙입니다. 이란이 테러리즘을 지원한다는 것은, 현실세계에서는 이스라엘이 또다시 레바논을 침공하는 파괴행위를 하지 못하도록 막는 유일한 억지력이 되는 헤즈볼라를 지원한다는 얘기입니다. 그런 역할을 한다는 점에서 헤즈볼라는 중범죄를 저지르고 있는 셈이죠. 또 이란이 가자 지구의 자유선거에서 승리한 하마스를 지원한다는 얘기도 됩니다. 선거 승리라니, 이 또한 범죄행위로, 즉각 가차 없는 제재를 끌어냈고 미국 정부가 군사쿠데타를 준비하도록 이끌었습니다. 두 조직 모두 테러행위에 책임이 있는 것은 사실입니다. 하지만 사우디아라비아가 지하드 조직망의 형성과 활동에 관여함으로써 파생된 테러행위의 규모에는 댈 것이 못됩니다.

이란의 핵무기 프로그램에 관해서 미국 정보부가 지금까지 확인해준 것은 누구라도 혼자서 쉽게 생각해낼 만한 것이었습니다. 만약 그런 것이 존재한다면 그것은 이란의 억지전략 중의 하나일 것이라는 점 말입니다. 또 이란의 WMD에 대한 그 어떤 우려도 중동에 비WMD 지대를 세우자는 이란의 요구에 귀 기울이는 단순한 방법만으로 가라앉힐 수 있다는, 차마 입에 담기 어려운 사실도 있습니다. 비WMD 지대는 아랍 국가들과 나머지 세계 대부분의 국가들로부터 강력한 지지를 받고 있습니다. 이를 가로막고 있는 것은 주로 이스라엘의 WMD 전력을 보호하고자 하는 미국이고요.

검증을 통해 외교원칙이 이런 식으로 해체되고 나면, 우리에게는 미국이 이란을 향해 갖는 적의의 진짜 이유를 찾아야 할 과제가 남습니다. 여러 가능성이 바로 머릿속에 떠오릅니다. 미국과 이스라엘은 당연히 자기들 것이라 여기는 이 지역에 독자 세력이 있는 것을 참지 못합니다. 핵억지력을 지닌 이란이라는 존재는 제 마음대로 중동을 헤집고 다니고 싶은 깡패국가들로서는 도저히 용인할 수 없는 것이죠. 그러나 여기에는 그 이상의 사연도 있습니다. 워싱턴이 1953년 군사쿠데타를 통해 들어앉힌 독재자〔팔레비왕조〕를 몰아낸 전력이 있기에 이란을 용서할 수가 없다는 것이죠. 그때의 쿠데타는 이란의 합법정권과 자국의 천연자원에 대한 소유권을 주장할 수 있을 것이라는 이란 정권의 가당찮은 믿음을 파괴한 것이었습니다. 세상은 너무 복잡해서 하나의 단순한 설명으로 풀기엔 무리겠지만, 내게는 이것이 이야기의 핵심인 것으로 보입니다.

지난 60년 동안 워싱턴이 이란 사람들을 괴롭히지 않고 지나간 날이 하루도 없다시피 했다는 사실을 여기서 상기해보는 것이 나쁘지 않을 것 같군요. 1953년 군사쿠데타 이후에는, 국제앰네스티가 인간의 기본권을 침해하는 데 앞장선 인물로 묘사한 독재자에 대한 미국의 지원이 뒤따랐습니다. 그가 축출된 직후에는 미국을 등에 업은 사담 후세인의 이란 침략이 뒤를 이었고요. 작다고 할 수 없는 사건이었죠. 수십만의 이란인들이 죽임을 당했고 그중 다수는 화학무기에 희생되었습니다. 친구 사담에 대한 레이건의 지지가 얼마나 지극했던지 이라크가 미국 함정 USS 스타크호를 공격해 37명의 미국 해군들을 죽였을 때에도 그에 대한 대응은 이라크를 그저 혼내는 시늉만 하는 정도에 그쳤습니다. 레이건은 또한 사담 후세인이 이라크 지역 쿠르드족에게 끔찍한 화학전 공격을 가했을 때에도 오히려 이란을 탓했죠.

결국 미국은 이란-이라크전에 직접 개입했고 이란의 뼈아픈 항복을 받아냈습니다. 후에 조지 H. W. 부시는 이라크 핵공학자들을 미국으로 초청해 선구적인 핵무기 생산 훈련을 받도록 했습니다. 이것은 다른 함의는 제쳐놓고서라도 이란에는 특별한 위협이었지요.[10] 그리고 오늘날까지 계속되는 이란에 대한 가혹한 제재를 배후에서 밀어붙이고 있는 세력도 당연히 워싱턴이고요.

트럼프는 자기 나름으로 가장 잔혹하고 억압적인 독재자들과 입을 맞추어 이란을 향해 저주를 퍼부어왔습니다. 그가 야단스레 중동을 도는 동안 이란에서는 때마침 선거가 진행 중이었는데, 이런 선거는 비록 결함투성이이긴 해도 그때 그를 대접하던 사우디 땅에서는 생각도 못할 것이었습니다. 또 사우디는 그 지역에 해독을 끼치고 있는 과격한 이슬람주의의 원천인 것이 사실이고요. 그러나 이란을 향한 미국의 적의는 트럼프라는 개인을 훌쩍 넘어섭니다. 국방장관 제임스 '미친 개' 매티스(James 'Mad Dog' Mattis)처럼 트럼프 행정부 내에서는 그나마 "철이 든 어른"이라 인정받는 사람들도 마찬가지니까요. 그리고 그 역사도 한참 된 것이죠.

한국과 관련된 전략적 쟁점은 어떤 것입니까? 점차 악화되고 있는 갈등을 완화시키기 위해 할 수 있는 일이 있을까요?

2차대전 종전 이후 한국 문제는 오랫동안 곪아터질 지경이 되어왔습니다. 그때 한반도 통일을 원하는 한국인들의 희망이 강대국들의 간섭으로 좌절되었고, 그렇게 된 주된 책임은 미국에 있지요.

북한의 독재는 잔인함과 억압이라는 면에서는 메달감이지만, 지금 그곳은 경제개발을 추구하면서 어느정도는 이루어내고 있습니다. 대규모 군사체제를 유지해야 하는 압도적인 부담에도 불구하고 말입니다. 그런 체제에는 당연히 핵무기, 미사일 같은 군비성장이 포함되고 이는 그 지역과, 장기적으로는 그 바깥에 있는 나라들에도 위협이 되겠지요. 그러나 그 기본 역할은 억지력으로 작동하는 것에 있고, 북한 정권이 파멸의 위협을 당하고 있는 한 그것을 포기하기는 쉽지 않을 것입니다.

오늘날 우리는 북한이 이런 핵 프로그램, 미사일 프로그램을 동결하도록 강제할 방법을 찾는 것이 세계가 직면한 가장 큰 난제라는 이야기를 듣고 있습니다. 어쩌면 더 많은 제재와 사이버전, 위협을 동원해야 할지도 모르겠습니다. 중국이 자국의 이해에 심각한 위협이라 간주하는 고고도미사일방어체계(THADD)를 배치하거나, 어쩌면 북한을 직접 타격하는 수단을 써야 할 수도 있겠죠. 이런 공격은, 짐작하기로는 핵무기를 사용하지 않고도 서울을 비롯한 남한 대부분을 초토화할 집중포대의 보복공격을 이끌어낼 텐데 말입니다.

그러나 지금은 외면당하고 있는 것처럼 보이는 다른 선택지도 있습니다. 우리가 요구하는 대로 하겠다는 북한의 제안을 그냥 받아들이는 것입니다. 북한의 핵 프로그램과 미사일 프로그램을 동결할 수 있다는 제안을 이미 중국과 북한 쪽에서 내놓은 바 있습니다. 그러나 이 제안은 2년 전에도 그랬던 것처럼 워싱턴에 의해 즉각 거부당했습니다. 그에 대한 상응조치를 요구했기 때문이었죠. 미국도 B-52기를 동원하는 핵폭격 시뮬레이션을 포함하여 북한 국경에서 벌이는 위협적인 군사훈련을 중단해야 한다는 요구가 있었던 것입니다.[11]

중국과 북한의 제안을 부당하다고 보기는 어렵습니다. 북한 사람들은 자기네 나라가 미국의 폭격으로 인해 말 그대로 박살이 났던 것을 잘 기억하고 있습니다. 남아 있는 표적이 달리 없어지자 미군이 주요 댐들에 폭탄을 퍼부었던 것을 기억하는 사람들도 많고요.[12] 미국의 군사문서에는 어마어마한 물이 논으로 밀려들어 "아시아인들"의 목숨이 달려 있는 벼를 휩쓸어버리는 흥미진진한 광경에 희희낙락하는 보고서들도 있습니다.[13] 이런 것들은 꼭 읽어볼 가치가 있는, 역사적 기억의 유용한 일부입니다.

북한 국경에서 극히 도발적인 행동을 중단하는 데에 대한 댓가로 북한 핵 프로그램과 미사일 프로그램을 동결하겠다는 제안은 더 광범위한 협상의 토대가 될 수 있습니다. 그런 협상은 핵위협을 극적으로 감소시키고 나아가 북한 위기를 종결하는 결과를 가져올지도 모릅니다. 발끈해서 쏟아대는 논평과는 반대로, 그런 협상이 성공하리라 생각할 만한 상당한 이유들이 있습니다. 그러나 북한의 핵개발이 우리가 직면하고 있는 가장 큰 위험이라는 얘기가 끊임없이 반복됨에도 불구하고, 워싱턴은 중국과 북한이 내놓은 제안을 도저히 받아들일 수 없는 겁니다. 미국의 평론가들 역시 인상적이게도 한목소리로 그 제안을 거부합니다. 이것은 평화로운 선택지가 가능한데도 거의 반사적으로 힘을 선택하는 부끄럽고 안타까운 기록에 또 하나의 항목으로 추가될 것입니다.

2017년 남한 대선에서 한 줄기 희망의 빛을 찾을 수 있을지도 모릅니다. 새로 선출된 문재인(文在寅) 대통령은 전임자의 강경한 대결 위주 정책을 뒤집기 위해 열심인 것으로 보입니다.[14] 그는 외교적인 방안을 개척하고 화해를 향해 나아갈 것을 주문해왔습니다. 이는 분노에 차 주먹을 휘두르다가 진짜 재앙을 불러올지도 모를 상황에 비하면 확실히 진전을 본 것이라 할 수 있겠죠.

과거에 유럽연합에 대해 우려를 표하신 적이 있지요? 유럽이 미국과 영국에 덜 매이게 되면서 어떤 일이 일어날 것이라고 생각하십니까?

유럽연합에는 근본적인 문제점들이 있습니다. 정치적 통합은 없이 단일통화를 사용하는 것 등이 특히 그렇지요. 하지만 긍정적인 측면도 많아요. 좋은 것은 보존하고 해로운 것은 개선하려는 현명한 구상들이 대두하고 있습니다. 민주적 유럽을 위해 야니스 바루파키스(Yanis Varoufakis)가 발의한 유럽민주주의운동2025(DiEM25)도 앞날이 기대되는 접근법입니다.[15]

영국은 유럽 정치에서 종종 미국의 대리인 노릇을 해왔습니다. 브렉시트는 유럽으로 하여금 국제 문제에서 더 독자적인 역할을 담당하도록 고무할지도 모릅니다. 그리고 그 과정은 갈수록 미국을 세계로부터 고립시키는 트럼프의 정책에 의해 더 빨라질 수도 있고요. 그가 고래고래 고함을 치며 거대한 몽둥이를 휘두르는 동안, 중국은 세계 에너지정책을 선도하면서 동시에 상하이협력기구와 신(新)실크로드에 기반하여 그 영향력을 서쪽으로, 궁극적으로는 유럽까지 확장할 수도 있습니다.

유럽이 독자적인 '제3세력'이 될지도 모른다는 것은 2차대전 이후로 줄곧 미국의 입안자들이 우려해온 문제였습니다. 대서양에서 우랄산맥에 이르는 유럽에 대한 드골주의식 개념이나, 더 최근의 일로는 브뤼셀에서 블라지보스또끄까지 아우르는 통합유럽에 대한 고르바초프의 구상 같은 것에 대한 논의들도 이미 오래전부터 있어온 것이고요.

상황이 어찌 돌아가든 독일이 유럽 정세에서 지배적인 역할을 유지하리라는 것은 확실합니다. 보수적인 독일 총리 앙겔라 메르켈이 자기의 상대역인 미국 지도자에게 인권에 대해 설교하고, 한동안이나마 유럽의 심각한 도덕적 위기인 난민 문제에 맞서 정국을 주도하는 광경을 보게 되는 지금 상황은 다소 뜻밖입니다. 다른 한편 독일의 긴축에 대한 고집과 인플레이션에 대한 편집증, 국내 소비를 제한함으로써 수출을 장려하는 정책은 유럽의 경기침체, 특히 주변부 경제의 비참한 상황에 적잖이 책임이 있습니다. 그럼에도 불구하고 최상의 경우에는, 그 또한 상상하지 못할 것도 아니지만, 독일이 유럽에 영향력을 행사해 유럽이 국제 문제에서 대체로 긍정적인 힘으로 작용하도록 할 수도 있을 겁니다.

트럼프 행정부와 미 정보당국의 갈등에 대해서는 어떻게 생각하십니까? '딥스테이트'•라는 것의 존재를 믿으십니까?

2차대전 이래 존속해온 국가안보 관료조직이 있습니다. 그리고 정부 안팎의 국가안보 분석가들은 트럼프가 번번이 그들의 영역을 침범하는 것에 위험을 느껴왔습니다. 그들이 이런 우려를 느끼듯, 지구종말시계를 맞추어놓은 대단히 믿을 만한 전문가들도 비슷한 걱정을 합니다. 이 종말시계는 트럼프가 취임하자마자 2분 30초 모자란 자정을 향했죠. 1953년 미국과 소련이 수소폭탄을 터뜨린 때 이후로 종말적 재앙에 가장 가까이 다가간 것이었습니다.[16] 그러나 이것을 넘어서는, 무슨 비밀스러운 '딥스테이트' 음모가 있다는 징후는 내 눈에는 거의 보이지 않는군요.

마지막으로, 선생님의 여든아홉번째 생신을 기다리면서 이런 점이 궁금해집니다. 장수에 대해 어떤 지론을 갖고 계십니까?

　있지요. 정말로 단순하답니다. 자전거를 탈 때 넘어지지 않으려면 계속 앞으로 나가는 수밖에 없어요. 그것도 빠르게요.

● deep state, 민주적 제도에 의해 선출된 공식 권력이 아니면서 깊숙한 곳에 숨어서 국가정책을 좌지우지하는 실세, 또는 그런 조직을 일컫는 용어. 트럼프와 그의 일부 옹호자들은 그에 대한 비판의 배후에 이런 세력의 조종이 있다고 주장하고 있다.

주

제1장

1 James Risen and Nick Wingfield, "Silicon Valley and Spy Agency Bound by Strengthening Web," *New York Times*, 20 June 2013, A1.

2 Alfred W. McCoy, *Policing America's Empire: The United States, the Philippines, and the Rise of the Surveillance State* (Madison: University of Wisconsin Press 2009).

3 Glenn Greenwald and Ewen MacAskill, "NSA Prism Program Taps In to User Data of Apple, Google and Others," *Guardian*, 7 June 2013. 온라인에서는 https://www.theguardian.com/world/2013/jun/06/us-tech-giants-nsa-data에서 찾을 수 있다.

4 Bruce Schneier, "Online Nationalism," *MIT Technology Review* 116: 3 (May-June 2013) 12면.

5 Noam Chomsky et al., *Trials of the Resistance* (New York: New York Review 1970).

6 Charlie Savage, "Drone Strikes Turn Allies into Enemies, Yemeni Says," *New York Times*, 23 April 2013. 파레아 알무슬리미의 증언은 온라인상으로 "Yemeni

Man Brings the Horror of Drone Strikes Home to the US Senate," *Independent* (London), 24 April 2013에서 찾을 수 있다.

7 Adam Liptak, "Justices Uphold a Ban on Aiding Terror Groups," *New York Times*, 22 June 2010, A1. Attorney General Holder v. Humanitarian Law Project에 대한 출판된 의견은 온라인상으로 https://www.supremecourt.gov/opinions/09pdf/08-1498.pdf에서 찾을 수 있다.

8 Caitlin Dewey, "Why Nelson Mandela Was on a Terrorism Watch List in 2008," *Washington Post*, 7 December 2013. 온라인에서는 https://www.washingtonpost.com/news/the-fix/wp/2013/12/07/why-nelson-mandela-was-on-a-terrorism-watch-list-in-2008/에서 찾을 수 있다.

9 Joyce Battle, ed., "Shaking Hands with Saddam Hussein: The U.S. Tilts Toward Iraq, 1980-1984," *National Security Archive Electronic Briefing Book* no. 82, February 25, 2003. 온라인에서는 http://nsarchive.gwu.edu/NSAEBB/NSAEBB82/에서 찾을 수 있다.

10 갤럽 여론조사 데이터는 http://www.gallup.com/poll/1714/taxes.aspx에서 볼 수 있다.

11 Newsweek poll/Princeton Survey Research Associates International, "Obama/Muslims: Final Topline Results," 27 August 2010. 온라인에서는 http://nw-assets.s3.amazonaws.com/pdf/1004-ftop.pdf에서 찾을 수 있다.

12 Ezra Klein, "Rand Paul: Obama Is Working with 'Anti-American Globalists Plot(ting) Against Our Constitution,'" *Washington Post*, 11 May 2013. 온라인에서는 https://www.washingtonpost.com/news/wonk/wp/2013/05/11/rand-paul-obama-is-working-with-anti-american-globalists-plotting-against-our-constitution/에서 찾을 수 있다.

13 William Jay, *The Life of John Jay* vol. 1, ch. 3 (New York: J. & J. Harper 1833).

14 James Madison, *Notes of the Secret Debates of the Federal Convention of 1787, Taken by the Late Hon Robert Yates, Chief Justice of the State of New York, and One of the Delegates from That State to the Said Convention*, 26 June 1787에서 인용. 온라인에서는 http://avalon.law.yale.edu/18th_century/yates.asp에서 찾을 수 있다.

제2장

1 Noam Chomsky, "Cambodia," *New York Review of Books* 14, no. 11 특별부록 (June 4, 1970) 39~50면.

2 Robert Fisk, "Iran to Send 4,000 Troops to Aid President Assad Forces in Syria," *Independent* (London) 16 June 2013.

3 Barak Ravid and Reuters, "WikiLeaks: Israel Weapons Manufacturer Listed as Site Vital to U.S. Interests," *Haaretz*, 6 December 2010. 온라인에서는 http://www.haaretz.com/israel-news/wikileaks-israel-weapons-manufacturer-listed-as-site-vital-to-u-s-interests-1.329222에서 찾을 수 있다.

4 분석에 관해서는 Noam Chomsky, *The Culture of Terrorism*, 3rd ed. (Chicago: Haymarket Books 2015)를 보라.

5 Elise Ackerman, "Israeli Software Maker Varonis Systems Files for IPO," *Forbes*, 23 October 2013.

6 Emily Greenhouse, "The Armenian Past of Taksim Square," *New Yorker*, 28 June 2013. 온라인에서는 http://www.newyorker.com/culture/culture-desk/the-armenian-past-of-taksim-square에서 찾을 수 있다.

7 Vincent Boland, "Journalist Killed by Gunman in Istanbul," *Financial Times*, 19 January 2007. 온라인에서는 https://www.ft.com/content/6b6f26ea-a7d0-11db-b448-0000779e2340에서 찾을 수 있다.

8 Sebnem Arsu and Ceylan Yeginsu, "Turkish Leader Offers Referendum on Park at Center of Protests," *New York Times*, 12 June 2013. 온라인에서는 http://www.nytimes.com/2013/06/13/world/europe/taksim-square-protests-istanbul-turkey.html에서 찾을 수 있다.

9 Amnesty International, "Turkey Accused of Gross Human Rights Violations in Gezi Park Protests," 2 October 2013. 온라인에서는 https://www.amnesty.org/en/latest/news/2013/10/turkey-accused-gross-human-rights-violations-gezi-park-protests/에서 찾을 수 있다.

10 Committee to Protect Journalists, "Turkey's Crackdown Propels Number of Journalists in Jail Worldwide to Record High," 13 December 2013. 온라인에

서는 https://www.cpj.org/reports/2016/12/journalists-jailed-record-high-turkey-crackdown.php에서 찾을 수 있다.

11 David Hume, "Of National Character," I.XXI.14면. 온라인에서는 http://www.econlib.org/library/LFBooks/Hume/hmMPL21.html에서 찾을 수 있다.

제3장

1 John Bellamy Foster and Robert W. McChesney, *The Endless Crisis: How Monopoly Finance-Capital Produces Stagnation and Upheaval from the U.S.A. to China* (New York: Monthly Review Press 2012).

2 마크 아크바·피터 윈토닉 감독 영화 *Manufacturing Consent* (Zeitgeist Films, 1993). 함께 출간한 같은 제목의 책(Montreal: Black Rose Books 1994)을 보라.

3 놈 촘스키가 서문을 쓴 Rudolf Rocker, *Anarcho-syndicalism: Theory and Practice* (1938; repr., Oakland: AK Press 2004)를 보라.

4 같은 책 74면.

5 Noam Chomsky, "Notes on Anarchism," *The Essential Chomsky*, ed. Anthony Arnove (New York: New Press 2008) 104면.

6 Chomsky, "Language and Freedom," *The Essential Chomsky*, 89면.

7 Steve Horn, "ALEC Model Bill Behind Push to Require Climate Denial Instruction in Schools," Desmog Blog, 26 January 2012. 온라인에서는 https://www.desmogblog.com/alec-model-bill-behind-push-require-climate-denial-instruction-schools에서 찾을 수 있다.

8 Lisa Graves, "ALEC Exposed: The Koch Connection," *Nation*, 12 July 2011. 온라인에서는 at https://www.thenation.com/article/alec-exposed-koch-connection/에서 찾을 수 있다.

9 See Adam Davidson, "How AIG Fell Apart," Reuters, 18 September 2008. 온라인에서는 http://www.reuters.com/article/us-how-aig-fell-apart-idUSMAR85972720080918에서 찾을 수 있다.

10 Ellen Cantarow, "No Pipe Dream: Is Fracking About to Arrive on Your Doorstep?" TomDispatch.com, 30 January 2014. 온라인에서는 http://www.

tomdispatch.com/blog/175800/tomgram%3A_ellen_cantarow,_the_frontlines_ of_fracking에서 찾을 수 있다.

11 IPCC, *Climate Change*, Fifth Assessment Report, 15면. 확실성의 퍼센티지 수치 는 4면, 각주 2번에 제시되어 있다. 데이나 누치텔리의 2007년 보고서 "Global Warming: Why Is IPCC Report So Certain About the Influence of Humans?" *Guardian*, 27 September 2013과의 비교를 보라. 온라인에서는 https://www. theguardian.com/environment/climate-consensus-97-percent/2013/sep/27/ global-warming-ipcc-report-humans에서 찾을 수 있다.

12 Glenn Scherer, "Climate Science Predictions Prove Too Conservative," *Scientific American*, 6 December 2012. 온라인에서는 http://www.scientificamerican.com/ article/climate-science-predictions-prove-too-conservative에서 찾을 수 있다.

13 Andres Schipani, "Ecuador Admits Defeat in Plan to Keep Oil in the Ground for a Fee," *Financial Times*, 16 August 2013. 온라인에서는 https://www.ft.com/ content/99e438ae-0691-11e3-ba04-00144feab7de에서 찾을 수 있다.

14 아모스서 7장 14절.

15 국무부가 남아공 대사관에 보낸 텔레그램, 25 October 1961, Department of State, Central Files, 611.70X/10-2461; 남아공 대표와 안전보장이사회 대화의 비망록, 17 July 1963, Department of State, Central Files, POL 1 S AFR. 기밀 해 제된 이 시기의 기록 전체는 온라인으로 미 국무부 문서고 https://2001-2009. state.gov/r/pa/ho/frus/kennedyjf/50766.htm에서 찾을 수 있다.

16 "Hill Overrides Veto of South Africa Sanctions," 1986, *CQ Almanac*, https:// library.cq press.co/cqalmanac/document.php?id=cqal86-1149011.

17 Caitlin Dewey, "Why Nelson Mandela Was on the Terrorism Watch List in 2008," *Washington Post*, 7 December 2013.

18 Richard Boudreaux, "Mandela Lauds Castro as Visit to Cuba Ends," *Los Angeles Times*, 28 July 1991. 온라인에서는 http://articles.latimes.com/1991-07-28/ news/mn-519_1_leader-nelson-mandela에서 찾을 수 있다.

19 William M. LeoGrande and Peter Kornbluh, *Back Channel to Cuba: The Hidden History of Negotiations Between Washington and Havana* (NC: University of

North Carolina Press 2015) 145~48면.

20 Noam Chomsky, *Fateful Triangle: The United States, Israel, and the Palestinians*, rev. ed. (Chicago: Haymarket Books 2014) 74~75면.

21 Isabel Kershner, "Netanyahu Criticizes Kerry over Boycott Remarks," *New York Times*, 2 February 2014.

22 Barak Ravid, "Denmark's Largest Bank Blacklists Israel's Hapoalim over Settlement Construction," *Haaretz*, 1 February 2014. 온라인에서는 http://www.haaretz.com/israel-news/1.571849에서 찾을 수 있다.

23 Harriet Sherwood, "EU Takes Tougher Stance on Israeli Settlements," *Guardian*, 16 July 2013. 온라인에서는 https://www.theguardian.com/world/2013/jul/16/eu-israel-settlement-exclusion-clause에서 찾을 수 있다.

24 학계, 문화계, 체육계의 보이콧 운동에 대해 더 많은 내용은 Dennis Brutus, *Poetry and Protest: A Dennis Brutus Reader*, eds. Aisha Karim and Lee Sustar (Chicago: Haymarket Books 2006)를 보라.

25 United Nations Security Council Resolution 418, 4 November 1977. 온라인에서는 http://www.un.org/en/sc/documents/resolutions/1977.shtml에서 찾을 수 있다.

26 American Studies Association, Council Resolution on Boycott of Israeli Institutions, 4 December 2013. 온라인에서는 http://www.theasa.net/american_studies_association_resolution_on_academic_boycott_of_israel에서 찾을 수 있다.

27 Howard Zinn, *You Can't Be Neutral on a Moving Train: A Personal History of Our Times* (1994; repr., Boston: Beacon Press 2002) 208면.

28 Pamela K. Starr, "Mexico's Problematic Reforms," *Current History* 113, no. 760 (February 2014) 51~56면.

제4장

1 Ezgi Basaran interview with Graham Fuller, "Former CIA Officer Says US Helped Create IS," *Al-Monitor*, 2 September 2014. 온라인에서는 http://www.al-monitor.com/pulse/politics/2014/09/turkey-usa-iraq-syria-isis-fuller.html

에서 찾을 수 있다.

2 '인종학살'로서의 제재조치는 Denis Halliday interview with David Edwards, Media Lens, May 2000, http://www.medialens.org/index.php/alerts/interviews/77 -an-interview-with-denis-halliday.html을 보라. 한스 폰 스포넥의 사임은 Ewen MacAskill, "Second Official Quits UN Iraq Team," *Guardian*, 15 February 2000, https://www.theguardian.com/world/2000/feb/16/iraq.unitednations를 보라.

3 Noam Chomsky and Edward S. Herman, *Manufacturing Consent: The Political Economy of Mass Media* (1988; repr., New York: Pantheon 2002) 37면.

4 이 인용문은 키신저가 어떻게 쿠르드족에 대한 배신을 정당화할 수 있는지 묻는 하원정보위원회에 대답한 말이다. Daniel Schorr, "Telling It Like It Is: Kissinger and the Kurds," *Christian Science Monitor*, 18 October 1996을 보라.

5 Joost R. Hiltermann and International Herald Tribune, "Halabja: America Didn't Seem to Mind Poison Gas," *New York Times*, 17 January 2003. 온라인에 서는 http://www.nytimes.com/2003/01/17/opinion/halabja-america-didnt-seem-to-mind-poison-gas.html?mcubz=1에서 찾을 수 있다.

6 Douglas Frantz and Murray Waas, "U.S. Loans Indirectly Financed Iraq Military," *Los Angeles Times*, 25 February 1992. 온라인에서는 http://articles.latimes.com/1992-02-25/news/mn-2628_1_foreign-policy/3에서 찾을 수 있다.

7 Noam Chomsky, *Deterring Democracy* (London: Verso 1991) ch. 6.

8 Micah Zenko, *Between Threats and War: U.S. Discrete Military Operations in the Post-Cold War World* (Palo Alto: Stanford University Press, 2010) ch. 3.

9 Jake Hess, interview on *Democracy Now!*, 23 August 2010. 녹취록은 온라인 상으로 https://www.democracynow.org/2010/8/23/exclusive_us_journalist_deported_from_turkey에서 찾을 수 있다.

10 Tamar Gabelnick, William D. Hartung, and Jennifer Washburn, "Arming Repression: U.S. Arms Sales to Turkey During the Clinton Administration," Joint Report of the World Policy Institute and the Federation of American Scientists, October 1999. 온라인에서는 https://fas.org/asmp/library/reports/turkeyrep.htm#arms에서 찾을 수 있다.

11 같은 글 표1을 보라.

12 "Unperson"은 조지 오웰의 『1984』(초판 London: Harvill Secker 1949)에 등장하는 뉴스피크(지배체제가 주민들의 사상을 통제하기 위해 강요하는 모호하고 기만적인 언어 — 옮긴이) 용어다.

13 Mohammed Omer, "Gaza's Shejaiya Carnage at Shifa Morgue," *Middle East Eye*, 20 July 2014를 보라. 온라인에서는 http://www.middleeasteye.net/news/gazas-shejaiya-carnage-fills-shifa-morgue-1250285665에서 찾을 수 있다.

14 Keith Wallis, "Kurdish Oil Cargo Unloaded at Sea, Destination a Mystery," Reuters, 21 July 2014. 온라인에서는 http://www.reuters.com/article/us-iraq-oil-kurdistan-asia-idUSKBN0G019720140731/에서 찾을 수 있다.

15 Sharon Behn, "Unpaid Kurdish Fighters Sign of Economic Woes," *Voice of American News*, 3 September 2014. 온라인에서는 http://www.voanews.com/a/hard-pressed-kurdistan-cannot-pay-security-forces/2944122.html에서 찾을 수 있다.

16 Nicholas Kristof, "Iran's Proposal for a 'Grand Bargain,'" *New York Times*, 28 April 2007. 온라인에서는 https://kristof.blogs.nytimes.com/2007/04/28/irans-proposal-for-a-grand-bargain/에서 찾을 수 있다.

17 Prashad interviewed by Jessica Desvarieux for the Real News Network, 25 September 2014. 녹취록은 http://www.truth-out.org/news/item/26430-turkish-syrian-border-a-great-hole-in-obama-s-un-speech에서 찾을 수 있다.

18 "Turkey Rejects U.S. Troop Proposal," CNN, 1 March 2003. 온라인에서는 http://www.cnn.com/2003/WORLD/meast/03/01/sprj.irq.main/에서 찾을 수 있다.

19 David Ignatius, "A War of Choice, and One Who Chose It," *Washington Post*, 2 November 2003, B1.

20 Catherine Collins, "U.S., Turkey Can't Get over Iraq Question," *Chicago Tribune*, 26 May 2003.

21 Steven Erlanger and Rachel Donadio, "Greek Premier Pledges Vote in December on Debt Deal," *New York Times*, 2 November 2011. 온라인에서는 http://

www.nytimes.com/2011/11/03/world/europe/greek-cabinet-backs-call-for-referendum-on-debt-crisis.html에서 찾을 수 있다.

제5장

1 Chris Mooney, "The Arctic Climate Threat That Nobody's Even Talking About Yet," *Washington Post*, 1 April 2015. 온라인에서는 https://www.washingtonpost.com/news/energy-environment/wp/2015/04/01/the-arctic-climate-threat-that-nobodys-even-talking-about-yet/?utm_term=.6577644e7a68에서 찾을 수 있다.

2 Carl Zimmer, "Ocean Life Faces Mass Extinction, Broad Study Says," *New York Times*, 15 January 2015. Alex Morales, "2014 Was World's Hottest Year Since Record Keeping Began in 1880, UN Says," *Bloomberg News*, 2 February 2015. Justin Gillis, "2014 Breaks Heat Record, Challenging Global Warming Skeptics," *New York Times*도 보라. 온라인에서는 http://www.nytimes.com/2015/01/17/science/earth/2014-was-hottest-year-on-record-surpassing-2010.html에서 찾을 수 있다.

3 PricewaterhouseCoopers, *18th Annual Global CEO Survey 2015: A Marketplace Without Boundaries? Responding to Disruption*, released 13 January 2015. 온라인에서는 https://www.pwc.com/gx/en/ceo-survey/2015/assets/pwc-18th-annual-global-ceo-survey-jan-2015.pdf에서 찾을 수 있다.

4 다비 꼬뻬나와의 자서전 *The Falling Sky*와 일련의 인터뷰에서 인용. 발췌문은 John Vidal, "'People in the West Live Squeezed Together, Frenzied as Wasps in the Nest': An Indigenous Yanomami Leader and Shaman from Brazil Shares His Views on Wealth, the Environment and Politics," *Guardian*, 30 December 2014를 보라.

5 John Vidal, "Bolivia Enshrines Natural World's Rights with Equal Status for Mother Earth," *Guardian*, 10 April 2011. 온라인에서는 https://www.theguardian.com/environment/2011/apr/10/bolivia-enshrines-natural-worlds-rights에서 찾을 수 있다.

6 Noam Chomsky, *Power Systems: Conversations on Global Democratic Uprisings and the New Challenges to U.S. Empire* (New York: Metropolitan Books 2013) 161면.

7 Arthur Schlesinger, *Robert Kennedy and His Times* vol. 1 (1978; repr., New York: Mariner/Houghton Mifflin 2002) 480면.

8 Keith Bolender, *Voices from the Other Side: An Oral History of Terrorism Against Cuba* (London: Pluto 2010).

9 Noam Chomsky, *At War with Asia* (Oakland: AK Press 2004).

10 Fred Branfman, ed., *Voices from the Plain of Jars: Life Under an Air War*, 2nd ed. (Madison: University of Wisconsin Press 2013). 소개글은 온라인상으로 https://zinnedproject.org/materials/voices-from-the-plain-of-jars/에서 찾을 수 있다.

11 Fred Branfman, "When Chomsky Wept," *Salon.com*, 17 June 2012, http://www.salon.com/2012/06/17/when_chomsky_wept/.

12 Alfred W. McCoy, "Foreword: Reflections on History's Largest Air War," ed. Branfman, *Voices from the Plain of Jars*, xiii면.

13 '전투 실험실'이라는 용어는 관따나모의 소장들에 의해 사용되었고 육군의 범죄수사 대책본부 지휘관에 의해 폭로되었다. Mark P. Denbeaux, Jonathan Hafetz, Joshua Denbeaux, et al., "Guantanamo: America's Battle Lab," Center for Policy and Research, Seton Hall University School of Law, January 2015 참조. 보고서는 온라인상으로 http://law.shu.edu/policy-research/upload/guantanamo-americas-battle-lab-january-2015.pdf에서 찾을 수 있다.

14 Senate Select Committee on Intelligence, *Committee Study of the Central Intelligence Agency's Detention Interrogation Program*, released on 3 April 2014. 온라인에서는 http://www.nytimes.com/interactive/2014/12/09/world/cia-torture-report-document.html에서 찾을 수 있다.

15 Floyd Abrams, letter to the editor, *New York Times*, 8 January 2015.

16 Noam Chomsky, *Who Rules the World?* (New York: Metropolitan Books 2016) 209면을 보라.

17 Richard A. Oppel Jr., "Early Target of Offensive Is a Hospital," *New York Times*,

8 November 2004. 지면 발행본에 등장한 사진은 숀 볼드윈이 그 책자를 위해 찍은 것이다.

18 Zach Campbell, "Spain Is Sending This Basque Activist to Jail for Writing an Op-Ed," *New Republic*, 11 November 2014를 보라. 온라인에서는 https://newrepublic.com/article/120216/spanish-journalist-julen-orbea-awaits-prison-sentence-eta-article에서 찾을 수 있다. Noam Chomsky, *Necessary Illusions*, Appendix V.7도 참조.

19 Kevin Sullivan, "Flogging Case in Saudi Arabia Is Just One Sign of a New Crackdown on Rights Activists," *Washington Post*, 21 January 2015. 온라인에서는 https://www.washingtonpost.com/world/middle_east/a-flogging-in-saudi-arabia-is-just-one-sign-of-a-new-crackdown-on-rights-activists/2015/01/20/e9c50f86-9da0-11e4-86a3-1b56f64925f6_story.html?utm_term=.d7bf18f53448에서 찾을 수 있다.

20 Andrew Higgins and Dan Bilefsky, "French Police Storm Hostage Sites, Killing Gunmen," *New York Times*, 9 January 2015. 온라인에서는 https://www.nytimes.com/2015/01/10/world/europe/charlie-hebdo-paris-shooting.html에서 찾을 수 있다.

21 Andrew Shaver, "You're More Likely to Be Fatally Crushed by Furniture Than Killed by a Terrorist," *Washington Post*, 23 November 2015. 온라인에서는 https://www.washingtonpost.com/news/monkey-cage/wp/2015/11/23/youre-more-likely-to-be-fatally-crushed-by-furniture-than-killed-by-a-terrorist/?utm_term=.51dc230bba8a에서 찾을 수 있다.

22 Steven Simon, "What Was Behind Israel's Strike in Syria That Killed an Iranian General?" Reuters, 23 January 2015. 온라인에서는 http://blogs.reuters.com/great-debate/2015/01/23/what-was-behind-israels-strike-in-syria에서 찾을 수 있다.

23 Robert Fisk, "Charlie Hebdo: Paris Attack Brothers' Campaign of Terror Can Be Traced Back to Algeria in 1954," *Independent* (London) 9 January 2015.

1 상원의원 톰 코튼의 인터뷰. 인터뷰어 Bob Schieffer, *Face the Nation*, CBS News, 15 March 2015. 녹취록은 온라인상으로 http://www.cbsnews.com/news/face-the-nation-transcripts-march-15-2015-kerry-cotton-manchin/에서 찾을 수 있다.

2 Hunter Schwarz, "Who Is Tom Cotton?" *Washington Post*, 4 November 2014. 온라인에서는 https://www.washingtonpost.com/news/post-politics/wp/2014/11/04/who-is-tom-cotton/에서 찾을 수 있다.

3 Mairav Zonszein, "Binyamin Netanyahu: 'Arab Voters Are Heading to the Polling Stations in Droves,'" *Guardian*, 17 March 2015. 온라인에서는 https://www.theguardian.com/world/2015/mar/17/binyamin-netanyahu-israel-arab-election에서 찾을 수 있다.

4 아미라 하스의 인터뷰. 인터뷰어 Amy Goodman, "After Netanyahu Wins Israel Vote with Racism & Vow of Permanent Occupation, How Will World Respond?" *Democracy Now!* 18 March 2015. 온라인에서는 https://www.democracynow.org/2015/3/18/after_netanyahu_wins_israel_vote_with에서 찾을 수 있다.

5 John Dewey, "The Breakdown of the Old Order," *New Republic*, 25 March 1931, 150~52면.

6 Editorial Board, "Packing Guns in the Day Care Center," *New York Times*, 30 November 2015. 온라인에서는 https://www.nytimes.com/2015/11/30/opinion/packing-guns-in-the-day-care-center.html에서 찾을 수 있다.

7 Paul Krugman, "Health Care Realities," *New York Times*, 30 July 2009. 온라인에서는 http://www.nytimes.com/2009/07/31/opinion/31krugman.html에서 찾을 수 있다.

8 Tim Worstall, "It's Not the IMF Demanding Greek Austerity—Quite the Contrary, the Demands Are Not Credible," *Forbes*, 13 December 2016. 온라인에서는 https://www.forbes.com/sites/timworstall/2016/12/13/its-not-the-imf-demanding-greek-austerity-quite-the-contrary-the-demands-are-not-

credible/#480470ef56a8에서 찾을 수 있다.

9 John Cassidy, "Greece's Debt Burden: The Truth Finally Emerges," *New Yorker*, 3 July 2015. 온라인에서는 http://www.newyorker.com/news/john-cassidy/greeces-debt-burden-the-truth-finally-emerges에서 찾을 수 있다.

10 Eric Toussaint, "The Cancellation of German Debt in 1953 Versus the Attitude to the Third World and Greece," 18 August 2014. 온라인에서는 http://www.cadtm.org/spip.php?page=imprimer&id_article=10546에서 찾을 수 있다.

11 David Montgomery, *The Fall of the House of Labor: The Workplace, the State, and American Capitalism* (Cambridge: Cambridge University Press 1987).

제7장

1 George Orwell, "Why I Write," *Gangrel* (Summer 1946).

2 Noam Chomsky, *What Kind of Creatures Are We?* (New York: Columbia University Press 2016).

3 "Autonomous Weapons: An Open Letter from AI and Robotics Researchers," 2015년 7월 28일 인공지능에 관한 국제공동학술대회에서 발표. 온라인으로는 the Future of Life Institute 사이트 http://futureoflife.org/open-letter-autonomous-weapons/에서 찾을 수 있다.

4 Kenneth Roth, "The Refugee Crisis That Isn't," *Huffington Post/WorldPost*, 3 September 2015, http://www.huffingtonpost.com/kenneth-roth/the-refugee-crisis-that-isnt_b_8079798.html.

5 일례로, 브라운대학 왓슨 국제공공문제협회(Watson Institute of International and Public Affairs)에서 Costs of War 프로젝트로 진행 중인 이라크 난민에 대한 연구를 보라. http://watson.brown.edu/costsofwar/costs/human/refugees/iraqi.

6 Jamey Keaten, "UN Humanitarian Aid Agency: Record \$22.2B Needed in 2017," Associated Press, 5 December 2016. 온라인에서는 http://bigstory.ap.org/article/b595079f0f254ad5b8264d591d934330/un-humanitarian-aid-agency-222b-funds-needed-2017에서 찾을 수 있다.

7 Joseph Nevins, "How US Policy in Honduras Set the Stage for Today's Mass

Migration," *Conversation*, 1 November 2016. 온라인에서는 http://theconversation.
com/how-us-policy-in-honduras-set-the-stage-for-todays-mass-migration
-65935에서 찾을 수 있다.

8 Nick Turse, *Tomorrow's Battlefield: US Proxy Wars and Secret Ops in Africa*
(Chicago: Haymarket Books 2015).

9 클린턴이 국무장관이던 2009년 12월 30일자 통신 내용에서 인용. 2010년 위키
리크스가 공개한 내용이다.

10 Claude Moniquet and the European Strategic Intelligence and Security Center
(Belgium), "The Involvement of Salafism/Wahhabism in the Support and
Supply of Arms to Rebel Groups Around the World." 2013년 6월 유럽의회 외
교위원회(AFET)의 의뢰로 실시된 연구로 그 결과물은 온라인상으로 http://
www.europarl.europa.eu/RegData/etudes/etudes/join/2013/457137/EXPO-
AFET_ET(2013)457137_EN.pdf에서 찾을 수 있다.

11 Mark Curtis, *Secret Affairs: Britain's Collusion with Radical Islam* (London:
Serpent's Tail 2010).

12 Julie Hirschfeld Davis, "Pro-Israel Group Went 'All In,' but Suffered a Stinging
Defeat," *New York Times*, 11 September 2015, A1.

13 "US Household Income," Department of Numbers. 온라인에서는 http://www.
deptofnumbers.com/income/us/에서 찾을 수 있다.

14 "Iran, France Sign Agricultural Cooperation Agreement," *Tehran Times*, 22
September 2015. 온라인에서는 http://www.tehrantimes.com/news/249566/
Iran-France-sign-agricultural-cooperation-agreement에서 찾을 수 있다.

15 Jennifer Agiesta, "CNN/ORC Poll: Majority Want Congress to Reject Iran
Deal," CNN.com, 28 July 2015. 이 여론조사 결과 미국인 중 44%는 이 협상에
찬성하고 52%는 의회가 거부권을 행사해야 한다고 말하는 것으로 나타났다.

16 Joan McCarter, "Scott Walker Says Maybe He'll Have to Bomb Iran First Day
of His Presidency," *Daily Kos*, 20 July 2015. 온라인에서는 http://www.dailykos.
com/story/2015/7/20/1403921/-Scott-Walker-says-maybe-he-ll-have-to-
bomb-Iran-first-day-of-his-nbsp-presidency에서 찾을 수 있다.

17 Noam Chomsky, "The Election, Economy, War, and Peace," *ZNet*, 25 November, 2008. 온라인에서는 https://chomsky.info/20081125/에서 찾을 수 있다.

18 UN News Centre, "United States Vetoes Security Council Resolution on Israeli Settlements," 18 February 2011. 온라인에서는 http://www.un.org/apps/news/story.asp?NewsID=37572#.WOLwUBhh1E4에서 찾을 수 있다.

19 Chomsky, *Who Rules the World?*, 140~41, 221면을 보라.

20 Pope Francis, *Laudato Si': On Care for Our Common Home* 회칙, 24 May 2015. 온라인으로는 바띠깐의 http://w2.vatican.va/content/dam/francesco/pdf/encyclicals/documents/papa-francesco_20150524_enciclica-laudato-si_en.pdf 에서 찾을 수 있다.

21 Suzanne Goldberg, "Exxon Knew of Climate Change in 1981, but It Funded Deniers for 27 More Years," *Guardian*, 8 July 2015.

22 Bill McKibben, Naomi Klein, and Annie Leonard, "Shell's Arctic Drilling Is the Real Threat to the World, Not Kayaktivists," *Guardian*, 9 June 2015. 온라인에서는 https://www.theguardian.com/environment/2015/jun/09/shell-oil-greed-undeterred-by-science-climate-change-bill-mckibben-naomi-klein-annie-leonard에서 찾을 수 있다.

23 Chris Isidore and Evan Perez, "GM CEO: 'People Died in Our Cars,'" *CNN Money*, 17 September 2015에서 인용.

24 레바퀸처럼 부적절하게 표기된 약품들에 대한 현재 심리 중인 소송을 포함하여 존슨앤드존슨사를 상대로 제기된 소송에 관해 전반적으로 이해하기 위해서는 http://www.johnsonandtoxin.com/lawsuits.shtml을 보라.

제8장

1 Noam Chomsky, "The Responsibility of Intellectuals," *New York Review of Books*, 13 February 1967. 온라인에서는 http://www.nybooks.com/articles/1967/02/23/a-special-supplement-the-responsibility-of-intelle/에서 찾을 수 있다.

2 놈 촘스키의 인터뷰. 인터뷰어 Steven Shalom and Michael Albert, *ZNet*, 30 March 2011.

3 놈 촘스키의 인터뷰. 인터뷰어 C. J. Polychroniou, *Truthout*, 3 December 2015.

4 Andrew Cockburn, *Kill Chain: The Rise of the High-Tech Assassins* (New York: Henry Holt 2015).

5 Dan Bilefsky and Mark Landler, "As U.N. Backs Military Action in Libya, U.S. Role Is Unclear," *New York Times*, 17 March 2011. 온라인에서는 http://www. nytimes.com/2011/03/18/world/africa/18nations.html에서 찾을 수 있다.

6 Ian Black, "Bashar al-Assad Implicated in Syria War Crimes, Says UN," *Guardian*, 2 December 2013.

7 Robert Fisk, "David Cameron, There Aren't 70,000 Moderate Fighters in Syria— and Whoever Heard of a Moderate with a Kalashnikov, Anyway?," *Independent* (London) 29 November 2015.

8 Brian Delay, "Indian Politics, Empire, and the History of American Foreign Relations," *Diplomatic History* 39, no. 5 (November 2015) 927~42면.

9 Richard W. Van Alstyne, *The Rising American Empire* (New York: Norton 1960).

10 유엔 인간개발지수는 http://hdr.undp.org/en/data에서 찾을 수 있다.

11 Keith Bradsher, "China's Renminbi Is Approved by I.M.F. as a Main World Currency," *New York Times*, 30 November 2015. 온라인에서는 https://www. nytimes.com/2015/12/01/business/international/china-renminbi-reserve-currency.html에서 찾을 수 있다.

12 Motoko Rich, "Japan Vote Strengthens Shinzo Abe's Goal to Change Constitution," *New York Times*, 10 July 2016. 온라인에서는 https://www. nytimes.com /2016/07/11/world/asia/japan-vote-parliamentary-elections. html에서 찾을 수 있다.

13 "Protests Erupt as Work Resumes on Futenma Air Base Replacement in Okinawa," *Japan Times*, 6 February 2017. 온라인에서는 http://www.japantimes. co.jp/news/2017/02/06/national/protests-erupt-work-resumes-futenma-air-base-replacement-okinawa/#.WUbvXcaZNE4에서 찾을 수 있다.

14 John Mitchell, "'Seconds Away from Midnight': U.S. Nuclear Missile Pioneers on Okinawa Break Fifty Year Silence on a Hidden Nuclear Crisis of 1962," *The*

Asia-Pacific Journal vol. 10, issue 29, no. 1, 16 July, 2012. 온라인에서는 http:// japanfocus.org/-Jon-Mitchell/3798에서 찾을 수 있다.

15 Noam Chomsky, *Middle East Illusions: Including Peace in the Middle East? Reflections on Justice and Nationhood* (Lanham, MD: Rowman & Littlefield 2004).

제9장

1 Merriam-Webster, "Gallery: Word of the Year 2015." 온라인에서는 https:// www.merriam-webster.com/words-at-play/word-of-the-year-2015에서 찾을 수 있다. Catherine Rampell, "Millennials Have a Higher Opinion of Socialism Than of Capitalism," *Washington Post*, 5 February 2016. 온라인에서는 https:// www.washingtonpost.com/news/rampage/wp/2016/02/05/millennials-have-a-higher-opinion-of-socialism-than-of-capitalism/에서 찾을 수 있다.

2 제61차 유엔총회에서 우고 차베스가 한 연설(2006년 9월 20일). 온라인에서는 http://www.un.org/webcast/ga/61/pdfs/venezuela-e.pdf에서 찾을 수 있다.

3 Mark Tran, "Indian Student Leader Accused of Sedition 'Beaten Up by Lawyers,'" *Guardian*, 17 February 2016.

4 Arundhati Roy, et al., *The Hanging of Afzal Guru and the Strange Case of the Attack on the Indian Parliament*, rev. ed. (Delhi: Penguin India 2016).

5 BBC News, "India Student Leader Held on Sedition Charges," 12 February 2016. 온라인에서는 http://www.bbc.com/news/world-asia-india-35560518에서 찾을 수 있다.

6 David Barstow and Suhasini Raj, "Indian Muslim, Accused of Stealing a Cow, Is Beaten to Death by a Hindu Mob," *New York Times*, 4 November 2015. 온라인에서는 https://www.nytimes.com/2015/11/05/world/asia/hindu-mob-kills-another-indian-muslim-accused-of-harming-cows.html에서 찾을 수 있다.

7 Leonard Weiss, "What Do Past Nonproliferation Failures Say About the Iran Nuclear Agreement?" *Bulletin of the Atomic Scientists*, 1 September 2015. 온라인에서는 http://thebulletin.org/what-do-past-nonproliferation-failures-say-

about-iran-nuclear-agreement8706에서 찾을 수 있다.

8 Matthew Weaver, "Chomsky Hits Back at Erdoğan, Accusing Him of Double Standards on Terrorism," *Guardian*, 14 January 2016. 온라인에서는 https://www.theguardian.com/us-news/2016/jan/14/chomsky-hits-back-erdogan-double-standards-terrorism-bomb-istanbul에서 찾을 수 있다.

9 Tuvan Gumrukcu and Orhan Coskun, "Turkey's Erdogan Blames Kurdish Militants After Bomb Kills at Least 13, Wounds 56," Reuters, 17 December 2016. 온라인에서는 http://www.reuters.com/article/us-turkey-blast-idUSKBN14605H에서 찾을 수 있다.

10 Human Rights Watch, "Turkey: Mounting Security Operation Deaths," 22 December 2015. 온라인에서는 https://www.hrw.org/news/2015/12/22/turkey-mounting-security-operation-deaths에서 찾을 수 있다.

11 Agence France-Presse, "Turkish Journalists Charged over Claim That Secret Services Armed Syrian Rebels," *Guardian*, 26 November 2015. 온라인에서는 https://www.theguardian.com/world/2015/nov/27/turkish-journalists-charged-over-claim-that-secret-services-armed-syrian-rebels에서 찾을 수 있다.

12 Reporters Without Borders, "RSF Launches International Appeal for Release of Cumhuriyet Journalists," 1 December 2015. 온라인에서는 https://rsf.org/en/news/rsf-launches-international-appeal-release-cumhuriyet-journalists에서 찾을 수 있다.

13 Noam Chomsky and Christophe Deloire, "Turkey Continues to Muzzle Democracy's Watchdogs," *Washington Post*, 12 November 2015. 온라인에서는 https://www.washingtonpost.com/opinions/turkey-muzzles-democracys-watchdogs/2015/11/12/09c55400-895d-11e5-be8b-1ae2e4f50f76_story.html?utm_term=.1d13e370ae26에서 찾을 수 있다.

14 Wes Enzinna, "A Dream of Secular Utopia in ISIS' Backyard," *New York Times Magazine*, 24 November 2015. 온라인에서는 https://www.nytimes.com/2015/11/29/magazine/a-dream-of-utopia-in-hell.html에서 찾을 수 있다.

15 Thomas Ferguson, *Golden Rule: The Investment Theory of Party Competition and*

the Logic of Money-Driven Political Systems (Chicago: University of Chicago Press 1995).

16 Lee Fang, "Gerrymandering Rigged the 2014 Elections for GOP Advantage," BillMoyers.com, 5 November 2016. 온라인에서는 http://billmoyers.com/2014/11/05/gerrymandering-rigged-2014-elections-republican-advantage/에서 찾을 수 있다.

17 Adam Liptak, "Supreme Court Invalidates Key Part of Voting Rights Act," *New York Times*, 25 June 2013. 온라인에서는 http://www.nytimes.com/2013/06/26/us/supreme-court-ruling.html에서 찾을 수 있다.

18 Rory McVeigh, David Cunningham, and Justin Farrell, "Political Polarization as a Social Movement Outcome: 1960s Klan Activism and Its Enduring Impact on Political Realignment in Southern Counties, 1960-2000," *American Sociological Review* 79, no. 6 (2014) 1144~71면. 온라인에서는 http://www.brandeis.edu/now/2014/december/cunningham-kkk-impact.html에서 찾을 수 있다.

19 Walter Dean Burnham, "The Changing Shape of the American Political Universe," *American Political Science Review* 59, no. 1 (March 1965) 7~28면.

20 Noam Chomsky, "2016 Harvard Trade Union Program," 22 January 2016. 녹취록과 음성파일은 https://www.alternativeradio.org/products/chon247에서 찾을 수 있다.

21 Jack Shenker, *The Egyptians: A Radical Story* (New York: New Press 2016).

22 Declan Walsh, "A Mercedes Shortage? Egypt's Economic Crisis Hits the Rich," *New York Times*, 11 March 2016.

23 Neil MacFarquhar and Merna Thomas, "Russian Airliner Crashes in Egypt, Killing 224," *New York Times*, 31 October 2015. 온라인에서는 https://www.nytimes.com/2015/11/01/world/middleeast/russian-plane-crashes-in-egypt-sinai-peninsula.html에서 찾을 수 있다.

24 Noam Chomsky, *What Kind of Creatures Are We?* (New York: Columbia University Press 2015).

25 놈 촘스키의 인터뷰. 인터뷰어 David Barsamian, "The Multiple Crises of

Neoliberal Capitalism and the Need for a Global Working Class Response," *International Socialist Review* 101 (Summer 2016). 온라인에서는 http:// isreview.org/issue/101/multiple-crises-neoliberal-capitalism-and-need- global-working-class-response에서 찾을 수 있다.

제10장

1 Ben Geman, "Ohio Gov. Kasich Concerned by Climate Change, but Won't 'Apologize' for Coal," *Hill*, 2 May 2012. 온라인에서는 http://thehill.com/ policy/energy-environment/225073-kasich-touts-climate-belief-but-wont- apologize-for-coal에서 찾을 수 있다.

2 Anthony DiMaggio, "Donald Trump and the Myth of Economic Populism: Demolishing a False Narrative," *CounterPunch*, 16 August 2016. 온라인에서는 http://www.counterpunch.org/2016/08/16/donald-trump-and-the-myth-of- economic-populism-demolishing-a-false-narrative/에서 볼 수 있다. Anthony DiMaggio, *The Rise of the Tea Party: Political Discontent and Corporate Media in the Age of Obama* (New York: Monthly Review Press 2011); Paul Street and Anthony DiMaggio, *Crashing the Tea Party: Mass Media and the Campaign to Remake American Politics* (New York: Routledge 2011)도 보라.

3 Drew DeSilver, "For Most Workers, Real Wages Have Barely Budged for Decades," Pew Research Center, 9 October 2014. 온라인에서는 http://www. pewresearch.org/fact-tank/2014/10/09/for-most-workers-real-wages-have- barely-budged-for-decades/에서 찾을 수 있다.

4 Ryan Teague Beckwith, "Read Hillary Clinton and Donald Trump's Remarks at a Military Forum," *Time*, 7 September 2016. 온라인에서는 http://time.com/ 4483355/commander-chief-forum-clinton-trump-intrepid/에서 찾을 수 있다.

5 토머스 프랭크의 인터뷰. 인터뷰어 David Barsamian, "What's the Matter with the Democratic Party?," Alternative Radio, 25 June 2016. 녹취록과 음성파일 은 https://www.alternativeradio.org/collections/spk_thomas-frank/products/ frat005에서 찾을 수 있다.

6 Daniel White, "Read Hillary Clinton's Speech Touting 'American Exceptionalism,'" *Time*, 31 August 2016. 온라인에서는 http://time.com/4474619/read-hillary-clinton-american-legion-speech/에서 찾을 수 있다.

7 Bob Herbert, "In America: War Games," *New York Times*, 22 February 1998. 온라인에서는 http://www.nytimes.com/1998/02/22/opinion/in-america-war-games.html에서 찾을 수 있다.

8 Samantha Power, "US Diplomacy: Realism and Reality," *New York Review of Books* 63, no. 13 (18 August 2016). 온라인에서는 http://www.nybooks.com/articles/2016/08/18/us-diplomacy-realism-and-reality에서 찾을 수 있다.

9 Michael Smith and Jeffrey M. Jones, "U.S. Satisfaction Remains Low Leading Up to Election," Gallup, 13 October 2016. 온라인에서는 http://www.gallup.com/poll/196388/satisfaction-remains-low-leading-election.aspx에서 찾을 수 있다.

10 Frank Newport, "As Debate Looms, Voters Still Distrust Clinton and Trump," Gallup, 23 September 2013. 온라인에서는 http://www.gallup.com/poll/195755/debate-looms-voters-distrust-clinton-trump.aspx에서 찾을 수 있다.

11 Frank Newport, "Congressional Approval Sinks to Record Low," Gallup, 12 November 2016. 온라인에서는 http://www.gallup.com/poll/165809/congressional-approval-sinks-record-low.aspx에서 찾을 수 있다.

12 Pew Research Center, "Beyond Distrust: How Americans View Their Government," 23 November 2015. 온라인에서는 http://www.people-press.org/2015/11/23/beyond-dist rust-how-americans-view-their-government/에서 찾을 수 있다.

13 BBC News, "Trump Says Putin 'A Leader Far More Than Our President,'" 8 September 2016. 온라인에서는 http://www.bbc.com/news/election-us-2016-37303057에서 찾을 수 있다.

14 Elise Gould, "U.S. Lags Behind Peer Countries in Mobility," Economic Policy Institute, 10 October 2012. 온라인에서는 http://www.epi.org/publication/usa-lags-peer-countries-mobility/에서 찾을 수 있다. David Leonhardt, "The American Dream, Quantified at Last," *New York Times*, 8 December 2016. 온

라인에서는 https://www.nytimes.com/2016/12/08/opinion/the-american-dream-quantified-at-last.html에서 찾을 수 있다.

15 John Kenneth Galbraith, *The Affluent Society* (1958; rept., New York: Mariner Books 1998) 191면.

16 경제자문위원회, "Investing in Higher Education: Benefits, Challenges, and the State of Student Debt," 대통령실을 위한 보고서, July 2016. 온라인에서는 https://www.whitehouse.gov/sites/default/files/page/files/20160718_cea_student_debt.pdf에서 찾을 수 있다.

17 드와이트 아이젠하워가 에드거 뉴턴 아이젠하워에게 보내는 서한, 8 November 1954. 온라인에서는 http://teachingamericanhistory.org/library/document/letter-to-edgar-newton-eisenhower/에서 찾을 수 있다.

18 Alison Smale, "Austria Rejects Far-Right Presidential Candidate Norbert Hofer," *New York Times*, 4 December 2016. 온라인에서는 https://www.nytimes.com/2016/12/04/world/europe/norbert-hofer-austria-election.html에서 찾을 수 있다.

19 Molly Moore, "In France, Prisons Filled with Muslims," *Washington Post*, 29 April 2008. 온라인에서는 http://www.washingtonpost.com/wp-dyn/content/article/2008/04/28/AR2008042802560.html에서 찾을 수 있다.

20 Mark Weisbrot, *Failed: What the Global "Experts" Got Wrong About the Global Economy* (New York: Oxford University Press 2015).

제11장

1 그림은 http://www.spiegel.de/spiegel/print/index-2016-46.html에서 확인할 수 있다.

2 World Meteorological Organization, *The Global Climate in* 2011-2015, WMO-No. 1179. 온라인에서는 http://library.wmo.int/opac/doc_num.php?explnum_id=3103에서 찾을 수 있다.

3 United Nations News Centre, "Past Five Years Hottest on Record, Says UN Weather Agency," 8 November 2016. 온라인에서는 http://www.un.org/apps/

news/story.asp?NewsID=55503#.WFhHtpKkdRk에서 찾을 수 있다.

4 John Vidal, "'There's No Plan B': Climate Change Scientists Fear Consequence of Trump Victory," *Guardian*, 12 November 2016. 온라인에서는 https://www. theguardian.com/environment/2016/nov/12/climate-change-marrakech-no-plan-b--trump-victory에서 찾을 수 있다.

5 Gardiner Harris, "Borrowed Time on Disappearing Land," *New York Times*, 28 March 2014. 온라인에서는 https://www.nytimes.com/2014/03/29/world/asia/facing-rising-seas-bangl adesh-confronts-the-consequences-of-climate-change.html에서 찾을 수 있다.

6 Pope Francis, "Migrants and Refugees Challenge Us: The Response of the Gospel of Mercy," 17 January 2016. 온라인에서는 https://w2.vatican.va/content/francesco/en/messages/migration/documents/papa-francesco_20150912_world-migrants-day-2016.html에서 찾을 수 있다.

7 United Nations High Commissioner for Refugees, *Global Trends: Forced Displacement in* 2015. 온라인에서는 http://www.unhcr.org/576408cd7.pdf에서 찾을 수 있다.

8 Ben Dreyfuss, "Germany Has Taken In 800,000 Refugees. Guess How Many the US Has Taken In?" *Mother Jones*, 3 September 2015. 온라인에서는 http://www. motherjones.com/mojo/2015/09/germany-has-taken-800000-refugees-guess-how-many-us-has-taken에서 찾을 수 있다.

9 Vince Chadwick, "Erdoğan Slams 'Hypocritical' EU over Human Rights Criticism," *Politico* (European edition) 21 March 2016. 온라인에서는 http://www.politico.eu/article/recep-tayyip-erdogan-slams-hypocritical-eu-over-human-rights-criticism-turkey-migration-crisis-europe-refugees/에서 찾을 수 있다.

10 워터에이드(WaterAid)에서 2016년 3월 세계 물의 날을 맞아 보고서를 발표했다. Bihuti Agarwal, "Indians Have the Worst Access to Safe Drinking Water in the World," *Wall Street Journal*, 22 March 2016을 보라.

11 Andy Barr, "The GOP's No-Compromise Pledge," *Politico*, 28 October

2010. 온라인에서는 http://www.politico.com/story/2010/10/the-gops-no-compromise-pledge-044311에서 찾을 수 있다.

12 Donald Trump, 6 December 2016, Fayetteville, NC. Steve Holland, "Trump Lays Out Non-Interventionist Military Policy," Reuters, 6 December 2016을 보라. 온라인에서는 http://www.reuters.com/article/us-usa-trump-military-idUSKBN13W06L에서 찾을 수 있다.

13 Jonathan Weisman, "Reagan Policies Gave Green Light to Red Ink," *Washington Post*, 9 June 2004, A11. 온라인에서는 http://www.washingtonpost.com/wp-dyn/articles/A26402-2004Jun8.html에서 찾을 수 있다.

14 Patti Domm, "Peabody Energy Shares Rocket After Trump Wins Presidency," Market Insider, CNBC, 9 November 2016, 온라인에서는 http://www.cnbc.com/2016/11/09/peabody-energy-shares-rocket-after-trump-wins-presidency.html에서 찾을 수 있다.

15 Lawrence Mishel, Elise Gould, and Josh Bivens, "Wage Stagnation in Nine Charts," *Economic Policy Institute*, 6 January 2015. 온라인에서는 http://www.epi.org/publication/charting-wage-stagnation/에서 찾을 수 있다.

16 Arlie Hochschild, *Strangers in Their Own Land: Anger and Mourning on the American Right* (New York: New Press 2016).

17 오마하민중당(The Omaha People's Party) 발언은 Howard Zinn and Anthony Arnove, eds., *Voices of a People's History of the United States* (New York: Seven Stories 2004)에서 인용했다.

18 Brady Dennis and Steven Mufson, "As Trump Administration Grants Approval for Keystone XL Pipeline, an Old Fight Is Reignited," *Washington Post*, 24 March 2017. 온라인에서는 https://www.washingtonpost.com/news/energy-environment/wp/2017/03/24/tru mp-administration-grants-approval-for-keystone-xl-pipeline/?utm_term=.dabc79d21200에서 찾을 수 있다.

제12장

1 Kevin Liptak and Dan Merica, "Trump Believes Millions Voted Illegally, WH

Says—but Provides No Proof," CNN, 25 January 2017. 온라인에서는 http://
www.cnn.com/2017/01/24/politics/wh-trump-believes-millions-voted-
illegally/index.html에서 찾을 수 있다.

2 Philip Rucker, Ellen Nakashima, and Robert Costa, "Trump, Citing No Evidence,
Accuses Obama of 'Nixon/Watergate' Plot to Wiretap Trump Tower," *Washington
Post*, 14 March 2017. 온라인에서는 https://www.washingtonpost.com/news/post
-politics/wp/2017/03/04/trump-accuses-obama-of-nixonwatergate-plot-to-
wire-tap-trump-tower/에서 찾을 수 있다.

3 Alan Rappeport, "Bill to Erase Some Dodd-Frank Banking Rules Passes in
House," *New York Times*, 8 June 2017. 온라인에서는 https://www.nytimes.
com/2017/06/08/business/dealbook/house-financial-regulations-dodd-frank.
html에서 찾을 수 있다.

4 Thomas E. Mann and Norman J. Ornstein, "Finding the Common Good in an
Era of Dysfunctional Governance," *Dædalus: The Journal of the American Academy
of Arts & Sciences* 142, no. 2 (Spring 2013).

5 Hans M. Kristensen, Matthew McKinzie, and Theodore A. Postol, "How
US Nuclear Force Modernization Is Undermining Strategic Stability: The
Burst-Height Compensating Super-Fuze," *Bulletin of the Atomic Scientists*,
1 March 2017. 온라인에서는 http://thebulletin.org/how-us-nuclear-force-
modernization-undermining-strategic-stability-burst-height-compensating-
super10578에서 찾을 수 있다.

6 Jonathan Easley, "Poll: Bernie Sanders Country's Most Popular Active
Politician," *Hill*, 18 April 2017. 온라인에서는 http://thehill.com/homenews/
campaign/329404-poll-bernie-sanders-countrys-most-popular-active-
politician에서 찾을 수 있다.

7 Robert Pollin, *Greening the Global Economy* (Cambridge, MA: MIT Press 1995).

8 Gar Alperovitz, *America Beyond Capitalism: Reclaiming Our Wealth, Our Liberty,
and Our Democracy*, 2nd ed. (Washington, DC: Democracy Collaborative Press
and Dollars and Sense 2011).

9 Karl Marx, *The Eighteenth Brumaire of Louis Napoleon* (New York: International Publishers 1994) ch. 7.

10 Gary Milhollin, *United States Export Policy Toward Iraq Prior to Iraq's Invasion of Kuwait: Hearing Before the Committee on Banking, Housing, and Urban Affairs*에서의 증언, U.S. Senate, 102nd Congress, 27 October 1992. Chomsky, *Hegemony or Survival* (New York: Metropolitan Books 2003) 111~12면; Chomsky, *Failed States* (New York: Metropolitan Books 2006) 28~29면도 보라.

11 David E. Sanger and Gardiner Harris, "U.S. Pressed to Pursue Deal to Freeze North Korea Missile Tests," *New York Times*, 21 June 2017. 온라인에서는 https://www.nytimes.com/2017/06/21/world/asia/north-korea-missle-tests.html에서 찾을 수 있다.

12 Blaine Harden, "The U.S. War Crime North Korea Won't Forget," *Washington Post*, 24 March 2015. 온라인에서는 https://www.washingtonpost.com/opinions/the-us-war-crime-north-korea-wont-forget/2015/03/20/fb525694-ce80-11e4-8c54-ffb5ba6f2f69_story.html에서 찾을 수 있다.

13 이 이상의 분석은 Noam Chomsky, *The Essential Chomsky*, ed. Anthony Arnove (New York: New Press 2008) 185~86면을 보라.

14 Choe Sang-Hun, "South Korea Elects Moon Jae-in, Who Backs Talks with North, as President," *New York Times*, 9 May 2017. 온라인에서는 https://www.nytimes.com/2017/05/09/world/asia/south-korea-election-president-moon-jae-in.html에서 찾을 수 있다.

15 DiEM25의 웹사이트, https://diem25.org/를 보라.

16 Peter Holley, Abby Ohlheiser, and Amy B. Wang, "The Doomsday Clock Just Advanced, 'Thanks to Trump': It's Now Just $2\frac{1}{2}$ Minutes to 'Midnight,'" *Washington Post*, 26 January 2017. 온라인에서는 https://www.washingtonpost.com/news/speaking-of-science/wp/2017/01/26/the-doomsday-clock-just-moved-again-its-now-two-and-a-half-minutes-to-midnight/에서 찾을 수 있다.

옮긴이의 말

　세계는 잠시도 조용할 날이 없다. 맞수 없는 초강대국 미국이 국내 문제, 외교 문제로 하루가 멀다 하게 시끄러운 소식을 전하고, 영국은 도대체 브렉시트를 한다는 건지 만다는 건지 아직도 오리무중이다. 2019년 올해 들어서만 해도 터키, 사우디아라비아, 이스라엘, 예멘, 베네수엘라, 인도와 파키스탄 등등 지구 곳곳에서 벌어지는 온갖 심란한 사건들에 대한 소식이 동아시아 끝에 있는 우리나라에까지 들려온다. 멀쩡한 도시에서 백주대낮에 테러가 벌어졌다는 뉴스가 나와도 이제 더이상 놀랍지도 않다. 옛날부터 세상은 언제나 이렇게 뒤숭숭했는데, 다만 초연결된 현대 사회에 살면서 너무나 많은 정보를 너무나 빨리 접하게 되는 탓에 지금 세상을 유난히 어지럽게 느끼는 착시를 경험하는 것이 아닐까. 세계 곳곳의 골치 아픈 사정 따위 일일이 챙기지 않고도 지금까지 잘 살아왔는데 말이다.

과연 그런가? 그랬던가? 분단 이후 우리는 섬 아닌 섬이 되어버린 남한땅에서 물리적으로도 심리적으로도 나라 밖의 세상과는 어느정도 단절된 상태로 살아왔다. 차라리 진짜 섬인 편이 나았을지도 모르겠다. 바닷길이라도 열려 있을 테니까. 지난해 제주도 예멘 난민들을 둘러싸고 벌어진 논란이 기억난다. 중동 난민 문제를 머나먼 남의 나라 일로만 치부하고 넋 놓고 있다가 얼마 되지도 않는 난민들이 제주도에 들어오자 그때서야 화들짝 놀라 쓸모없는 논쟁을 벌이느라 우리는 적지 않은 사회적 비용을 치러야 했다. 워낙에 다이내믹 코리아라 지금은 이미 구문이 되었지만, 그 사건은 인종, 종교, 인권 등의 문제에서 우리가 얼마나 대책 없는 상태에 있는지 적나라하게 보여주었다. 낯선 상황에 직면해 보인 자기보호 본능이야 인지상정이었다 치더라도, 온갖 가짜 뉴스들에 휘둘려 여론이 들끓었던 상황을 이제와 돌이켜보면 당시 드러난 우리의 몰이해가 부끄럽기도 하고 섬뜩하기도 하다.

우리가 자각하기 훨씬 이전부터 이미 하나의 체제로 돌아가고 있는 이 지구 위에 발을 딛고 사는 이상, 세계 어느 곳에서 일어나는 어떤 일이든 우리와 무관할 수는 없는 법이다. 그러나 아쉽게도 국내에서 접하는 세계의 소식은 외신기사, 그중에서도 서구 주류 매체의 기사들을 번역하여 단편적으로 소개하는 수준에 머무는 경우가 허다하다. 그런 기사 안에 서구의, 그것도 미국 중심의 시각이 들어 있음을 지적하는 일도 드물고, 다양한 소식들의 맥락과 의미를 짚어주는 글을 만나기도 힘들다. 이런 보도 행태는 세계정세가 어떻게 돌아가든, 지구가 어떤 몸살을 앓든 그 안에서 우리가 감당할 수 있는 우리 나름의 역할을 찾기보다는 무관심하거나 종속적인 태도를 보여온 분단 이후 한국의 실정과 맞닿아 있는 것으로 보인다. 전쟁 이후 복구와 생존, 발전을 위해 앞만 보고 달려오느라 바깥 상황에 무감해질 수밖에 없는 사정이 있지 않았느냐, 강국들 틈에 낀 약소국으로 우리 마음대로 할 수 있는 게 거의 없는데 뭐 어쩌겠냐는 말은 이제 경제규모가 세계 10위권에 든다는 대한민국으로서는 내놓기 부끄러운 변명이다. 이제 세계 사회의 일원으로 제 역할을 다해야 할 우리나라가 지구촌 내 갈라파고스가 되지 않기 위해서라도, 나라 안에서 벌어지는 일을 더 넓은 맥락에서 객관적으로 바라볼 수 있는 안목을 갖추기 위해서라도, 나라 밖 세계에서 벌어지고 있는 일들을 이해하고 우리의 시각으로 해석할 필요가 갈급하다.

놈 촘스키의 이번 대담집이 깨어 있는 세계시민으로서의 시각과 책임감을 갖추어가는 공부길에 훌륭한 길잡이가 되어주리라 믿는다. 『세계는 들끓는다: 전지구적으로 위협받는 민주주의를 위하여』는 집중화된 사적 권력에 장악당한 세계 사회 곳곳에서 불거지고 있는 위기 국면들을 점검하는 한편, 그런 상황의 이면에 자리하고 있는 미국의 역할과 책임에 주목한다. 수십년간 세계를 휩쓴 신자유주의를 세계자본주의 체제모순의 '끝판왕'이라 할 수 있을까. 이른바 선진국이라는 나라에서도 복지국가 체제가 후퇴하는 위기를 겪게 되었거니와, 힘이 약한 국가들은 약탈적 자본의 직격탄을 맞았다. 모두 저마다의 방식으로 대응하는 가운데 때로는 신자유주의에 저항하여 부분적인 성과를 거두는 경우도 있었으나 그런 저항을 분쇄하려는 반동도 만만치 않은 것이 현실이었고, 개혁을 향한 요구가 좌절을 경험하면서 오히려 전체주의적 민족주의나 종교적 극단주의가 발흥할 빌미를 제공한 경우도 없지 않았다는 것이 촘스키의 진단이다. 지금 세계를 어지럽히고 있는 분쟁이나 테러, 난민 사태 등에서 시작하여 지구 전체가 안고 있는 환경 문제, 핵전쟁의 위협에 이르기까지 크고 작은 다양한 문제의 뿌리에 이런 구조적 흐름이 자리 잡고 있다는 것이다.

미국 국내 정세도, 촘스키의 판단에 따르면 이런 흐름과 동일한 맥락하에 있다. 고삐 풀린 사적 자본의 욕망을 제어할 마땅한 세력이 없는 상태에서 경제적 불평등이 심화되어왔고, 사회 전체가 우경화하는 가운데 자기 목소리를 낼 기회를 박탈당한 대중들은 배신감과 좌절감에 싸여 언제라도 비이성적 포퓰리즘이나 극우적 국가주의에 휘둘릴 가능성을 안고 있다. '미국을 다시 위대하게' 만들겠다는 구호를 앞세워 트럼프 같은 인물이 대통령 자리를 차지한 사건에서 그런 위험성이 현실이 된 단적인 예를 본다. 반동의 기운이 이렇게 극한으로 치닫는 지금, 미국은 그 바닥에서 딛고 일어나 새로운 사회를 위한 개혁의 길에 나설 수 있을까. 촘스키는 미국 안팎의 위기 상황이 임계점으로 다가가는 지금이 오히려 새로운 사회로 나아갈 기회일 수 있다고 본다. 미국 곳곳에서 현 체제에 불만을 품은 다양한 구성원들이 더 나은 사회로 나아가려는 노력의 신호탄을 쏘아올리고 있다는 것이다. 강고할 것만 같은 거대 권력체제에 비해 아직은 약하고 흩어져 있는 여러 사회활동 세력들에게 서로 연대하고 상호지원하고 협동하라고, 부당한 체제에 아래로부터의 압박을 가해 변화를 이끌어낼 주체로 거듭나라고 그가 나서서 촉구하는 이유가 여기에 있다.

미국 내의 이런 자기성찰적 개혁의 움직임이 성공하고 미국의 대외정책에 변화를 가져올 수 있을지, 더 나아가 그것이 세계 곳곳의 다른 개혁세력들과 만나 인류 공동의 운명을 개척해나갈 수 있을지는 아직 지켜볼 일이다. 미국은 촘스키가 주목한 제국주의적 속성에 걸맞게 신자유주의 등장 훨씬 전부터 지금까지 제재, 간섭, 개입, 공작, 침략 등 온갖 수단을 동원하여 세계를 주물러왔다. 그런 힘의 논리가 가져온 '부수적 효과'로 세계는 몸살을 앓지만, 미국이 패권국으로서의 위치를 순순히 포기하리라 기대하기는 어렵다. 자기에게 고분고분하게 굴지 않는 정권을 몰아내기 위해 현재 베네수엘라에서 미국이 벌이고 있는 노골적인 작전만 보아도 짐작할 만한 일이다. 이 사태에 비추어보면 시민들이 광장에서 촛불을 들어올린 이후 우리나라가 지금까지 걸어온 변화의 길이 얼마나 어렵고 아슬아슬했는지, 여기까지 도달한 것만도 얼마나 큰 기적인지, 그리고 앞으로 걸어갈 길이 얼마나 험난할 것인지를 가늠해볼 수 있으리라. 또한 우리가 일굴 새로운 길이 평화와 안녕을 위협하는 위기에 맞서 대안을 모색하는 세계 사회에 어떤 의미를 던질지도 역시.

지난해부터 올해에 걸쳐 두권의 책을 번역했다. 우연찮게도 두권 모두 평생 저항적 지식인으로 살아온 인물들의 정세분석을 담은 책이었다. 지난 4월 출간된 『국토안보부가 내 연설문을 삼켰습

니다: 트럼프 시대의 절망에 맞서』의 저자 아리엘 도르프만은 칠레의 민주적 사회주의 혁명에 헌신하였고 쿠데타로 삐노체뜨 독재정권이 들어선 이후로는 그 탄압에 맞서 민주주의 복원을 위해 분투한 인물이고, 이번 책의 주인공 촘스키는 미국 내 부당한 권력구조와 지배구조에 집요하게 문제를 제기하고 그것을 극복하기 위해 행동해온 양심을 대표하는 인물이다. 한 사람은 작가로, 한 사람은 언어학자로 각자 자기 분야에서 탁월한 업적을 이루었으면서도 이 둘은 거기에 머물지 않고 자신이 속한 사회와 세계가 더 나은 방향으로 나아가도록 쉬지 않고 행동해왔다. 불리한 현실적 조건을 핑계로 냉소적 방관이나 손쉬운 포기와 낙담을 택하지도 않았다. 이런 어른들이 던지는 메시지가 특히나 묵직하게 다가오는 것은 이렇듯 그들이 평생 보여준 삶의 모습이 그 발언을 뒷받침하고 있기 때문일 것이다. 상황이 엄중할수록, 도처에 위기가 도사리고 있는 어려운 국면일수록, 시련을 극복하고 자신의 신념을 위해 싸워온 이런 삶의 의미가 더욱 빛나는 모양이다.

어떤 환경에서, 어떤 경험을 통해 촘스키가 오늘날의 촘스키로 되었는지를 엿볼 수 있다는 점이 이 책을 읽는 즐거움 중의 하나다. 대담을 이끄는 데이비드 바사미언은 심각하고 무거운 주제를 다루는 중간중간 인간 촘스키에 대해 궁금해할 우리 같은 독자들을 대신해 개인적인 질문들을 던진다. 어린 시절부터 합당한 이유가 없는 모든 권위에 의문을 제기하고 저항하는 기질을 가지고 있었음을 보여주는 소소한 일화들을 비롯하여 유대계라는 배경이 미친 영향, 아나키즘 사상을 접하게 된 과정, 다양한 사회활동에 참여하면서 쌓은 경험과 교훈에 이르기까지, 바사미언의 질문에 대한 촘스키의 담백한 대답을 통해 드러나는 이러한 단편들을 통해 영원한 현역으로 행동하는 지식인 촘스키의 모습을 그려볼 수 있다. 개인으로서나 공인으로서나 일관된 원칙을 견지하는 그의 태도에서 추상적인 주의주장에 그치지 않는, 현실에 뿌리박은 진정한 실천의 힘이 나왔음을 깨닫고 큰 가르침을 얻는다.

　이루어놓은 일 없이 나이를 먹어가면서 세상이 이 모양인 것에는 내 몫의 책임도 없지 않음을 절감하는 부끄러운 순간이 있다. 이 시대에 드물어서 더욱 귀한 본보기를 만나고 그로부터 배울 수 있는 것도 행운이라, 이 행운을 독자들과 나누고 싶다. 돈 받고 하는 번역임에도 그를 통해 큰 공부를 하게 되고, 편집과정을 거치면서는 글쓰기 훈련도 새로 받게 되는 셈이어서, 이런 복을 누려도 괜찮을까 송구한 마음도 든다. 좋은 책을 선보이기 위해 언제나 지혜를 모아주시는 창비 인문사회출판부, 번번이 지면으로 교정 보기를 고집하는 구식 역자를 아무 말 않고 이해해준 정편집실 김정혜 실장님께 감사드린다.

2019년 5월
천지현

세계는 들끓는다
전지구적으로 위협받는 민주주의를 위하여

초판 1쇄 발행 / 2019년 5월 20일

지은이 / 놈 촘스키·데이비드 바사미언
옮긴이 / 천지현
펴낸이 / 강일우
책임편집 / 정편집실
조판 / 박지현
펴낸곳 / (주)창비
등록 / 1986년 8월 5일 제85호
주소 / 10881 경기도 파주시 회동길 184
전화 / 031-955-3333
팩시밀리 / 영업 031-955-3399 편집 031-955-3400
홈페이지 / www.changbi.com
전자우편 / human@changbi.com